Technical
symbol
morality

袁芳　孟静_____著

技术、符号与道德

赛博空间中的
女性身体认知研究

上海交通大学出版社
SHANGHAI JIAO TONG UNIVERSITY PRESS

内容提要

本书以"赛博空间"这一数字信息技术时代的概念为视角，聚焦于女性身体问题，从女性身体的技术化、符号化以及伦理道德反思三个层面对赛博空间出现以后的女性身体问题的呈现方式和变化发展进行了梳理和总结，并结合当下的热点身体现象展开评述。身体问题是近年来西方哲学、美学、社会学热衷思考的一个重要话题，在经历了德性、宗教、科学、消费等时代的书写雕琢和身心二元的压迫后，在当代新科技和媒介技术语境下，身体既迎来了变革和颠覆的新机遇，也遭遇了新的问题。在一个真实身体无法抵达却处处"在场"的虚拟空间，女性究竟面临怎样的境况？本书可为从事女性主义研究、身体美学和技术伦理学的研究者和学习者提供助益。

图书在版编目(CIP)数据

技术、符号与道德：赛博空间中的女性身体认知研究 / 袁芳,孟静著. —上海：上海交通大学出版社，2023.5

ISBN 978 - 7 - 313 - 27289 - 8

Ⅰ. ①技… Ⅱ. ①袁… ②孟… Ⅲ. ①女性—人物形象—虚拟现实—研究 Ⅳ. ①C913.68②TP391.98

中国版本图书馆 CIP 数据核字(2022)第 155292 号

技术、符号与道德：赛博空间中的女性身体认知研究
JISHU、FUHAO YU DAODE：SAIBO KONGJIAN ZHONG DE NVXING SHENTI RENZHI YANJIU

著　者：袁　芳　孟　静
出版发行：上海交通大学出版社　　　　　　地　　址：上海市番禺路 951 号
邮政编码：200030　　　　　　　　　　　　电　　话：021 - 64071208
印　　制：上海天地海设计印刷有限公司　　经　　销：全国新华书店
开　　本：710 mm×1000 mm　1/16　　　　印　　张：16.25
字　　数：238 千字
版　　次：2023 年 5 月第 1 版　　　　　　印　　次：2023 年 5 月第 1 次印刷
书　　号：ISBN 978 - 7 - 313 - 27289 - 8
定　　价：78.00 元

　　在女性主义研究及其学术发展史上，身体一直都是一个重要的研究课题。数千年男权社会通过政治、经济、文化等将对身体的否定和歧视几乎完全投射到女性领域，女性主义要想为女性身体正名，势必要从身心分离的二元论入手，冲破固定不变的、男性化的主体概念，建构自己的身体学说；而从整个身体研究及其学术发展史来看，女性主义亦是其中一个重要组成部分，以女性主义为方法论对身体与技术、消费社会、政治、文化、教育等关系的重新审视为身体研究提供了新鲜的视角，更好地揭示了身体的差异性及其与文化和意识形态的互动关系，极大地丰富了身体理论。进入 21 世纪以来，计算机数字虚拟技术的迅猛发展催生了赛博空间，它以计算机等电子设备为窗口，以网络信息和虚拟技术为基础，以新传媒和符号传播为媒介，这一全新的空间形式已经超越了传统的地缘政治、资本空间、城市空间等多种后现代空间样态，实现了身体与技术的交融交互，是一种由主体心灵空间与数字虚拟技术控制双向叠加形成的"超空间"，它具有真实体验性、虚拟现实性、交流相互性、开放自由性、碎片零散性和结构场域性等特征。它是乌托邦和异托邦的合体，现实与非现实的杂糅，控制与自由的对抗，因而带给女性身体前所未有的机遇与挑战、解放与异化。由此引发的一系列身体新问题，如身体主体生存状况的新变化，新空间中技术加持下的主体性重建和身体界限模糊，以及因之而来的身体审美经验、身体消费的转变，新的身体伦理挑战逐渐成为当代科技和人文科学领域中新的理论与实践焦点。

　　与赛博空间共存，被赛博技术全方位包裹正是身体目前最真实的处境，那么，这种与赛博空间共存的身体处境对女性来说到底意味着什么？本书将以女性主义为研究视角和方法论，从身体与技术、身体与技术、身体与消费和身体与伦理三个角度对赛博空间出现以后的身体，特别是女性身体的变化和身体问题进行整体性梳理和客观总结，以期能够较为清晰地勾勒出赛博空间中女性的身体图景，并在把握赛博空间本质的基础上，客观认识其给女性身体带来的权利和问题。

从技术维度来看女性身体：身体与技术的关系经历分离、交融，直至发展到今日赛博空间中的交互，可以说是一个技术逐步由外向内并内化于身体的过程，其发展趋势必然是身体和技术的界限越来越模糊。高技术语境推进了生命重构的范围和深度，技术创生新的生命形式，由此制造出新的主体——"赛博格"（cyborg），一种将人类主体和技术主体连接、铰合而成的新型主体已成为赛博时代人类技术主体的重要代表，通俗点说，就是电子人，它既可以指技术干预下的人机复合生命体，也可以指通过计算机网络进入赛博空间中的虚拟主体。事实上，现代智能技术与生物医学技术的发展已催生出更多的赛博格形式，如机器对人类思维方式的深度学习——人工智能机器人，以及通过生物基因技术创生的各种人工生命体。在这种高技术语境下，赛博格身体主体观念对于女性主义理论发展的意义和实践价值是什么？技术化的赛博空间真的会给女性带来自由吗？传统社会中的技术性别暴力是否会消失？虚拟现实赋予身体的离身性是否意味着我们可以远离"身体之重"，拥抱更加多元的性别与身体？

事实上，当我们把目光拉回到现实社会，从符号维度去考察女性身体时，会发现传统消费主义市场逻辑正在发生转向，身体想象的媒介消费逻辑开始逐渐操纵市场，而赛博空间正在成为连接身体想象与新消费主义的纽带。赛博空间中的"拟象"和"仿真"技术，一方面使沉浸其中的身体完成关于自身的想象，追求新消费主义所倡导的个性化的乐活方式，获得短暂、有限的自由；另一方面则更加彰显出身体的符号意义，使其在虚拟现实的新消费主义狂欢下沦为"等价物"。女性从消费社会到赛博空间，在互联网和智能化技术下身体不断被解构重组，进一步成为公共化、碎片化、审美化和想象性的身体，身体作为性和欲望的符号在无限放大，看与被看、自由与束缚、真实与超真实，女性身体主体在与赛博空间、消费主义的交互被动性中走向表面化和媚俗化,这就催发了对身体伦理的新思考。如何看待身份认同及自我异化问题,包括赛博空间中的女性身份/自我认同危机和自我异化;又如何平衡身体的个人性和公共性问题,包括身体的在场/缺席、隐私曝光、身体的跨域展示及身体的色情化,继而从虚拟与现实、自由与责任、全球化与地方化的辩证平衡中探讨可能的身体问题解决之道。

坦白地说,技术变革的深度和广度以及身体的复杂性让我们对女性身体未来的任何一点窥探都似乎举步维艰,但可以肯定的是,在拥抱技术的同时,我们也要保持清醒的头脑,把握身体与空间的关系,超越身心二元,带着多元开放的心态行在路上。

所幸,这并不是一个人踽踽独行的历险,许多人曾经陪伴着我,帮助我前行。

首先,我最想感谢的是我的导师屈雅君教授。感谢您这么多年对我的大度和包容,无论是博士求学中还是之后,您在我向您求助的时候总是及时回复,殷殷教诲。感谢您常常放下导师的身份,以一个过来人和普通女性的身份给我帮助,分享经验,一如既往地不嫌弃不抛弃,让我打从心底里感激。

其次,要感谢和我一起奋战,并完成本书第一章第一节和第四章撰写的西安工业大学的孟静老师,共计11.3万字,有了你的陪伴,一路走来都不孤单。感谢我楼上的中国好邻居——陕西师范大学文学院刘凯老师,谢谢您从本书提纲结构到写作内容的建议和帮助,再到每一稿的阅读指正,有此邻居,人生大幸!感谢我们的几位小友董兴存、程海东和陈虹宇,你们一直是我漫游赛博空间时的重要向导,作为电脑屏幕的新生代,你们在赛博空间中无拘无束、轻松自如、游刃有余,带领我开启一次又一次的时空之旅。

最后,还要感谢我的责编,如果没有你的帮助,可能要耗费更长的时间这本书才能和大家见面。

2022 年 2 月 28 日

Contents | **目 录**

导 言

　　科学技术的不断加速发展使其本身已经凝成一股改变我们生存方式、影响我们日常生活的全球性力量，并在不断塑造着我们的未来生活。自从1981年美国IBM公司生产的个人计算机进入社会和市场以来，信息技术的迅猛发展构成了20世纪以来技术发展史中最为重大的进步和拓展，极大地延伸了人类日常生活与社会发展的时空界域。当今，我们不会再简单地认为手机、电脑或是其他的通信系统只是工具而已，必须承认数字信息技术的确塑造了一种全新的人类生存处境，产生了一种全新的空间形式——"赛博空间"（cyberspace）。它完全不同于自然空间，也不能归属于社会空间，而是内爆了自然-社会边界的第三种空间，它叠合对立面，跨越国界，超越民族，冲破了诸如阶级、身份和性别的传统藩篱，挑战着我们认识世界的思维模式，为呈现后现代多元性提供了合适的隐喻。那么赛博空间在多大程度上冲击了传统的"社会性别模式"？它又使女性的生活发生了哪些重要的变化？赛博空间中的女性身体存在具有怎样的特征？它是否真如一些女权主义者所认为的那样，在现存的男权文化中可能找到专属的女性空间，而且能够动摇现有文化的世界观和物质性？新技术与身体的联姻会带来什么新的伦理问题？作为认识工具和批判武器的女性主义在面对赛博新技术时又将如何应对？或者说，我们该如何恰当地使用女性主义呢？笔者因此选择"技术、符号与道德——赛博空间中的女性身体认知研究"这一题目，从赛博空间出发，观察身体在技术、文化与社会中的真实状态。

一、问题缘起：新的空间和新的女性身体问题

（一）身体的老问题：从"厌身症"到身体的凸显

身体问题似乎从来都不是什么新的哲学论题，但又常常成为新的问题。身体一直以来都是人在立于世界的显证，我们依赖身体去理解世界，感知世界，其存在形态关乎我们的思想、行为、情绪、人际交往甚至命运，它与我们的关系是如此亲密，成了不言自明的存在。从某种意义上讲，身体就是我们，变换一张面孔会招致身份的质疑，变换性别更会引来接二连三的个人、家庭和社会麻烦。然而，在漫长的历史过程中，人类对于身体的认知，特别是对于女性身体的认知却被一再贬低和限制。

西方几千年的哲学传统一直将身体放在灵与肉、身与心的二元对立框架中探讨，且常常是被贬斥的一方。毕达哥拉斯说过，身体是灵魂的坟墓。柏拉图在"洞穴比喻"中指出，从被束缚在洞穴中的身体上所得到的并不是知识而是偏见，要想获得真知，只有摆脱身体束缚，认识、净化灵魂，才能走出"洞穴"（身体）。所以，哲学家不应"关心他的身体"，而应"尽可能地把注意力从他的身体引开，指向他的灵魂"。① 于是身体在哲人们"爱智慧"的求索中被一步步强化为与灵魂相对的层级劣势，灵魂的仙气大绽，而肉身慢慢沾染上浑浊的气息。

这种古希腊式的身心区分逐步演变，直到近代哲学中才真正发展为一种对身体的遗忘。在笛卡尔那里，身体和心灵是不相交的，人与动物一样，其肉体只是机器，按照机械规律运转；心灵则在自然之上（包括身体的自然），是能动的，有目的性的，"严格来说，我只是一个在思维的东西，也就是说是一个精神，一个知性，或者说一个理性"，②身心彻底分开，身体沦为被认知的客体，"消失在心灵对知识的孜孜探求中"。③

笛卡尔式对身体的认知将古希腊以来贬斥身体的传统发扬到极致，在

---

① ［古希腊］柏拉图：《柏拉图全集》（卷一），王晓朝译，北京：人民出版社，2018 年，第61 页。

② ［法］笛卡尔：《第一哲学沉思集》，庞景仁译，北京：商务印书馆，1986 年，第 88 页。

③ 汪民安：《身体、空间与后现代性》，南京：江苏人民出版社，2007 年，第 9 页。

近代哲学研究领域和西方社会的影响颇深，从此身体进入了漫长的失声期。笛卡尔的后继者们对身体的研究路线主要有两种，一是将其等同于科学研究客体，一种低位的生理学组织形式，与其他生物有机体的区别只在于复杂程度不同，他们忽视了身体与意识之间存在互动建构的特殊性；二是把身体比作受控于主体的一架机器，因其工具性而应得到精细的维护与保养，这里身体的出场是被动消极的，等待主体的征用和操控。这两种研究路线实际上都倾向于身体与心灵的分离，且两者出现了层级的划分，一方面精神高居肉体之上，企图可以摆脱肉体的束缚，另一方面身体被贬低，近乎妖魔化，成为与女性同质的"下位"存在。长期以来，女性被建构为男性的对立面，恰如身体被视为理性的反面，男性则从这种身体的否定性中活出了超脱肉身的智慧形象。

直到19世纪中叶，身体被压抑和放逐的境遇才有所改善。随着尼采一声高呼"上帝死了"，现实的世界代替了超感性世界，生命的价值得到认可和张扬，"身体乃是比陈旧的灵魂更令人惊异的思想"。① 这样一来，身体从灵魂的压制和束缚中解放出来，可以自己做主，从自身的角度感知和理解世界，除身体外，别无他物。由此，身体成为人生而在世的唯一明证，被置于哲学殿堂的中央，而那种认为身体不过是意识活动中的麻烦存在的意识哲学传统从此崩塌。

梅洛·庞蒂的知觉现象学将身体进一步拉出了意识哲学的万丈深渊。他以"身体"为题，认为人要想感知世界，必须从身体知觉出发，从而在身心对立孰高孰低之外选择了第三条道路，即现象身体，一个含混的、身心内外统一并能与世界交互相融的身体。它不再是被动的客体身体或空洞的观念身体，而是在身心交融的身体图式中感知世界、联结世界的身体主体。梅洛·庞蒂的身体现象学在理论层面上将身体复魅为哲学的本体概念，把融贯肉身与心灵为一体的身体纳入主体的序列之中。

福柯同样从感性出发，力图通过身体经验来展现世界。他积极探讨身体经验、知识和权力之间的关系，"孤立出身体成为现代社会权力关系之运

① ［德］尼采：《权力意志》，张念东、凌素心译，北京：中央编译出版社，2000年，第38页。

作的主要成分的方式,并对之进行概念化的阐述"。[①] 在其早期作品中,身体是被医学利用、被理性排斥和镇压的"疯癫",在《规训与惩罚》中,身体是专制君主用惩罚以展现其权力的象征,是被现代权力以更温和隐蔽的方式规训和控制的"文明",身体在各种权力意识下被铭写、塑型和生产,成为社会控制的直接中心和权力的结果。在福柯身体研究的后期,他似乎试图转变身体的被动悲剧命运,在生命美学的倡导下将其回归到与人的生存相关的血肉之躯,主张践行"关怀自身",并借由"自我技术"提升人的审美化生存境界。福柯正是以这样一种被建构的、流动的身体来解构既定权威,反抗权力对身体的规训,并深深地影响了一批女性主义批评家。

德勒兹进一步揭示和复兴了身体的主动性。他认为人类身体是不断生成、自由、流变、各种力量角逐、欲望喷涌的"无器官的身体",是不同器官未分化、浑然一体的状态。在这样的身体中,一切部位都可以思考,尼采的权力意志在这里被阐释为生产性的欲望机器,身体变成一种开放的、无组织、无规范、动态变动的聚合体,在其中,欲望之流永不停歇,各种力量奔突冲撞使身体处于不断蔓延、分解和重组之中。

从失落的身体到身体的复归,从身心分离到鲜活、动态开放的身体,身体在其回归之路上显示出埋藏在其下的巨大能量,然而,这似乎只是故事的一半,尽管身体在女性主义之初就已经得到凸显,但女性身体之路依然麻烦重重,步履维艰。具体来说,在呼唤平等的女性主义第一次浪潮中,女性主义者围绕女性的教育权、就业权、财产权、选举权等一系列基本权利展开了轰轰烈烈的运动,确实在身体解放的道路上向前迈进了一大步。但即便是早期最激进的女性主义者玛丽·埃斯泰尔,其倡导女性受教育权的目的也只是希望女性把关注点从身体装扮转向灵魂教育,以获得与男人同等的心智能力,依然在二元框架内,否定身体,肯定理性。同样,早期女性主义呼吁废除紧身衣,结束身体的折磨,但普遍欢迎以女性解放和自由名义推出的技术改良后的塑身衣:胸罩,表明女性主义还处在身体意识的萌芽期,并未意

---

① [美] L.德赖弗斯、保罗·拉比诺:《超越结构主义与解释学》,张建超、张静译,北京:光明日报出版社,1992年,第148页。

识到束身衣内化在血液中的男性规范。女性主义呼吁法律改革,允许避孕、流产,但以舒拉米斯·费尔斯通为首的女权主义者认为正是女性自身的生理规律,如经期、怀孕和哺乳等迫使她们只得依靠男性生存。这种生理学意义上的划分造成了社会分工的不同,也影响了生产关系和种族阶层,因此她们表现出对自己身体的烦躁和厌恶,认为怀孕是野蛮的、非文明的,生产则像"拉出个南瓜",①此种厌身症在女性主义行动中演变成为不惜牺牲或对抗身体以换取和男性同样的公正平等,例如波伏娃也曾认为母性和妇女解放无法共在,她本人就选择舍弃为人妻母,成为一个改变女性命运的领路人;费尔斯通则寄希望于人工受孕和代孕技术的成熟使女性摆脱身体的生育麻烦。世界妇女运动的第一次浪潮看似解放了身体,实则缺失身体意识,回避性别差异,为自由而追求一种男性化的身体,忽视了两性不平等中的文化建构因素。

女人是什么?波伏娃在《第二性》一书中的回答是:身体。尽管解剖学上的生理差异让波伏娃对身体充满了无可奈何的敌意,但她坚持认为身体才是女性"把握世界的工具"。② 物种的内在决定性不足以解释女性的劣势和男性的天然优越感,精神分析学派以男性生理身体和性欲模式为基本模型,将女性的从属地位归因于阳具缺失的自卑感。马克思主义者把两性差异看作是劳动分工、私有制和阶级冲突的历史性事件,这有一定的进步意义,但"无产者并非一直就有,而女人却始终存在。她们由于自己的身体生理结构而成为女人"。③ 波伏娃认为身体具有自然属性和社会属性双重属性,自然身体存在的差异不可否认,但女性的社会身体的确是在男权文明下产生的,比如对于女性自然身体的强调,对于女性柔性气质的凸显,以及对于女性伦理意识的规范,因而"女人并不是生就的,而宁可说是逐渐

---

① Firestone, Shulamith. *The Dialectic of Sex: The Case for Feminist Revolution*. New York: Bantam Books, 1971.

② [法] 西蒙娜·德·波伏娃:《第二性》,陶铁柱译,北京:中国书籍出版社,2004 年,第 38 页。

③ [法] 西蒙娜·德·波伏娃:《第二性》,陶铁柱译,北京:中国书籍出版社,2004 年,第 15 页。

形成的"。① 波伏娃的"身体"突破了单纯的生理范畴，引入了社会和历史维度，这一点似乎与福柯的"身体"不谋而合。

随着 20 世纪 60 年代世界妇女运动第二次浪潮的兴起，更多女性主义者思考并发展了波伏娃的理念。生理性别是身体给予的、固定不变的，而社会性别是人为强加于身体性别之上的社会建构，是可以被打破和改变的，经此才可实现对女性的赋权。换个角度来看，活生生的，作为性的、物质的、自然的身体并不是社会建构女性主义者的关注焦点，身体不过是一块静置的、撤不走的白板。第二次浪潮中的女性主义者虽开始关注女性身体特点，区分了身体的"生理性别"（sex）与"社会性别"（gender），但对身体的认识呈现出一种理性关照下静态的物质身体论，说明女性主义者仍然没有走出身心对立和主客二分的思维模式。

在后现代思潮的影响下，女性主义在整体上发生了某种"后现代转向"。与第一次、第二次浪潮不同，后现代女性主义将"身体"放在了研究的核心位置，她们反对男权社会将女性身体概念化和本质化的做法，普遍认为身体不是一种静止不变的事物，而是随时间流变的一种运动和过程，试图解构所谓"生物性、自然性、肉体性"的身体概念。朱迪·巴特勒认为"生理性别自始至终就是社会性别"。② 在权力/话语之外的自然"真理"和实体是不存在的，当我们谈论身体的生理性别时，社会属性早已蕴含其中，身体的物质性只不过是话语对社会性别的建构和历史积淀形成的幻想。巴特勒解构了生理性别，表面看似将身体统一到生理性别和社会性别合一的建构体中，但其将身体完全放入权力/话语场域中的做法消解了活生生的血肉之躯，这是一个没有心脏、不会呼吸和大笑的身体。

女性主义者唐娜·哈拉维提供了另一种解构生理性别的身体思路——赛博格身体。哈拉维用赛博格表达现代社会人与技术融合共生的状态：机器和生物的共生体。哈拉维指出，赛博格是活生生的身体现实。在现代社

---

① [法] 西蒙娜·德·波伏娃：《第二性》，陶铁柱译，北京：中国书籍出版社，2004 年，第 309 页。

② [美] 朱迪斯·巴特勒：《性别麻烦：女性主义与身份的颠覆》，宋素凤译，上海：上海三联出版社，2009 年，第 12 页。

会里,我们都是赛博格。因而女性身体的本质是女性与自然、技术、社会、话语、性别等因素共同编织的结果,是流动的、差异性的和多元开放的。哈拉维的赛博格身体隐喻突破了人与动物、人与机器、生命体与无机物等诸多界限,从而颠覆了身份的稳定性和人的主体意识的统一性。但哈拉维认为凭借技术就能解构性别的态度未免有些乐观,技术并不是中立的,它的发展会受到利益的驱使,包括受到父权的驱使,发展出维护其统治的技术,比如大变美女的整容术。当技术吸收了性别规范后,性别化的技术会强化已经存在的性别结构,因此赛博格身体并不一定如哈拉维所预想的那样具有颠覆性,它很有可能会走向相反的一面。

后现代女性主义是一个旁支繁复的大家庭,但总体而言,它是女性主义基于女性立场经验,以独具一格的思维、书写方式"将后现代理论导向对男权文化和生殖器中心话语的批判",①是女性主义尝试摆脱二元传统,思考重新界定身体的方法,展现了女性主义力图摆脱社会性别沉重枷锁的行动和美好愿望,为充分挖掘人的多元化、差异性,实现人性的复归打下基础。

(二) 赛博空间和女性身体的新问题

赛博空间一词最早是由英国科幻小说家威廉・吉布森在其1982年发表的短篇小说《全息玫瑰碎片》(Burning Chrome)中首次提出,并在其后的代表作《神经漫游者》中普及开来。所谓赛博空间(cyberspace)是指基于现代通信、计算机信息网络技术和虚拟现实技术等手段,以知识和信息为内容,由人工打造的一种纯粹信息流动的新型空间。在赛博空间出现之前,我们的生活空间主要是指交织着各种复杂社会关系的物理空间,人类通过不断地控制、改变和提升现有的物理空间而逐步获得一个适宜我们生存和发展的生活空间。从赛博空间诞生之日起,人类的生活空间首次跨越了物理环境,进入人工数字技术合成的虚拟空间之中。通过数字信息技术的不断更新换代,身体可以越来越自如地生活在虚拟空间中或是随时随地穿梭于

---

① 潘萍、何良安:《后现代主义、后现代女性主义与后现代女性生存方式》,《浙江学刊》,2010年第4期,第185—190页。

虚拟和现实之间。赛博空间以其巨大的开放共享性孕育出一种全新的社会形态，空间的固定性被打破，身体的生活空间被放大。

在人文学科范畴内，赛博空间以迥异于现实世界的数字化空间形式不断向主体既有认知经验发起挑战，以其"向内的虚拟性、仿真性和向外的开放性和实践性影响着主体的生活方式，知识体系和信仰系统"，[1]是后现代空间转向中主导的表现形式。由于它的介入，我们的生活空间不再是单一的、各种复杂社会关系交织的物理空间，而变成了物理空间和虚拟空间多样叠合的混合空间，物理空间是人类身体所存在的具体的空间形态，而虚拟空间是人类感官被吸引后沉浸的场域，是想象中的非现实的活动空间形态。那么在赛博时代，身体的生活空间，特别是女性身体的生活空间具体发生了哪些变化？这其中虚拟和实在的关系如何？作为新技术产物的赛博空间是否像《赛博空间独立宣言》中所说的那样是一个"全球社会空间"，将成为女性开展斗争的"第三空间"，或是不少女权主义者认同的"在现存的男权文化中找到专属于女性的空间"，能动摇现有文化的"世界观和物质性"？[2]因此研究赛博空间所具备的特征对于研究女性主义，身体和赛博空间都具有较为重要的意义。

不可否认，我们的日常生活确实已经与虚拟时空交织在一起，事实与虚构的界限变得模糊，技术革命迫使我们以一种新的方式看待世界，只要有一个终端在手，我们随时随地都可以逃脱物理现实，跨进另一个不受时空限制的虚拟空间，身体的隐匿让我们体会到前所未有的自由，赛博空间使"解构的主体移心现象"变为每个能够连接上信息网络的普通人的日常生活现实。

在赛博空间里，人们可以摆脱现实人的身份，摆脱来自现实世界种种规则的束缚，将自身还原到最初的形态，在这里，他们可以获得一个全新的身份——赛博公民，从而可以进入远比现实世界更加自由和感性的状态。人们可以大胆地寻找自我、表达自我。随着身份变化而来的还有性别的不确

---

① 裴萱：《赛博空间与当代美学研究新视野》，《广东社会科学》，2017 年第 2 期，第158—167 页。

② Hamelink, Cees J. *The Ethics of Cyberspace*. London：Sage，2000：72.

定性,虚拟空间激发了赛博公民内心深处最深沉的欲望和最狂野的想象,出现了如"无性别"(没有发育性别或者没有感觉到自己有任何强烈性别归属的人)、"两性人"(拥有混合特征或者两种特征都很强烈的人,更强调对内的自我认同)、"顺性人"(自我性别认定和出生时的生物性别相同的人)、"流性人"(在不同时间经历性别认知改变的人)①等高达54类之多的性别选择,极大挑战了传统二元性别观念。身体的改变亦是日新月异,尼克·博斯特罗姆指出,"人类想要获得新能力的愿望与我们人类自身一样古老。我们一直在寻求扩展我们存在的边界,无论是在社会上、地理上还是精神上"。②概括来讲,人类想要超越的无外乎是物质的身体和思想的智能,无论是生物医学和机械技术对身体的改造,基因技术层面上对生命的筛选和改写,还是我们所论述的数字化虚拟技术都证实了这一点。

2017年特斯拉创始人马斯克有言:"随着时间的推移,我认为我们可能会看到生物智能与数字智能更加紧密地合并——这主要是关于带宽,即你的脑与你的数字版本之间的连接速度。"③2019年7月他发布了研发出的最新的脑机接口。技术文化中的有机体与机器、物质与非物质的界限被打破,这确实符合以哈拉维为代表的女性主义者的期待:"我们都是赛博格",一种没有西方意义上的起源的后性别的产物,极大挑战了本质主义的身体观——机器作为"父权主义梦想的戏仿",自动颠覆了传统文化政治的象征物——但又有悖于女性主义技术史研究所得的基本认知:技术并非是中立的,不会直接给女性赋权,"社会性别关系具化于技术之中,反过来男性气质和女性气质通过机器的使用和涉身过程而获得意义"。④ 那么虚拟技术赋予了身体,特别是女性身体哪些特点与权力?赛博格身体是否能够平衡自身在两个空间中的存在?这样的存在对女性意味着什么?解放抑或是另一

---

① 2014年,Facebook网站在性别选项中推出了54种性别选项;2015年,推出性别自定义功能,用户可以自主输入描述自己性别的词汇。

② N. Bostrom. A History of Transhumanist Thought. *Journal of Education and Technology*,2003(1):5.

③ 李恒威、王昊晟:《赛博格与(后)人类主义:从混合1.0到混合3.0》,《社会科学战线》,2020年第1期,第21—29页。

④ Judy Wajcman. *Techno-Feminism*. Cambridge:Polity Press,2004:107.

种形式的"控制"？赛博女性主义又是如何看待技术与身体的这些新问题？因此，研究技术加持下的身体在赛博空间中的新特征有助于我们清醒地认识身体、理清身体问题、找出女性在新空间的立身之策。

我们所处的赛博空间不仅是一个建立在数字符码之上的技术空间，在更广泛的层面上，它是一个后现代文化和消费空间，或是两者互为因果的产物。个体身体借助信息的编码解码成为消费的对象，身体可以化整为零，变换出无数的市场机会和社会渴望等，这其中还包括了如情感、亲密性等原本独立于市场之外的东西。身体及其无意识欲望在"仿像"的川流不息中得到释放，一方面身体的自然属性逐渐退场，虚拟的符号价值却日益得到彰显；另一方面也加剧了身体被进一步物化、欲望化、工具化的趋势。研究赛博空间中身体的新特点，揭示和分析其中的异化现象，能够帮助女性不在镜像的迷宫中迷失自我，构建健康和谐的身体观。

这便又引出了另一系列的问题：第一，空间的转变和消费主义对身体的建构让"我是谁"的问题变得越来越难以回答；第二，身体的个人性和公共性的界限越来越模糊，个人的隐私在赛博空间的狂欢之中成为公开的"秘密"；第三，在赛博空间中，身体在某种程度上脱离了现实空间的可靠性，身份的隐匿和身体的缺席会大大降低人们的道德责任感，而赛博空间相对现实社会的无政府状态又会进一步助长各种道德失范。因此，确实有必要以身体为界面和视角，对赛博技术引发的各种身体伦理问题进行一一探讨。

赛博空间正在成为人类历史上最丰富、最自由、最富创意的生活空间。在这个全新的空间里，一方面，凭借各种数字智能技术，女性身体挣脱了旧有的象征系统的束缚，颠覆了传统的性别关系；另一方面，她们面临的可能是整个现实世界的消散以及失去"灵魂"和"人性"的身体。这是个最好的时代，也是最坏的时代，未来的女性赛博公民如何在新空间中找到适合自己身体的位置，实现自我价值，需要我们保持女性主义清醒的批判视角，认真思考。

二、关于赛博空间与身体的国内外文献综述

国内外关于赛博空间与身体的研究从侧重点上大致遵循两条线索，一

条是以赛博空间为中心,集中讨论如电子媒介、信息空间的编码构成与身体关系,虚拟现实技术如何实现身体的离身和具身的技术哲学本体论问题。

从电子媒介、信息编码与身体关系来看,早在 1964 年,麦克卢汉就在《理解媒介:论人的延伸》一书中显示出惊人的预见性,他提出"媒介即信息""媒介即人的延伸"的重要论断,并认为人类身体有三种延伸,身体器官的延伸,感官的延伸和中枢神经的延伸,而后者则直指电子时代的各种新兴媒介,麦克卢汉预言信息时代会到来,媒介会对社会发展产生深刻的影响,但他乐观地认为电子网络传播的统一力量会化解人与人之间因文字印刷等形成的分裂和隔阂。尼古拉·尼葛洛庞帝在《数字化生存》一书中提出"信息 DNA",正迅速取代原子而成为人类社会的基本要素,[①]即时的电子数据传播将成为主流传播模式,使人们摆脱时空束缚,共享全球资源;未来的计算机可能比我们自己更了解我们以及基于此而诞生的信息定制的个人化时代。不同于麦克卢汉的是,尼葛洛庞帝对数字化生存的黑暗面也有所预计,他在书中列出了版权侵犯、文化破坏、软件盗版、数字窃取、不正当监控及窃听等诸多可能性,"计算不再只和计算机有关,它决定着我们的生存"。[②] 美国学者马克·波斯特在《第二媒介时代》一书中将以互联网为代表的新媒介时代统称为"第二媒介时代",他提出此前的大众传媒多由精英阶层主导,信息传播自上而下,由一向多单向扩散,而互联网中的信息传播是一种去中心化,人人皆有资格参与的散在互动。因此它的发展可能会改变人类的交流习惯,引发对自我身份的重新思考。当代传媒理论家保罗·莱文森认为新媒介均是对既有媒介缺憾的补偿,在赛博时代,数字传播可以提升人的理性把握,使人们自由组合运用媒介,有助于弥补单一旧媒介造成的缺憾。他在《新新媒介》中给互联网的第二代媒介冠名新新媒介,类似于赛博空间 2.0 的概念,他指出在新兴媒介中,信息的消费者即生产者,而人人皆可成为生产者。

从关注赛博空间中虚拟现实技术与身体存在的角度来看,早期如迈克

---

① [美]尼古拉·尼葛洛庞帝:《数字化生存》,胡泳译,海口:海南出版社,1997 年,第 3 页。
② [美]尼古拉·尼葛洛庞帝:《数字化生存》,胡泳译,海口:海南出版社,1997 年,第 4 页。

尔·海姆的《从界面到网络空间——虚拟实在的形而上学》集中探讨了虚拟现实技术对人类经验、知觉和周围现实世界的影响。作者试图跳出技术乐观/悲观的二元对立，直接关注技术带来的变化，分析虚拟现实带来何种以及如何带来"境域"转变，探索人类计算机化生活的未来方向。约斯·德·穆尔的《赛博空间的奥德赛：走向虚拟本体论与人类学》指出赛博空间具有互动性、虚拟性、多问题性和超文本性等多种"混杂"特征，由此出发讨论关涉世界观的信息化，数码此在和主页时代的身份等。吉姆·布拉斯科维奇的《虚拟现实——从阿凡达到永生》将大脑研究的新突破和沉浸式数字技术结合在一起，着重探讨了大脑在虚拟数字世界中的行为方式是否可辨"虚实"，以及大脑是否可以在计算机虚拟空间中永生的问题。

国内上述相关方面的研究最早可追溯到 1998 年曾国平教授的两篇介绍性文章：《赛博空间及若干问题》和《赛博论·赛博空间·社会和文化变革》。陈志良教授自 2000 年起多次撰文，关注对虚拟现实的哲学本体论定位，他认为数字化革命不仅会改变人类言行，还会突破二元对立，使虚拟发生质的"异化"与回归，实现"真与假，像与源，断与续，表与质的同一"，[①]人类由此可以获得真正创造性的自由。无独有偶，张之沧教授亦是自 2000 年起持续关注赛博空间，虚拟、现实空间关系，试图挑战波普尔的"三个世界"（物质世界，主观的精神世界，人类精神活动的产物即客观意义上的观念的世界）的划分，先后发表了《从世界 1 到世界 4》《"赛博空间"释义》《"第四世界"论》《虚拟空间与"人、地、机"关系》等数十篇论文，从哲学高度为"世界4"立身。作为"人类借助信息、数字、理念和丰富的想象力构造的虚拟现实"，[②]他认为"世界 4""更贴近于能够无拘无束外露的精神生活和内心世界，具有独立于'客观现实'的内在实在性"。[③] 同时，两位学者也都不约而同地对赛博空间赋予人类的解放自由抱有极大的期望。翟振明教授的《有无之间：虚拟实在的哲学探险》应属国内该方面最具学术影响力的研究之

---

① 余乃忠、陈志良：《从统一到同一：后现代虚拟的"异化"与回归》，《中国人民大学学报》，2009 年第 23 卷第 4 期，第 68—73 页。

② 张之沧：《从世界 1 到世界 4》，《自然辩证法研究》，2001 年第 12 期，第 66—70 页。

③ 张之沧：《"第四世界"论》，《学术月刊》，2006 年第 2 期，第 5—12 页。

一,在这本书中,围绕虚拟的世界和现实的世界到底哪个更真和虚拟世界的生活是否有终极价值这两个问题,翟教授通过哲学上大胆机智的思想实验,论证了虚拟生活和所谓的"现实生活"一样真实,为后续的研究提供了巨大的对话价值。此外,曾国平的《赛博空间的哲学探索》从哲学角度探讨了赛博空间的伦理、文化以及生产模式的变革等,他从技术与主体相互建构的角度考察了赛博文化功能,从信息权利的角度剖析了赛博空间中的伦理问题和伦理构架,并进行了一系列个案分析。刘丹鹤博士的《赛博空间与网际互动——从网络技术到人的生活世界》从赛博空间的特性出发考察了赛博空间和网际互动,反思主体存在和交互的本质,她认为赛博空间中的主体是一类由网络系统交互而联系起来的群体,不仅仅是一般意义上的"个体",这一群体在网际互动中呈现出自我消解的特征。

整体而言,上述研究更加偏重技术角度,主要考虑的是技术与身体的关系,对技术之外影响身体的社会、文化、历史因素触及不多,因此更多反映的是身体"单纯"的一面。

另一条线索则主要是以身体研究为中心,将赛博空间作为身体的环境或工具,言在此而意不仅仅在此。此类研究内容相对庞杂,涉及政治、经济、文化、社会的各方各面,无法一一赘述,此处只选取和本书相关的方面重点关注。

首先,从技术、女性主义角度出发研究赛博空间中的女性身体,这一部分的文献主要来源于赛博女性主义研究。赛博女性主义是技术女性主义的一个分支,是技术女性主义发展到数字信息时代的产物,它伴随着网络技术的出现而产生,并在信息技术更新换代的同时一路跟进,不断升级。唐娜·哈拉维是赛博女性主义的理论先驱和集大成者,她在《赛博格宣言:20世纪晚期的科学、技术和社会主义的女性主义》一文中将人机有机结合的身体命名为赛博格,意图通过这样的身体主体打破人/机器,有机/无机,自然/人工,特别是男性/女性的二元对立,在其专著《类人猿、赛博格和女人——自然的核心》和《灵长类视觉——现代科学世界中的性别、种族和自然》中,赛博格身体这一概念得到了充分诠释和论证,是技术社会中身体的一种普遍性存在。哈拉维认为信息技术和生物医学技术能重建我们的身体和身份、模糊性别,将会给女性身体提供新的权力和自由。以克里斯·哈泊·格雷为首的哈拉维赛博格身体的肯定派们提出赛博格身体就是后现代社会中的身体存在,我们身处赛博社会,都是赛博公民;但也有不少学者,如朱迪·魏克曼指出哈拉维过于迷恋新技术,有夸大赛博格身体对女性的解放意义之嫌。① 无论是肯定还是质疑,哈拉维的赛博格身体观念影响深远,被后续的女性主义者发扬光大,在后身体研究的道路上越走越远,如当代后身体研究的代表性人物凯瑟琳·海勒在《我们何以成为后人类——文学、信息科学和控制论中的虚拟身体》一书中更加深入地探究了信息技术与身体之间的关系,她认为身体与时空的关系由原来的在场/缺席转变为一种"远程在场",赛博格身体的连接形式从"字符连接"转向"拼接","连接"意味着被连接的两端既是独立的存在,又具有关联性,属于物理层面的机器和有机体的结合,"拼接"则意味着有机体与无机体在神经系统层面的融合,由此而出现更多身体可能性。② 对于身体多样性和性别流动性的研究论述还出现在阿纳尼亚·巴鲁阿③、詹妮弗·冈萨雷斯④和妮娜·韦克福德⑤等人的研究中,她们都把关注点放在了新技术对女性的影响及技术环境下性别概念的转变,认为新技术在固化性别观念的同时,也在不断打破传统的性别观,技术发展的同时迫使两性双方都要跳出二元思维,对人的本质和性别的本质做一种整体性的观照,但三者的研究路径不尽相同,如阿纳尼亚·巴鲁阿大胆尝试从印度文化中找寻对身体的原初理解,用以研究技术环境下的身体和性别。另外,还有不少学者从科幻小说和电影中汲取灵感,如罗西奥·卡拉

① Wajcman, Judy. *TechnoFeminism*. Cambridge：Polity Press，2004.

② ［美］凯瑟琳·海勒：《我们何以成为后人类：文学、信息科学和控制论中的虚拟身体》,刘宇清译,北京：北京大学出版社,2017 年,第 149—151 页。

③ Ananya Barua. Gendering the Digital Body, Women and Computers. *Springer-Verlag*，2012(27)：465 - 477.

④ Jenifer Gonzalez. Envisioning Cyborg Bodies：Notes From Current Research. *The Gendered Cyborg: A Reader*. London：Routledge, in association with the Open University Press，2000：58 - 73.

⑤ Nina Wakeford. *Networks of Desire: Gender，Sexuality and Computing Culture*. London：Routledge, 2000.

斯科将赛博科幻电影中人技互动的身体总结为三类：技术进入或改造的身体、赛博身体和模拟身体。①

　　另一位赛博女性主义的领军人物普朗特则将研究重点放在女性和电子技术关系上，她试图通过回溯科学史的方法发掘女性和科学技术，特别是电子信息技术的亲密关系，"第一个话务员、第一个接线员、第一个执行计算者都是女性，第一部计算机的制造有女性的贡献，第一个程序员也是妇女"，②所以尽管赛博空间无法消除两性差异和不平等，但女性还是应该把握数字技术赋予的机遇，在现有的社会文化中寻找身体赋权的可能性。但其同哈拉维的赛博女性理论具有一样的弊端：夸大了赛博空间与女性的友好关系。

　　赛博空间能否为女性身体赋权？早期的赛博女性主义者普遍持乐观态度，但在赛博技术发展的过程中也出现了不少怀疑和否定的声音，如索菲亚·孚卡在《后女权主义》中指出残酷的现实是女性并没有真正参与或是学会控制数字技术；安妮·古尔丁和蕾切尔·斯帕塞认为信息社会将人分为两类：有信息者和无信息者，而受种族、经济状况、受教育程度等因素的影响，女性很容易沦为后者。杰西·丹尼尔也认为赛博空间在提供身体自由的同时也"复制了深深植根于全球政治经济中的工作不平等现象"。③ 她的另一本书《赛博种族主义》亦是将性别和种族联系在一起，用收集来的大量一手网络数据揭示了白人至上主义和男权主义是如何利用线上方式或公开或隐蔽地固化种族、性别形象。④

　　国内这方面的研究在初期的译作之后逐渐出现了一些关于哈拉维赛博格身体的研究，如刘介民的《哈拉维赛博格理论研究》是目前可以看到最早

---

① Rocio Carrasco. Redefining the Gendered Body in Cyberspace: The Virtual Reality in Films. *Nordic Journal of Feminist and Research*, 2014(1): 33 - 47.

② Plant, Sadie. *Zeros and Ones: Digital Women and the New Technoculture*. London: Doubleday, 1997.

③ Jessie Daniels. Rethinking Cyberfeminism: Race, Gender and Embodiment. *Women's Study Quarterly*, 2009(37): 101 - 124.

④ Jessie Daniels. *Cyber Racism*. Washington DC: Rowman & Littlefield Publishers, 2009.

的专著；金春枝的博士学位论文《赛博女性主义》围绕网络技术赋权、身体与身份、性别差异和数字鸿沟这三组关键词，在信息技术的动态发展中梳理赛博女性主义的身体观念。冉聘在其博士学位论文《赛博与后人类主义》中也指出早期赛博技术的发展更多追求的是一种离身性身体的发展方向，即超人类，但抛弃身体的"超人类"也同时抛弃了身体的主体性、社会性和实践性，陷入理论困境之中。总体而言，国内这方面的研究短篇论文较多，专著相对较少，大多关注的是哈拉维的赛格博身体研究或是赛博格身体隐喻对女性解放的作用，缺少对技术、女性主义和身体发展的动态把握。

其次，从消费文化和女性主义出发研究赛博空间中的女性身体。鲍德里亚对消费社会中的身体探讨最为全面，具有深刻的理论价值，他以批判资本主义作为理论起点，把消费社会、符号世界、象征仿像等作为消费社会中人被物所包围、异化的现象进行剖析。鲍德里亚把女性身体置于消费社会的资本运作之下进行考察，认为女性身体是"最美的消费品"，奠定了消费社会中女性身体符号化的逻辑基础；他又从符号制造的"超真实世界"角度入手，认为符号最终将制造出一个虚拟的仿像世界，进一步强化了赛博空间对消费社会的延伸。齐泽克和列斐伏尔等人也分别从"仿像""模仿与仿真""空间生产"的角度对赛博空间的虚拟现实特性进行了批判，认为赛博空间已经脱离了现实，走向了虚拟、假象和仿制。费瑟斯通则从媒介权力和符号约束的角度描述了后现代主义消费文化中的消费幻象。上述研究无疑对女性身体产生了有力冲击，女性身体被虚假的符号规训与约束，是否能够穿越赛博空间中的符号幻象成为具有自主性的存在是需要思考的重要问题。

国内学者对于消费社会和女性主义的相关研究较多，如陶东风的《消费文化语境中的身体美学》和《消费文化语境中的身体研究热》等系列文章对身体在消费社会中受到的种种规训进行了现象梳理并提出批判，马腾腾的《消费语境下的身体符号研究》主要对消费社会中身体的符号化倾向进行了细致分析，为理解消费文化中的女性身体提供了认识的基础，但是没有把女性作为特殊群体深入探讨。把消费、女性主义和赛博空间结合的研究在国内还不是太多，且其中大都集中在对这一特殊网络生产消费现象的关注。金春枝的博士学位论文《赛博女性主义研究》把赛博女性主义视为一种研究视角,对女性的特殊性和情境性进行分析,认为赛博空间作为消费社会的延伸,在某种程度上增强了消费社会中所流行的消费主义和消费文化,对女性身体来说既是一种解放,也是一种束缚的增强。黄欣卉的硕士学位论文《赛博空间身体审美问题研究》主要针对身体在赛博空间中的呈现与审美问题,提出了现实性的思考。国内很多学者还关注到了赛博空间中日常性的生产消费现象,如网红、直播现象等,科幻电影与电子游戏中的赛博空间与符码消费等,但更多的是在于现象描述而非理论分析。

　　以上研究各有侧重,突出了女性身体在当下社会语境中所遇到的种种问题和符号化境遇,但是对于赛博空间与消费社会的结合中涉及女性身体问题的系统性研究并不是很多。赛博空间和消费社会共同构成了女性身体的活动场域,两者之间存在着不可分割的联系,抛开其中任何一个独立去谈女性身体都是片面的。由此需要思考的是女性如何在消费社会和赛博空间的流动中建立独立的话语空间,为自身的平等自由发展谋求机会。

　　最后,从伦理出发探讨赛博空间中的身体问题,这也是两条线索交汇的地方,无论是科技哲学、媒介研究还是身体研究最终都将目光投向了赛博伦理。在国外关于赛博空间的相关伦理学研究中,比较有代表性的有西斯·J.哈姆林恪的《赛博空间伦理学》和托马斯·普卢格的《赛博空间中的伦理学》,前者提出传统伦理方式无法解决新科技带来的新问题,因而要加强监管,在公平、人权和自由的前提下建立新的准则,其侧重点在于对赛博空间的管理,而后者更关注以计算机为媒介的人际交流问题,他比较了赛博空间与现实社会交流方式的不同,并从伦理学的角度指出空间转换如何致使社会行为失范。理查德·斯皮内罗在《赛博准则:赛博空间中的道德与法律》中探讨了网络普及所引发的社会交往问题并从法律和哲学的层面进行反思,其中包含了丰富的个案研究。

　　国内关于赛博空间的专门性伦理研究相对较多,但大多集中在对计算机和网络伦理问题的研究,如《黑客伦理与信息时代精神》《网络时代伦理》《网络空间的伦理反思》等,目前笔者看到的从身体伦理学视角较为系统地论述技术、赛博空间与身体问题的是周丽昀的专著《现代技术与身体伦理研究》,其中部分章节涉及赛博空间中"涉身自我"的凸显,作者认为身体伦理学应以"涉身自我"为理论基础而不是普遍的理性原则，要以身体体验为核心批判，重构生命伦理学范式。

　　整体而言，对赛博空间与身体的研究侧重某一特定领域的较多，少有全面梳理身体在面对技术编制的现在、未来以及处在消费的当下所面临的各种开心和麻烦，也较少有将女性主义作为批评方法贯穿始终的研究，因此有必要站在女性主义的视角上，对赛博空间中的身体做全面的"体检"，故而本书选择从技术的女性身体、符号的女性身体和伦理的女性身体三个角度对赛博空间中的女性身体进行研究和定位。技术是身体存在的语境，技术的身体是未来身体的发展方向，和女性是什么样的身体以及能够成为什么样的身体息息相关；符号是女性身体的存在方式，符号的身体是在一波波技术浪潮下女性身体在现实消费社会中的真实处境，唯有拨开其中层层权力场域关系，才能使女性身体"穿越基本幻象而抵达血肉之躯，再以血肉之躯去触摸多重真实"，①在面对控制论技术专制时保持敏感和警惕，才不致在"最完美的世界"中沉沦，而伦理的身体则将探讨我们的身体在上述情境下应该何去何从，技术的扩张与介入，只能从外在形式上部分地满足女性对所谓幸福与美好生活的追求，并不能弥补女性心灵上的空虚，甚至还会造成身体的异化。讨论赛博空间中的身体伦理，从某种意义上，是用道德"锁死"科技，是对人类业已存在的文化和人性的守护，是向男性和技术的霸权发起挑战，捍卫女性为"人"的尊严。

---

① 胡继华：《赛博公民：后现代性的身体隐喻及其意义》，《文艺研究》，2009 年 7 月，第84—92 页。

第一章
身体的旅行：从物理空间到赛博空间

　　身体是人人生而具有的，但我们总是忽视它。身体从出生的那一刻起就已经存在，而我们的自我认知也伴随着身体的成长逐步深化，身体存在的环境和活动的场域便是我们认知意义的空间。

　　空间与时间交织，构筑了我们全部的已知现实世界。空间被视为万物生灵赖以存在的物质性前提，也是生活世界得以展开的最基本形式。对于身体、精神与空间的关系探讨一直伴随着人类社会和文明演进，相关问题的探究逐步向前，暂无止境。空间观念也一直被横向外延、纵向挖深，裴萱认为"'空间'业已成为当代学术视域中的重要论题之一，而且对于空间的阐释也突破了地理学、物理学和几何学的范畴，进入广泛的社会学、文化学、美学和文学领域。'第三空间'、文化空间、文学空间等理论的生发适应了现代性语境中的文化研究，使空间不仅具有本体论的内涵，更具有方法论层面的意义价值"。①

　　至于空间的重要性，也是涵盖多个层面的。康德在《纯粹理性批判》中写道："一切对象绝无例外，皆在空间中表现。对象之形状、大小及其相互关系皆在空间中规定，或在空间规定者。"②康德所言的空间应当是认知层面的理念化空间，是从客观空间到主观空间观念的扩展。西方 20 世纪 70 年

---

　　① 裴萱：《中国古典美学的空间情结与方法论意义》，《人文杂志》，2013 年第 5 期，第 64 页。

　　② ［德］康德：《纯粹理性批判》，蓝公武译，北京：商务印书馆，1960 年，第 49 页。

代以来诞生的大批空间理论进一步指明"空间并不像人们以为的那样只是一个凝固不变、空洞的容器，只是客观、绝对的框架，实际上，空间是人们社会生产实践的结果，同时又进一步影响人的世界"。① 可见，这批学者对于空间的认识是物理化的实在空间，是生产关系视域的社会空间，他们对空间之于身体的价值以及空间之于人类社会发展的意义有清楚界定。我国学者宗白华先生认为"我们心理上的空间意识的构成，是靠着感官经验的媒介。我们从视觉、触觉、动觉、体觉，都可以获得空间意识"。② 强调主体层面的空间内化，是主体意识感官层面的空间感知。空间概念的广含意义是不可忽视的，但全部类型意义的空间都脱离不掉主体身体的加入，并产生交互影响。

大千世界为主体身体提供了活动空间，而严格意义上活动空间的获得必须由主体直觉与体验予以担当。换言之，空间是身体活动进行的条件与秩序，但并非唯一条件和固有秩序，主体身体感官和思维内涵下也存在概念化空间。所以，空间既包括了实际存在的自然空间和仅由人类阶级属性构造出的社会空间，以及虚拟化的或者可以界定为结构意义层面的心理空间和赛博空间。虚拟化的空间中人类身体的参与度日渐加强，相关问题也逐步暴露。赛博空间是一种怎样的空间？与我们熟知的物理空间相较又有哪些特点？身体在赛博空间中的存在状态和形式又是如何？从物理空间向赛博空间迈进的人类正在面临这些问题，也在努力借助科学和理论的发展逐步实现身体的旅行。

第一节　空间理论的发展与转变

空间概念由来已久，在对空间理论进行构建的过程中涌现出大批重量级学者，从古希腊哲学家们的开创性探究到近代科学家们的学理性剖析和近代哲学家们的理论阐发，随后经由马克思、恩格斯等人发展延伸，又得到

---

① 童强：《空间哲学》，北京：北京大学出版社，2011 年，第 5 页。
② 宗白华：《宗白华全集（卷二）》，合肥：安徽教育出版社，1994 年，第 142 页。

列斐伏尔、福柯、杰斐逊等学者深化，空间理论走过了一条逐步发展与完善的道路。纵观空间理论的发展和转变，不难发现其发展历程与规律——逐步形成了以地理空间为代表的传统自然空间，以数理空间为代表的近代物理空间，以城市空间为代表的现代社会空间和以超空间、流动空间为代表的后现代虚拟空间，即本书所探究的焦点问题——赛博空间。不同阶段的空间理论形态对于身体的认识程度是有区别的，因而身体在各类空间的地位以及发展方向成为值得探究的议题之一。

一、传统空间理论——身体感知的自然空间

古希腊得天独厚的自然地理环境成就了一大批奠定其西方哲学史地位的哲学家，这些早期哲学家所构筑的自然哲学观念常涵盖"空间"概念，这里的"空间"指的是自然本身环境集合的空间。传统的自然空间源于人类凭借身体对生存环境和状态的思索和探究，是智者们借助身体感官、运用理性解读世界的方法。智者们找寻的是身体可感的空间，运用的方法却是更偏重于理性的思索。赵雪梅曾在文章中提及"科学是古希腊美学和艺术的语法，似乎美学只有高举科学的大旗，才能走向成功。似乎美学的使命就是追随科学之后，提供关于客观世界的知识体系"。[①] 据此，西方哲学从源头之初就形成了特有的对于哲学以及空间的理性解读，这种空间探究方式就是基于身体对空间的感知，并运用合逻辑的数理形式对宇宙空间定性。

从西方公认的第一位哲学家泰勒斯肇始，西方的哲学家们借助身体生存环境对世界的本体论探究形式始终是一脉相承的。泰勒斯提出世界本源为水，阿那克西美尼提出气是万物本源，赫拉克利特则认为火是世界本源，他们都出于身体对客观世界的有意识理性思考而得出相应结论，将世界的本源理解为具体的物质形态。这批西方哲学家把世界本体与物质元素相融合，对于空间的认识也停留在物质层面，将身体所感与生活环境结合，他们的思维方式仍然在于将宇宙空间与客观实在物联结，并没有主动从空间视

---

① 赵红梅：《客观主义：古希腊美学的方法论原则》，《湖北大学学报（哲学社会科学版）》，1999 年第 26 卷第 1 期，第 33 页。

角展开对世界的认识。第一个从空间理论探究世界本体的哲学家当属恩培多克勒，他提出四元素水、火、土、气构成了万事万物的"四根说"，首次将对于世界本源的认识从时间维度转向了空间维度。早期希腊哲学家对于世界本源的哲学探讨实际包括了作为世界构成的空间解析，首次揭开了世界空间的物质性面纱，对空间理论研究起到了开宗明义之效，并且首倡身体感知自然空间的研究思路。

之后毕达哥拉斯学派、柏拉图和亚里士多德对于相关空间理论阐发的现实意义更值得关注。毕达哥拉斯学派首次运用数学概念对宇宙和空间做出规介，将宇宙视为点、线、面，并依据数学方式和几何形式构建出空间体，最早将空间概念置于数理条件形式下，实现空间理论由具象到抽象的飞跃。柏拉图则认为时间、空间都具有永恒属性，他提出的空间理论具有主观神秘性，同时已经具备作为审美范式的美学意味，首次将空间观念与哲学、美学展开融合，指出空间自身的普遍意义，他认为"任何存在的事物必然处于某处并占有一定的空间，而那既不在天上又不在地下的东西根本不存在"。① 柏拉图的空间观念已经将空间与科学引入一处，他将客观物体视为几何概念下空间的组成部分，对空间的研究成为一种体系化的理论。

柏拉图所提出的空间普遍性与永恒性深深影响了亚里士多德。他一方面消解了柏拉图空间理论的主观神秘色彩，另一方面又继承了柏拉图所认为的空间无限性。亚里士多德的空间理论主要从先前的数学层面、哲学层面过渡到初步物理学层面，他在《范畴篇》中认为空间属于身体及思维观念的几何学范畴，在《物理学》中将空间进行物理性还原，所以亚里士多德的研究视野是多元整合的，他"立足于空间、物质与运动间的三元辩证关系，从物理学、宇宙论的角度思考有关空间方面的问题"。② 他眼中的空间形态近似于容器，认为"恰如容器是能移动的空间那样，空间是不能移动的容器"。③ 亚里士多德所谈及的空间是实实在在物质层面的空间，他认为空间本身与

---

① ［古希腊］柏拉图：《柏拉图全集》（第 3 卷），王晓朝译，北京：人民出版社，2003 年，第 304 页。

② 黄大军：《西方空间理论的美学研究》，哈尔滨：黑龙江大学，2015 年。

③ ［古希腊］亚里士多德：《物理学》，张竹明译，北京：商务印书馆，1982 年，第 100 页。

空间中的物体是一体一道,空间是"包含着物体的界限",空间与身体是容纳与被容纳的关系,空间对于身体的囊括作用被凸显。[①] 他对于空间的解读深深影响了近代物理学家,对西方后世空间理论的科学化产生了重大影响。

传统空间观念自诞生之初就一直沿着物质化、数理化、科学化、逻辑性的理性方向发展,成就了早期以自然空间为探究对象的宇宙空间意识,这种意识源自主体对于客体世界的认识,顾名思义是人类对自然的解读。这种空间观念投射于古希腊的文学和艺术之中,从美术作品中对场景的显现、人物立体性特征,到雕塑和建筑的巨大空间立柱,都体现出古希腊人对于空间与自然的关注和还原。身体在传统空间结构中还未被明确其重要地位,早期哲学家尚在空间中单纯讨论对于空间的感知,对于空间的思考尚处于不自觉状态,身体与空间的二元关系还未明确提及,被忽视的身体与被强化的空间是这一时期的重要特征。

二、近代空间理论——身体认知的物理空间和心理空间

近现代空间理论与身体对于空间的理性认知紧密结合,伴随着近代自然科学的发展而产生,西方世界的空间意识因天文学和物理学的发展而重新构建,尽管也出现了像康德式的主观空间主义回归,但大体模式依然向传统的数理化、逻辑性方向展开。宗白华先生在《形而上》一书中概括了西方哲学所遵循的线路特征,即"纯逻辑、纯数理、纯科学化"。[②] 近代西方空间观念与自然科学紧密结合,依托天文理论对封建神学中的经院哲学进行反叛,经由哥白尼、布鲁洛、开普勒、伽利略等人的科学设想与实践,新的天文学体系和空间理论呼之欲出。崭新的空间观念终于在牛顿的《自然哲学的数学原理》中产生,一个新的建立于自然科学基础上的近代空间理论正式成型,"空间是均匀的"这一概念被提出,虚空的观念被抛弃。古希腊哲学家对于宇宙和空间的认识大多是思辨性的推测,而这一大批近代科学家则是通

---

① 〔古希腊〕亚里士多德：《亚里士多德全集》(第 2 卷),徐开来译,北京：中国人民大学出版社,1991 年,第 94 页。

② 宗白华：《宗白华全集》(卷一),合肥：安徽教育出版社,1994 年,第 321 页。

过科学的观测和实验证实了空间本身的物理属性。这批学者将身体的理性认知功能与空间结构认知交融，人类对空间开始进行自觉探索，换言之身体在空间中的能动价值被逐渐发掘。

牛顿以实验为基础所构建的时空观念即为绝对的时空观，他将宇宙视为空置的盒子，盒子中放置着各大运动着的天体。冯雷指明牛顿对于空间的理解："绝对的空间是抽象的空间，不是人们感官经验的空间，但是与感觉到的空间相比，抽象的空间才具有真理性。"①他还提出："绝对的空间，因其性质且无关于外物，恒为等的且不动的。"②在牛顿这里，身体与空间的关系被进一步明确，两者间包容性概念被理解，相关理论从被身体感官感知的空间转向被身体及思维认知的空间。

以上空间理论是科学史基于理性思考和研究对于宇宙空间的认识和解读，一批哲学家们基于科学理论的先验性创造了崭新的空间学说，发展出心理空间的观念，这其中就包括唯理论哲学家和经验论主义者。唯理论和经验论都属于理性主义的范畴，两个流派的哲学家都本着怀疑精神，希望驳斥封建神学的经院哲学。近代哲学家的空间观念虽然建立在近代科学空间观的基础之上，但与此同时也在有意识地主动消解科学对其思考的影响，摒弃作为客观实体性的科学宇宙空间，逐步抽离作为概念的非实在性空间，或者说是可以感受的心理空间。

唯理论哲学家立足已有的科学道理，运用演绎法推导出对于空间概念的解读。笛卡尔不否认空间客体的物质属性，同时承认古希腊哲学家对于空间无限性和数理化的认识，空间的几何化在他手中通过数学的形式被明确建立。笛卡尔的哲学本质根基仍在于对"我思"的高度重视，因而他特别强调主体之思的作用，也就是对身体存在的思考。他将主体不自觉地引入空间中，并借用自然科学作为证据来支持其相关理论，他"特别关注的是让自然科学对自然界自由地做机械的解释"。③ 莱布尼茨的空间理论与笛卡

---

① 冯雷：《理解空间：20世纪空间观念的激变》，北京：中央编译出版社，2017年，第32页。
② ［英］牛顿：《自然哲学之数学原理》，王克迪译，北京：北京大学出版社，2006年，第8页。
③ ［美］梯利、伍德：《西方哲学史（增补修订版）》，葛力译，北京：商务印书馆，1995年，第315—316页。

尔和牛顿的空间理论又有所不同,他否认空间的绝对属性,认为空间应当是相对的,提出"空间必须存在于对象之间的空间关系的整体中",①空间和对象之间不是绝对的,是共存关系,身体与空间不再独立互存。所谓的"空间已经与主体相对存在"是指空间即便没有主体参与也已经存在,但仍需置身其中的主体感受到它的存在才具有意义。然而他由主客体间关系介入空间理论,身体被摘离出来。"空间标志着同时存在的事物的一种秩序,只要这些事物一起存在,而不必涉及它们特殊的存在方式;当我们看到几件事物在一起时,我们就察觉到事物彼此之间的这种秩序。"②斯宾诺莎认为只要通过理性的直观就可以达到与整个作为空间的自然相一致的审美。他从数学几何学的角度进行哲学研究,将具有数学学科属性的周密性、准确性、偶然性带进空间理论研究之中,使其空间理论具有典型的理性特征。

经验论主义者强调主体感觉经验的重要性,将空间存在理论引入主体感官维度,身体可感空间也开启了内视化的空间视角。空间理论在这些哲学家的论述之中与主体经验和感受之间的联系得到加强。洛克本人对于牛顿强调的空间"实体"理论提出不满并在作品中表示批判,他认为"空间不是一个真正的实体,而是仅仅具有让物质客体存在的可能性"。③ 由于他不认为空间的实体性,因而他眼里的空间是主体对于距离产生的观念,这种观念就是空间。休谟不仅认识到空间的观念特性,而且对这一观念做出了界定。他认为"空间和时间观念不是个别的或独立的观念,而只是对象存在的方式或秩序的观念",④作为对象的存在方式或秩序的空间是扬弃了实质性的哲学概念。

这批学术大师的贡献就在于"承认一个有限的空间概念,并借助心理学路径划定的认识领地,开启解构绝对空间与实体空间的批判之旅,深化了

①［英］罗杰·斯克拉顿:《现代哲学简史》,陈四海、王增福译,南京:南京大学出版社,2013 年,第 77 页。

②［德］莱布尼茨、［英］克拉克:《莱布尼茨与克拉克论战书信集》,陈修斋译,北京:商务印书馆,1996 年,第 37 页。

③［美］格瑞特·汤姆逊:《洛克》,袁银传、蔡红艳译,北京:中华书局,2012 年,第 39 页。

④［英］休谟:《人性论》(上册),关文运译,北京:商务印书馆,1980 年,第 53 页。

人们对空间的相对主义思考,最终形成绝对空间与相对空间、客体空间与主观空间、无限空间与有限空间、理智主义空间与感觉主义空间两大阵营分庭抗礼的局面"。① 两个阵营虽然在思维推导形式上存在差异,但是在对空间独立于身体感知,并可以被身体及思维认知这一问题上是存在共识的。

康德的空间哲学观念集前时代哲学家之大成,认为空间的秩序性源自人类先天具有的感性的直观的感受形式。他在《纯粹理性批判》中对空间理论进行了系统而深刻的论断,李秋零认为康德的空间观点包括如下几方面:"① 空间不是一个从外部经验抽象得来的经验性概念。② 空间是作为一切外部直观的基础的一个必不可少的先天表象。③ 空间不是一个关于一般事物的关系的推理概念,或者如人们所说是一个普遍概念,而是一个纯直观。④ 空间被表象为一个无限的被给予的大小。"②实际上,康德的空间观念与牛顿等人一脉相承,他认为"空间是一个单一、同质、无限、连续、各向同性的统一整体。"③他重构的空间观念是纯粹的直观空间,不同于科学家眼中物理学意义上的空间,而是存在并且唯一的直觉意义上的空间,近似于早期希腊学者眼中作为身体感官所感知的空间,因此他坚决要杜绝现象学与日常使用撕裂出两个空间的问题。康德运用形而上学和认识论的观点证明空间是纯粹的先天形式,与此同时他也就忽视了空间的客观属性。

美国学者爱莲心认为"以损害物理学意义上的时间与空间为代价……所导致的后果就是康德思想的鉴别力和说服力的减弱"。④ 虽然爱莲心一针见血地指出了康德空间理论的不足在于损害了物理层面的客观空间,过度标榜直觉空间以至于削弱自身思想的效力,但同时也肯定了康德的空间解读对现代经验科学所产生的杰出贡献。身体与空间关系的纠结与反复源于科学发展阶段化的差异,但总体发展道路有迹可循,并逐渐深化。

---

① 黄大军:《西方空间理论的美学研究》,哈尔滨:黑龙江大学,2015 年。

② [德]康德:《纯粹理性批判》(注释本),李秋零译注,北京:中国人民大学出版社,2011 年,第 53 页。

③ 刘胜利:《空间观的"哥白尼革命":康德对传统空间观的继承与批判》,《科学文化评论》,2010 年第 7 卷第 3 期,第 65 页。

④ [美]爱莲心:《时间、空间与伦理学基础》,高永旺、李孟国译,南京:江苏人民出版社,2015 年,第 35 页。

经验主义下的空间具有直觉性，提升了主体对于空间感知的价值和意义。而近代空间经由科学宇宙空间观念的洗礼逐步确立，空间的几何属性和物理属性被发掘，空间的物质性已然独立于身体感官性。北京大学教授吴国盛曾这样描述空间观念由希腊时期到近代的转换特征："近代空间几何化的一个重要步骤是将物质宇宙与空虚空间相剥离，在这种剥离过程中，空间独立出来成为背景和容器。"①近代空间观念交织着科学化和人本化的对立，一方面随科学进步空间观念被引入更科学的数理轨道；另一方面又随经验主义而步入了强调感觉和经验的人本化之路，但这一时代空间的主流还在于伴随近代物理学而兴起的物理空间观念。牛顿等人通过身体认知和思维探索的方式，使得对物理空间的重新认知成为当时时代的主流，并伴随着人本思想作为打破神学桎梏的重要武器被发扬壮大，空间之于身体的独立地位，以及身体之于空间的能动认知作用成为近代空间观念的阶段性特征。

三、现代空间理论——身体参与的社会空间

哈贝马斯曾提出现代性的含义："现代或现当代一词在内涵上就有意识地强调古今之间的断裂。"②所以，现代理论实则是与传统相对立的存在，现代社会伴随着资本主义制度的确立和工业化、城市化进程而展开。现代空间理论与两次工业革命后的科学技术发展而引发的城市化进程关系较为密切，其现代性主要体现在对人类社会生产实践空间的挖掘，将空间放置于人类的关系场域，用社会背景解释空间。黄大军认为现代的空间理论，即社会空间的观念可分为实践空间观、城市空间观、生态空间观、社会空间观，这一空间理论"实现了空间反思的人本主义转向，确立了社会空间在空间研究中的主导地位，形成了从生态与审美角度批判与重构资本主义现实空间的基本策略……"③实际上，现代空间观念的形成与劳动分工的关系日渐密切，身体以劳动形式自然而然地加入空间结构中，并在其中发挥着不容小觑的

---

① 吴国盛：《希腊空间概念》，北京：中国人民大学出版社，2010年，第112页。
② ［德］哈贝马斯：《现代性：未完成的工程》，见汪民安等：《现代性基本读本》，郑州：河南大学出版社，2005年，第178页。
③ 黄大军：《西方空间理论的美学研究》，哈尔滨：黑龙江大学，2015年。

作用。

　　现代空间理论的主流通常与马克思、恩格斯相联系，虽然也存在叔本华、尼采等批判理性主义、宣扬人本价值的非理性主义哲学家，但他们强调作为意志的自我和空间仍是对康德空间理论的继承，而马恩却已经将空间研究的视角投射到了人类社会。即便他们从来没有对空间理论展开专门论述，只是在唯物论哲学和工业城镇发展及问题等方面提出了对社会空间的认识，但对于身体参与的现代社会空间理论产生了重大影响。马克思和恩格斯立足于人类的社会属性，从社会关系角度分析了社会空间的实践属性和阶级属性。首先在世界本体论方面，马克思承认其物质性，并将物质性扩展到自然、人类和社会历史多维度；其次在方法论层面引入实践论，因此空间得以和主体完成统一，这种统一不是唯经验主义者强调的单纯的感官感觉，而是主体对于自然空间的实践属性，由实践完成了人与人之间构筑的社会与空间的统一———身体与空间的统一。虽然在马克思以前的哲学家费尔巴哈已经将主观意识与人类本身的全部内涵相分离，但他的理论更多的是感性与物质的分离，没有突出主体的实践参与，因此马克思认为"他从来没有把感性世界理解为构成这一世界的个人的全部活生生的感性活动"。①

　　马克思以前的学者往往只强调空间的物质性、数理性、感觉性，因此都是片面强调自然或是片面强调主观感受，强调空间源自身体的感知，而忽视了两者的统一，马克思创造性地提出了"人化自然"，强调两者的共生性，自然空间需要人类身体的参与，人类也在通过实践改造和规划自然空间。他提出社会应是"人同自然界完成了本质的统一，是自然界的真正复活，是人的实现了的自然主义和自然界的实现了的人道主义"。② 自然界的空间属性早在古希腊时期就已被认识，但社会的空间属性是马克思首先提出的，马克思把空间与人类的距离拉得更近了，空间成为身体参与活动的场所和框架形态。社会空间的提出在于意识到人的社会属性，人不仅是自然人，而且是存在于生产关系中的社会属性的人，人类身体通过参与劳动而必然参与

---

① ［德］马克思、恩格斯：《马克思恩格斯文集》，北京：人民出版社，2009 年，第 530 页。
② ［德］马克思、恩格斯：《马克思恩格斯文集》，北京：人民出版社，2009 年，第 187 页。

到社会空间中。阶级关系的变化影响了马克思、恩格斯对空间的理解,当资本主义高速发展,阶级分化日益严重时,资本家们在社会领域所占有的空间日益碾压无产阶级;在资本主义社会中,劳动空间本应该归属于置身其间的全人类,但是伴随着阶级分化,工人非但没有获得独立的劳动空间,身体反而被拥挤地放置,成为资本主义生产关系中的一个要素,因此资本主义社会中的生活空间与劳动空间发生了断裂,工人阶级与资产阶级的矛盾构成了资本主义阶级社会的空间结构。一定的社会空间量的所占比例如何良性分配,身体占据的空间量的均衡问题日益成为阶级社会的突出问题。

与此同时,马克思通过对城市的讨论表达自己对空间理论的理解。随着工业革命的影响,城市的空间被前所未有地扩展,阶级关系也伴随着新的生产关系得以建构。城市在马克思和恩格斯的眼中无疑是充满罪恶和蕴含希望的,这种双重属性也导致他们对于城市看法的多元化,一方面城市充斥着对无产阶级辛苦实践成果的剥削,代表着人与人之间的不平等;但另一方面也满怀希望,代表了工业文明的先进性。

关于城市的空间属性自马克思、恩格斯后得到学者的广泛引用,对于城市的解读也日益丰富。城市已然成为资本主义生产关系中人类身体占据的空间的一种表现形式,与生产空间有关,也与身体存在有关。人的实践属性和社会的空间属性被发掘,空间理论首次在社会界域得以现身。黄大军指出马克思的空间观念昭示了人真实而具体的特征,"实现了空间与主体的内在统一、空间与社会的历史统一,为人类从空间视角真正解决人和自然之间、人和人之间的矛盾提供了科学方法论与理论依据"。① 马克思和恩格斯虽然并未有专门著作以言明作为哲学意义的空间理论,但西方马克思主义学者并未停止对这一领域的探索,比较有代表性的就是亨利·列斐伏尔。他曾表达写作《空间的生产》一书时的目的:"试图描述我们居住其中的空间及其起源,而且通过今天社会生产的空间来追根溯源。"②他认为空间研究

---

① 黄大军:《西方空间理论的美学研究》,哈尔滨:黑龙江大学,2015 年。
② [法]列斐伏尔:《空间的生产》,刘怀玉译,见张一兵:《社会批判理论记事》(第一辑),北京:中央编译出版社,2006 年,第 183 页。

需要涵盖三个领域，包括自然界所代表的物质领域、以抽象思维和感觉为代表的精神领域以及作为人与人之间阶级关系构成的社会领域。列斐伏尔用全新视角将空间理论引入实践之中，应用于阶级关系的维度，扩展了空间理论在城市及社会层面的边界，给予长久以来被忽视的社会空间以应有的位置。身体对于空间的参与借助劳动关系被连接起来，身体不再是以往对于空间的旁观，也不是独立于空间的"外物"，而是切切实实的空间构建者、参与者，甚至是改造者。身体如何"生产"空间，以及身体在哪"生产"空间成为空间理论下一阶段所要探讨的重点。

四、当代空间理论——身体被解放的虚拟空间

随着时代发展，科技进步引发了全新的社会思潮，社会生活出现巨大转型，以亨利·列斐伏尔和米歇尔·福柯为代表的很多后现代主义哲学家在巨变的环境下开始对以往的空间理论进行辩驳。他们认为马克思的视角过于宏大，不可能再适应具象的现代化生存状况，并对牛顿等人的现代主义理论进行反驳，意图构架起全新的适合当下的空间理论体系。虽然他们有意撕裂原生理论与现代理论的联系，认为空间不一定是实在的存在，也不一定必须依靠身体参与，但实际上并没有摆脱马克思和恩格斯建立起来的身体参与社会实践的社会空间。列斐伏尔和福柯甚至在一定程度上继承和发展了马克思的相关理论，使社会空间理论无论是思想性还是应用性都发展到前所未有的高度。

列斐伏尔曾在《空间的生产》中系统阐明了自己的空间观念，由居住空间逐渐深入生产空间。他所谓的空间研究领域既包括作为自然的、物质性的、数理意义的空间，也包含作为逻辑抽象层面的哲学空间，还有作为生产关系的构成性社会空间。这种对于以往空间理论界限不足的纠正，使得其空间理论内涵更全面。童强认为"列斐伏尔试图证明有一种物理空间、心理空间和社会空间的统一体（马克思的整体性）能够重新把哲学、历史、结构主义和心理学熔铸于这个新的模式当中，同时还可以使每一种关于知识和文学的理论适应这个模式"。[①] 他对以往空间界限的模糊，将原有空间理论全

---

① 童强：《空间哲学》，北京：北京大学出版社，2011年，第39页。

新整合,对当下理解空间具有突出贡献,空间分类的细化使我们认识到人类身体与空间关系日渐多元化。他的空间概念是在城市中展开的,这与资本主义的发展密切相关,将空间观念与社会生产整合,空间的体例日渐社会生产化,历史时代及社会形态下的生产决定了空间的形态,因此空间将会随时代发展和社会生活变迁而改变,这种空间的发展性视野也是他的一大贡献。列斐伏尔直言"空间是政治的、意识形态的……它其实是一个社会产物",①由此,空间的社会性内涵过渡为具有政治性的意义。苏贾对列斐伏尔空间理论做出了精准概括:"空间既是客观的又是主观的,是实在的又是隐喻的,是社会生活的媒质又是它的产物,是活跃的当下环境又是创造性的先决条件,是经验的又是理论化的,是工具性的、策略性的又是本质性的"。②

　　将空间与政治和权力紧密结合起来的另一位哲学家是福柯,他一方面构建起权力空间的思想结构,另一方面又创建了异托邦的理论框架。空间在他的理论体系之中成为权力产生的必备条件,因此他所言的空间是基于统治维护和权力占有的制度空间,是一种具备权力色彩和统治秩序的空间观念,而且这种权力话语体系的空间也必然与阶级社会产生联系。童强认为福柯是将主体身体视作社会关系结构的组成要素,将身体拉拢进社会化层面,"身体存在于空间之中,必须服从于某种外在的权力。这个权力是通过有组织的空间以及空间活动表现出来的"。③ 可见,福柯的权力空间理论实际上就是对马克思阶级空间理论的深化,将空间引入政治化的视角加以解读。福柯还依据乌托邦的理想化空间形态创建了异托邦理论。异托邦实际上"是一种在社会真实塑造中现实存在的场所,是社会生活预设的组成部分。它类似于反向场地,外在于并根本区别于所有其他的空间,同时又与通常的社会空间和秩序发生关联和与之共存"。④ 异托邦不同于理想化的社

---

　　① [法]列斐伏尔:《空间政治学的反思》,陈志梧译,见包亚明:《现代性与空间的生产》,上海:上海教育出版社,2003年,第62页。

　　② [美]爱德华·W.苏贾:《第三空间:去往洛杉矶和其他真实和想象地方的旅程》,陆扬等译,上海:上海教育出版社,2005年,第57页。

　　③ 童强:《空间哲学》,北京:北京大学出版社,2011年,第81页。

　　④ 汪原:《边缘空间:当代建筑学与哲学话语》,北京:中国建筑工业出版社,2010年,第9页。

会，它是具备社会秩序和结构的不确定性空间，是生产空间或者政治空间的真实外化。不难发现，福柯旨在用权力代替身体，研究权力与空间的联系。列斐伏尔和福柯的贡献在于放弃原有单一的空间-身体二元论研究视野，将空间置于政治、权力中考察，扩大了空间的研究领域。

真正将空间理论研究深入网络空间的当数詹姆逊的"超空间"和卡斯特的"流动空间"。作为后现代主义代表学者的詹姆逊一直致力于探讨后现代空间的形式，他认识到，随着时代的发展和进步，建筑空间正快速发展和变化，而人类对于空间的感知却存在滞后性，主体并没有适应作为客体的空间所做出的改变，因此他认为后现代空间的标志就是"超空间"的出现，"超空间"的独特性就在于我们无法运用传统空间理论定义它的存在，也无法以此判定其所在的区域。社会已至"超空间"时期，空间发展速率远远超出人体对于空间范畴的感知，"人的身体和他的周遭环境之间的惊人断裂，可以视为一种比喻、一种象征，它意味着我们当前的思维能力无所作为"。[①] 身体与后现代空间的关系在他眼中是一种新型存在，是身体位置方向的缺失，身体与空间出现了断裂。空间在以往学者的眼中要么是自然界的——人类身体可以感知，要么是客观的——主体可以体验研究，而詹姆逊的空间观念实则证明在科技社会高度发展后，人类对于空间感知出现缺失。很多人把他提出的后现代空间概念理解为超现实的空间形态，认为后现代的空间概念就是一种超空间的体现，是"一个充斥幻影和模拟的空间，一个纯粹直接和表面的空间。超空间是空间的模拟，对它而言，不存在原始的空间；类似于与它相关的'超现实'，它是被再生和重复的空间"。[②] 超越现实存在的空间形态是人类身体的迷失，是方向和定位的消解，空间的涵盖面超越对身体的包容，上升为超越身体存在的新形态。

卡斯特提出的"流动空间"则更符合网络空间的特殊性特点，网络空间以其巨大的开放共享特性，孕育了一种全新的社会形态。流动空间的实质

---

①　［美］詹姆逊：《晚期资本主义的文化逻辑》，陈清桥等译，北京：三联书店，1997 年，第 497 页。

②　［英］肖恩·霍默：《弗雷德里克·詹姆森》，孙斌等译，上海：上海人民出版社，2004年，第 171—172 页。

就是空间的固定性被打破,全新的空间特性被激活。"流动空间乃是通过流动而运作的共享时间之社会实践的物质组织。"①资源和信息在网络空间中是流动的,通过网络连接可以输出全球,全球化的网络空间不再固定在某一空间内部,而是涌向全世界。随着网络传播的便利,空间的固定性被打破,流动空间正在加速社会的发展,也在改变城市原有的面貌。信息流和技术革新吞噬了身体,身体被空间超越的时代悄然而至。正如麦克·迪尔总结后现代主义兴起后的空间意义所言,伴随着后现代思想家观念的提出,"极大地推动了思想家们重新思考空间在社会理论和构建日常生活过程中所起的作用。空间意义的重要性已成普遍共识"。②

当代西方关于后现代空间的理论虽然没能迅速发展成为成熟完善的思想体系,但是其贡献在于他们对空间理论做出了全新的思考。他们依据时代产生的变化对空间理论进行了更新与完善,对于身体与空间关系进行了更深更广的探索。黄大军在对现当代空间理论的成就和影响总结时认为现代学界的理论家们之所以引人注目,不在于相关理论构建的深度与广度,而在于"它能够从生活世界角度提出问题,初步勾画出社会空间的基本雏形"。③ 正是这批先行者们成就了以后的学者,使得空间理论的发展路径多元而深刻。

对于空间概念发展史的梳理有助于系统研究人类身体与各类空间观念的关系,可以清晰认识到身体对于空间感知、认知、参与、解放的历程,更好了解虚拟空间中的身体与以往身体-空间关系的差异,理清科技与空间、空间与身体等系列概念间的联系。空间理论的发展经历了漫长时期,其中身体的地位也在不断发生变化,空间与身体彼此成全催生了人类相关认知的发展。漫长的文明演进中,身体与空间是科学家正视问题并献身探索的阶梯,通向了属于空间理论无限广远的发展之路。只有了解了空间理论的演

---

① ［美］曼纽尔·卡斯特：《网络社会的崛起》,夏铸九等译,北京：社会科学文献出版社,2006 年,第 383—384 页。

② ［美］麦克·迪尔：《后现代血统：从列斐伏尔到詹姆逊》,季桂保译,见包亚明：《现代性与空间的生产》,上海：上海教育出版社,2003 年,第 84 页。

③ 黄大军：《西方空间理论的美学研究》,哈尔滨：黑龙江大学,2015 年。

进历程，我们才能开启接下来关于赛博空间的探究，开启赛博女性身体的认知之旅。

第二节　赛博空间内涵、特征及女性身体赋权

一、赛博空间的内涵

随着科学技术的进步以及信息化时代的来临，人类的时空观念发生了前所未有的变革，赛博技术创造出了全新的世界和生活环境，极大地改变了人们的生活结构、工作方式、社交形式和审美心态，尤其是对于女性身体来说，历经着巨大的改变，女性身体的活动空间被放大，行动更加自由，身体审美意识得到解放。可以说，赛博空间的引入从根本上重构了人们对自己生存活动的认知，它既是对传统空间的解构，亦是一种继承和创新。

"赛博空间"（cyberspace）是诞生于哲学领域和计算机领域的一个抽象概念，也被翻译为网络空间、电脑空间。"赛博"一词起源于希腊词"keber"，具有"舵手""航行""驾驶者"的意思。"cyberspace"一词源自英语词源"控制论"（cybernetics）与"空间"（space）的糅合，最早由英国科幻小说家威廉·吉布森提出。他在 1984 年出版的小说《神经漫游者》中描绘了一个由电脑定义的神奇世界，赛博牛仔凯斯将自己的神经系统与计算机网络相联结，放弃躯体进入控制空间（cyberspace）进行奇妙探险，在这个世界中不仅可以神奇漫游，而且也能体会到开心、痛苦的感觉。网络把人和机器联结起来，昭示了一种社会生活和交往的新空间。他曾给赛博空间下了一个定义，认为赛博空间就是电脑操控者对于幻觉主观的接受，"人类系统的每一部电脑信息库里抽象的数据，获得了形象的表达、不可思议的复杂性。光线游弋在非空间的心灵、数据簇丛之间"。① 显然，威廉·吉布森已经认识到构成赛博空

---

① ［荷兰］约斯·德·穆尔：《赛博空间的奥德赛：走向虚拟本体论与人类学》，麦永兴译，桂林：广西师范大学出版社，2007 年，第 51 页。

间的迷思、科学、魔力以及逻辑的奇怪组合,在他的"矩阵三部曲"(《神经漫游者》《零伯爵》《蒙娜·丽莎超速档》)中,赛博空间就是电子交感下的幻觉世界,是个人精神与意志完全沉浸在人机交感的空间,人类的直觉和意识脱离了身体躯壳,在自由和信息构建的全新空间内突破物质束缚,通过掌控信息而掌握权力,并可能获得永生。从这一原初的概念来看,赛博空间基本的含义是指由计算机和现代通信技术所创造的、与真实的现实空间不同的网络空间、虚拟空间,同时也指一种精神生活空间和文化空间。

米歇尔·本尼迪克特在《赛博空间:第一步》中列举了赛博空间的 9 条描述性定义,又将其汇总为一个概括性定义:"一个由计算机所支撑、存储和生成的全球网络,赛博空间是多维的、人造的以及虚拟的实在。在此种实在中,每一个计算机都是一个窗口,其所见所谓的对象是形式上的而非物质上的,所涉及的字符或操作都是由纯粹的数据和信息所组成的。这些信息部分来源于与自然和物质世界的相关操作,而更多地来源于构成人类科学、艺术、商业和文化活动的巨大的信息流。"[1]赛博空间以现实世界为基础和原型,以计算机技术、现代网络通信技术、虚拟现实技术等信息技术的综合运用为支撑,促使人类的社会实践和日常生活日益由现实空间转向赛博空间。

日常生活中,赛博空间经常和互联网结构、资源相联系,因此大多数情况下会用它来指代网络空间。同时,由于赛博空间与人们日常生活紧密相连,人们通过技术手段建立各式各样的人际关系、人机关系等社会关系,形成了"互联网社会",构成人们社会交往的新场域。因此,赛博空间是指在互联网技术的支持下,以信息和知识为内容建构起来的新型虚拟空间,它以现实世界为基础,两者既相对独立又有所交融,共同构成当代人们的生活空间。

米歇尔之后,"赛博空间"的理论不断得到完善,美国哲学家迈克尔·海姆撰著的《从界面到网络空间:虚拟实在的形而上学》一书,反映了对赛博空间计算机维度的虚拟现实性思考;霍华德·雷音哥德在《虚拟社区:电子边疆家园》一书中,借用"虚拟社区"概括网络世界的社会集群效应和人际互

---

[1] Benediket, Michael. *Cyberspace: First Steps*. London: Routledge, 2000: 29 - 44.

动行为；约翰·佩里·巴洛在《赛博空间独立宣言》中设想出赛博空间应该
作为与现实区别的独立自由疆域的乌托邦；劳伦斯·莱斯格在《代码》一书
中，表现出对于赛博空间控制人类社会的担忧；英国学者约翰·阿米蒂奇和
乔安妮·罗伯茨编著的《与赛博空间共存：21世纪技术与社会研究》，全面
介绍了"赛博理论"涵盖领域的广博性，提出与赛博空间共存的实质就是与
科技风险共存。国内学者张屹在《赛博空间与文学存在方式的嬗变》一书中
总结了目前的三种看法，第一种看法认为赛博空间就是数字化媒介所产生
的空间，是通过信息技术和通信网络转换的空间，以惠特克《赛博空间手册》
一书为代表；第二种看法是赛博空间即为全球信息处理系统，以诺瓦克和莱
恩为代表；第三种看法认为赛博空间即为互联网空间，以约翰·德·穆尔的
《赛博空间的奥德赛》为代表。① 三种看法都指向信息技术发展后的互联，
可以确信的是，赛博空间本身已经超越空间内涵，是一种网络用户实现超现
实体验的非物质的超空间。在这样一个虚拟化的超空间——赛博世界中，
女性身体受空间的束缚日渐减小，自由度大大增强，信息化、数字化将给女
性身体带来不同于以往的全新体验，女性如何抓住机遇，迎接挑战，成为当
下值得思考的问题。

二、赛博空间的特征及女性身体赋权

作为身体存在场域的新型空间形态，赛博空间既具有以往空间共通的
标志性要素，又涵盖了对以往空间某些限制的大幅超越，其特征鲜明且突
出。赛博空间的诸多特征，大致可以概括为虚拟现实性、真实体验性、交流
相互性、开放自由性、碎片零散性、信息爆炸性和结构场域性。从赛博世界
表现出的特性中我们可以看到，女性身体受到空间的束缚日渐减小，自由度
大大增强，传统现实社会中女性被压抑的权利与话语得到解放，在信息化、
数字化的潮流中被赋予了平等的地位。因此，研究赛博空间所具备的特征对于
研究身体与赛博、女性身体与赛博空间等概念关系都具有较为重要的意义。

---

① 张屹：《赛博空间与文学存在方式的嬗变》，北京：中国社会科学出版社，2018年，第
9—10页。

（一）虚拟现实性与真实体验性

赛博空间是利用信息技术并参照现实存在世界进行全新构建和再模拟而成的人工虚拟空间，与现实空间具有高度的关联性和相似性，它的虚拟性是相对于受客观物质条件制约的现实物理空间而言的。作为容纳全球网络信息的空间，赛博空间中存在的只有数字和符号。在赛博空间中，人们通过对计算机数据符号的操控生成图片、声音、视频乃至人类自身的形象。这些图片、声音、视频和形象是对现实社会生活的模拟，却不具有物质实在性，只存在于由技术建构起来的网络空间中。赛博空间以数码方式重构人类的日常生活，通过信息编码和解码，将自然存在物和社会生活转换为由数字和符号组成的概念和映像，借助网络实现信息的高速传播和自由流动。通过符号的传递、重组和转换，它好似一面镜子再现着现实世界中的形形色色、万千物象。

女性在相对虚拟的空间中获得了比现实空间更为丰富的体验，这些体验不会因赛博世界的虚拟现实特性而虚化，相反，女性身体在赛博空间获得的体验应当是真实可感的。赛博空间的虚拟性既是得到技术支持的结果，也是人类主观需要的变现，因为"就主观而言，赛博空间的虚拟性还是人们对自由、幸福生活的向往而引发的索居倾向需要的追求结果"。[①] 在赛博空间中，由于人类的介入，角色具有可选择性，个人信息具备相对保密性，人类可以抛却现实世界中的顾忌，在一个较为开放、自由的虚拟世界中自由活动，并获得所需。女性可以抛却对于现实空间的安全性担忧，切实感受虚拟带给女性自我的自由和精神享受。虚拟现实技术的出现，大大增强了赛博空间的真实体验色彩，虚拟空间的感官触动愈发真实。

随着科技日益进步，赛博空间的虚拟性将大大加强，现实和虚拟之间边界模糊，许多现实体验可以借助科技手段在虚拟空间获得。在赛博空间中，女性身体可以超越现实物质条件的限制，创造出各种只存在于现实彼岸的形象、艺术品和童话世界。由于赛博空间不受真实物理空间、几何空间规律的制约，赛博空间中的时间和空间可以被无限压缩，可以通过对有限符号的

① 马宁：《赛博空间的虚拟性分析》，《改革与战略》，2003 年第 12 期，第 14 页。

输入串联梦想中的各种场景,腾跃于古今中外,漫步于世外桃源,可以说,赛博空间在虚拟中延伸了现实生活的不足,弥补了女性在现实生活中所缺失的精神上的需要,那些被现实压抑的情感和被困难阻碍的梦想都得以在虚拟中绽放。女性在现实空间相对缺失的精神慰藉在赛博网络世界都可以获得,从此种意义上说,女性在其中的获得感是远超男性的。

赛博空间的虚拟性说明其特征必然与真实空间有别,但其带给身体的感官体验与现实相似,甚至超越现实。这就在一定程度上要求赛博空间内部所创造的环境必须与现实具有高度相似性和一致性。这种要求主要源自人类认知活动的真实性,因而在面对赛博空间时也会要求从中所获得的感受体验具备真实属性。承认赛博空间真实体验性的前提是我们需要认同赛博空间的实在性,虽然在人类的认知系统中,赛博空间是虚拟的,但其所依赖的技术和发展的过程是客观实在的,这也是赛博社会得以形成的前提——带宽。"赛博空间正在形成一个虚拟社会,它是由不依附于地球上任一确定地点而存在的,其格局不取决于交通的便利和土地的有用性,而取决于互联的性质(有充分的信息和知识的交换)和带宽的制约。在物理空间中,城市是在物质产品的方便交流处形成的,要求交通便利、道路宽敞。在赛博空间中,相应的'赛博城市'(cybercity,如一些著名网站就是)则也是在信息和知识的方便生产与交换处发生的,要求带宽要宽"。[①]

赛博空间是对现实世界的仿真,"赛博空间的真实不再单纯是一些现成之物(如自然风景),而是人工生产或再生产出的'真实'(如模拟环境)"。[②]如虚拟现实技术应用下的网络游戏,玩家通过虚拟角色置身于全新空间,而在这一空间中身体感官和心理获得的体验是真实的。因此,赛博公民在赛博空间中通过与高仿真的虚拟技术交流互动,把现实世界中获取的经验投射进虚拟现实中,创造出直逼现实生活的交流互动场景和生产经营活动。无论是"天涯论坛"中的争论,还是"网易社区"中的话痨,或是网络商店中的

---

① 吴国林.:《试论赛博空间的实在性》,《佛山科学技术学院学报(社会科学版)》,2001年第19卷第3期,第11页。

② 马宁:《赛博空间的虚拟性分析》,《改革与战略》,2003年第12期,第15页。

商品交易,都是对现实生活世界的逼真再现。在这里,赛博空间与真实世界出现了交叉重叠,给予人们的是真实而又丰富的感官体验。虚拟的赛博空间呈现出现实世界的丰富多彩,给予受众身临其境的感官享受和丰富体验。女性在如此仿真的赛博世界所获得的真实性体验是对空间限制的前所未有的突破,女性在现实空间很难参与的暴力、军事、体育等活动都可以在真实化的游戏场景中获取相关的体验和感受,赛博空间的真实体验性带给女性身体感受的刺激是远超现实空间的,女性也可以借此弥补性别差异所带来的场景性活动体验的缺失。

赛博空间的虚拟属性,是其作为网络世界的本质特征,伴随科技进步得以日渐凸显,也使得审美过程中存在虚拟性,审美体验中亦有虚拟的成分。这种所谓的虚拟实则是形式层面的创造,"它对于我们是一种感性的真实存在,但实质上这一事物不是原本的事物,而是一种数字化方式的存在：或者,我们通过这一数码关系代替这一关系,通过启动数码关系而使实际关系按人的目的运转起来,从而使人具有一个普遍化的数字中介系统"。① 虽然在赛博空间中,女性通过对数字和符号的操控,继续着现实世界中未完的生产实践活动,这些生产活动真实而有效地弥补了现实物理空间的缺憾,例如电子商务、远程互动、在线征集信息等,都超越了现实空间对女性个体的限制,使女性能够在极短的时间内有效处理完大量的工作。赛博空间不仅延伸、拓展了女性的活动空间,也极大地改变了女性的生产方式、生活方式和文化交流方式。可以说,在信息高速公路上,赛博空间构成了女性主体进行各类活动的巨大信息流。但是这种数字化的获得与真正空间获得之间的断裂同样值得关注,女性身体体验和感官获得从赛博到现实的转移仍然具有较大的难度,这种鸿沟带给女性的是一种精神和感受的巨大落差,虚拟的获得感与现实的缺失感共同构成了女性身体体验的断裂性。

（二）交流相互性与开放自由性

现代大都市使得"宅男""宅女"大量产生,钢筋水泥的世界封闭了人际

---

① 曾国屏等：《赛博空间的哲学探索》,北京：清华大学出版社,2002 年,第45 页。

交往,我们渐渐将自己放逐在一个封闭而独立的空间。而赛博空间所涵盖的计算机网络系统营造出的环境是交流互通的新式格局,在赛博空间之中,交流实现了远超实际交往的相互性。这种交流的相互性既包括赛博空间中人与人的交流,也包含主体与虚拟环境间的交流,甚至还包括主体在虚拟空间界面范围内资源利用方式的变化,女性话语权由于赛博空间中资源的开放性与环境的自由性而得以实现。

　　利用便捷的网络技术,女性越来越多参与在环境中,并对环境产生了较为重要的影响。网络世界中女性与环境交流的便利使得双向交流愈发突出,女性主体的感受源自环境,同时又将自身感受快速传达给外部。人与人的交流也逐渐打破了传统空间及距离产生的界限,互动的及时性大大增强,全媒体的交互模式更是彻底重构了人与人之间相互交流的方式,虚拟性的空间带给女性的交往感受也越发真实。网络为资源获取提供了便捷的方式,女性越来越自觉地重视在虚拟空间中对资源的占有和利用,虚拟资源在满足女性各类需求的同时也在改变资源利用的模式,资源共享率在大幅提升,利用方式也在日益优化,大幅提升了资源的交互性也随之提升。传统空间环境更多的是主体存在的空间场域,环境对于主体的影响性强于主体对于环境的反馈,而在赛博空间中却正好相反,传统空间偏重于单向的封闭式环境,主导场域特征,而赛博空间则实现了主体与环境的交互,主导双向影响,由此搭建起开放式的交互场景。赛博空间实际就是利用网络构建了全新的虚拟性环境,使得在其中的女性可以拥有影响和塑造环境的权利。

　　赛博空间实现了女性与环境的交互,也加强了女性之间的交流互动性。"赛博空间信息的传播模式也体现出一种相互性。信息传播者与信息接受者之间存在着一种互动的模式,传播者与接受者之间的界限模糊化了,传播者是信息的发送者,同时也成为接受反馈信息的接受者"。[①] 因而,依托网络传播的高速率,赛博空间打破了原有自然物理空间对女性人际交往的束缚。在网络世界中,女性既可以是信息相互交流环节中的接受者,也可以是信息传播的输出者,或是集信息交流的输出者、传播者和接受者于一身。每

---

① 卢宁:《赛博空间里的审美范式研究》,长春:东北师范大学,2009 年。

个女性网民都可全程参与信息交流，都在信息传播过程中起到了交互联结的作用。

在赛博空间中，人们对于空间内部各类资源的利用也日益呈现出交互性的特征。网络资源的开发与应用都依托网络平台，赛博空间打破了封闭的个体把控局面，越来越多的资源通过上传至各类网络平台可以被广泛利用，在一定程度上促成了资源利用的新格局。资源公开可以让所有人共享自己的资源，需求者可以搜索、选择资源，两者进行交流互动。因此，赛博空间中的资源不再是封闭的，而变成了一种较为开放的大众性资源，女性在资源获取层面也逐渐打破现实空间的阻隔和界限，实现与男性均衡的资源获取与利用权利。数字信息时代的赛博空间在交互的同时也给予每一位用户无限的自主权，尤其是女性自主权大大增强。赛博女性在这一肉身缺席的虚拟空间中，可以按照意志自由支配个人空间，以自己喜欢的方式扮演不同角色，进行多种多样的虚拟实践活动。女性在这种空间形态下更能体验到超出现实空间的开放与自由。虚拟的空间不仅解放了女性精神世界，同时也解放了女性躯体。这种解放在女性群体中更加明显："人们隐匿在显示屏的外面，姓名仅仅是一个无法证实的符号，而身份也游移不定，于是各种禁忌不约而同地失去了效力，人们更容易地敞开了弗洛伊德意义上的本我，没有了直接见面的尴尬和同陌生人谈话的局促不安，身体的缺席反而为欲望营造了更大的宣泄空间。"①如果说处于现实空间中的女性个体是带着脚链跳舞，那么赛博空间中的女性则摆脱了种种枷锁的桎梏，在自由的虚空中实现了自我的充分放逐。在虚拟社交之中，女性通过界面切换可以自主决定自己出现在网络中的形象，无须顾忌"现实"原则，实现了对现实的超越。在赛博空间中，无论是各种论坛上的发帖，还是聊天室里的交流，女性参与者都是自由、平等的。在这里，社会地位、种族肤色、经济水平、学历背景等现实权利关系和社会秩序不再奏效，甚至遭到颠覆。可以说，信息化时代的赛博空间就是女性集体介入的狂欢场所。

赛博空间所支持的匿名本身就彰显出一种开放、自由的气度，匿名身份

---

① 卢宁：《赛博空间里的审美范式研究》，长春：东北师范大学，2009 年。

的女性主体在虚拟化空间中正着力建构一个开放多元的世界。赛博空间中信息的共建共享将世界各地区民族、种群紧紧连在一起，不同语言、肤色的参与者在其中相互倾诉烦恼、交流情感、分享经验，在互帮互助中传递人类共通的情感。赛博女性通过虚拟现实技术在赛博空间中进行着各种在现实社会中无法进行的创造性活动，女性自由不再仅仅是一种政治口号与诉求，而可以借助科技实现，各种创新性成果就在赛博主体浮想联翩的思想活动中不断生成。赛博空间中的任何艺术品都处于动态的不断"生成中"，在这里，每一位参与改造者都是一位艺术家，一幅《蒙娜丽莎》在不同的赛博主体手中，变成了蒙娜丽莎 α、β、γ……永远处于未完成、开放的状态，不会到达所谓的终点。女性可以借助无性别的虚拟外衣参与到想参与的活动中，尝试各种新奇别致的构想，不用再担心性别与现实联合带来的束缚，在这个无限包容的开放空间中实现多方面权力的获取与平衡。

赛博世界的交流相互性与开放自由性带给女性交往形式的全新变革，使得突破国界、时间等因素的各种女性社区群体大量涌现，此外，借助开放自由的环境，以及交互性便利，跨种族、跨宗教和跨意识形态的女性直接进行交流，有助于多种声音的女性主义形成，女性主义理论逐渐得到丰富和完善，更加关注个体与特殊性群体，更加契合世界女性共同的观念感受，而不仅仅是白人受教育群体所宣扬的较为狭义且有限的女性主义。

（三）碎片零散性和信息爆炸性

赛博空间与现实空间的存在形式具有较大的差异，赛博空间其实并非传统意义的具备完整空间结构的结构形式，它是非连续空间。实际上是对牛顿物理学三维空间的超越，这也可以视为是其虚拟性的又一佐证。空间的跳跃性最早是艺术创作的一种手段，通过打破原有连续的空间结构获得全新的不完整性艺术感受和审美体验，而在现实生活中，逻辑思维主导下的人类对于空间的感受必然是接续性的。赛博空间打破了这种接续性，使空间的连贯性被削弱，跳跃性大大加强，这是一种类似于游戏世界的空间存在，角色可以随意置换场景，跳跃性地穿越时空界限，创建出全新的结构意义，即非连续的跳跃性和分散的空间构架。赛博空间的女性公民不再受制于单一空间结构，伴随着不同界面和程序的展开呈现出不同的空间，女性主体也随即被带入不同的空间世界，这种多重空间的展开直接导致女性主体空间不再是整体化的，女性享受空间转换便利赋权的同时也要接纳非连续性带给她们的冲击。

非连续性的赛博空间涵盖的对象也不是作为整体存在的全人类，赛博空间中存在的对象是分散的、间断的，不以整体全貌呈现，这实质上是依托数字化的代码作为表征，并通过系统的转码而呈现给女性主体的虚拟物。虚拟的空间对于对象的呈现已非立体真实的存在，而是转化后的平面化对象，信息也不再是最原始的面貌，而是经过系统处理和取舍后甚至是压缩和变形后的展开。赛博世界中的对象之所以对女性主体存在较大的吸引力，是因为其对象相对完美化，这种完美的过程就是将对象中不具有吸引力的成分剥离。所以，网络世界的吸引力就在于它是对现实世界的美化，是对客观对象不足成分的删改。空间对象非整体性的碎片化是对以往空间系统性的解构，是运用全新方式构建理想空间的一种手段。例如游戏世界的人物只为了满足主体对其某一方面能力的需求，美貌、勇武、胜利感等，所以这一人物似乎是代号化呈现，只需努力展现出主体的需求方面即可，虽简洁而重点突出地满足了主体的需要，但也由此失去对象的整体性结构。又如，当直播带货日渐火爆，主播在展示商品时只选择那些具有吸引力的部分，女性便被这片段化的赛博对象吸引，导致了非理性化的"买买买"行为，赛博经济也正借助这种碎片化牵引，加速女性的非理性消费。

赛博空间本身的非连续性和空间中对象的非整体性导致女性主体的感受和体验分化和零散。段永朝认为："在电脑和网络导致的对象重构后，笛卡尔主义所假设的'独立的个体'必将走向'多个版本存在的个体'，即'碎片化'。"[1]在主体沉浸式的赛博空间中，主体所收获的感官享受必然是碎片化的。特别是女性从中获得的体验和感受也会陷入片段化特征，甚至由于自身的感性特色，导致对某些片段化信息的接收会产生偏激。"网络艺术用拼贴和戏仿的方式来消解经典艺术的形式规则和范式，以碎片化、平面化、非整一

---

[1] 段永朝：《互联网：碎片化生存》，北京：中信出版社，2009 年，第 16 页。

的形式来标新立异，追求一种符号化的话语游戏。"①女性主体置身于赛博空间中，无法在空间中获得系统且具有层次结构的感受，而是在不同场域结构下分别获得体验，以此拼凑出的感觉经验是碎片化的、零散的、非整体的、不连续的。而且网络世界中空间的多重性，使得界面转换速率不断加快，女性在较短时间内就可以完成多个空间界面的转换，而空间界面却不是层层递进的完整性结构，其中的对象也不是接续性的、完整的，于是女性主体所获取的体验也是片段性的、非接续性的。这种碎片化的体验是赛博空间带给女性主体的一种必然性体验，人类感官系统的条理性也在渐渐被吞噬和减弱。阅读日渐困难的时代就是因为手机发展带给人们的外在干扰越来越多，整体阅读已经日渐远离信息化的时代，碎片化阅读席卷而来。特别是女性因为较强的感性特点，会更加失去对于赛博信息的掌控力度，被信息的片面性支配，甚至会陷入偏激和过度的感情用事，这样反而造成对女性的误导和精神层面的伤害。

另外，赛博空间信息获取的便利化特征使得信息日渐充斥在我们周遭，女性正身处于信息爆炸的时代，信息裹挟一切呼啸而来，也在反噬女性主体。信息化的时代借助技术将信息传达到一切终端，信息的数量和类型正在显著扩充，信息爆炸的时代为信息获取提供便利，也在无形加大信息接收的压力。每天打开手机便会接收到各类信息，而且这些信息多数是垃圾且无聊的，这种信息的接收是对女性时间的侵占，是用虚拟空间碾压时间的手段。女性在信息洪流中获取到平等权益的同时也容易自我迷失与损伤，这是信息的伤害也是时间的损耗。所以，对赛博世界信息爆炸性也应该辩证看待，女性应该在其中寻找到信息利用与舍弃的平衡点，才能真正得其利，弃其害，但这又是何其艰难。

赛博世界的特性如此，影响也如此。它的信息爆炸和碎片零散的形态带给女性主体的影响正在加剧，女性思维对于赛博世界新特性的适应和接受也日渐严峻，因此，即便赛博世界给予了女性赋权，但这种赋权不是无限且广远的，只是有限赋权。趋利避害，合理利用成为女性进入赛博世界，取舍赛博空间赋权的必要课题。

---

① 卢宁：《赛博空间里的审美范式研究》，长春：东北师范大学，2009 年。

（四）结构场域性

法国社会学家布尔迪厄将场域界定为：“在各种位置关系之间存在的客观关系网络，或一个构型（configuration）。正是在这些位置的存在和它们强加于占据特定位置的行动者或机构之上的决定性因素之中，这些位置得到了客观的界定，根据是这些位置在不同类型的权利（或资本）——占有这些权利就意味着把持了这一场域中利害攸关的专门利润的得益权——分配结构中实际的和潜在的处境，以及它们与其他位置之间的客观关系（支配关系、屈从关系、结构上的对应关系等）。”①场域就是一个网络空间，它依靠各种关系组建构成，是一个包含着各种正在活动的力量和潜在力量的动态结构。在布尔迪厄的场域理论中，存在着三个相互交织、相互依赖、缺一不可的部分：习性、资本、场域。

所谓习性，可以简单理解为我们在平日的生活与交往中逐步形成起来的对于众多事物的认知方式与情感态度，是一种潜移默化的习惯。布尔迪厄认为场域中的资本是指“积累性的劳动”，②是一种私人性质的劳动形式，以及这种形式对于社会资源的具体化占据。场域的结构是由“场域中灵验有效的特定资本形式的分配结构所决定的”，③而场域则是资本得以存在并发挥作用的依托。在社会空间中，场域、资本和习性相互依存，相互作用，场域和惯习之间，位置和资源之间，以及竞争与冲突之间的张力，使得场域成为一个变动不居的“游戏场”。

在布尔迪厄“场域”理论的视角下审视赛博空间，可以发现赛博空间就是一个汇集着各种以信息形式出现的符号资本，投射着千百万赛博公民的习性观念，反映着现实世界各种客观关系的网络场域。赛博空间的场域性主要体现在以下三方面。

---

① ［法］布尔迪厄、［美］华康德：《实践与反思：反思社会学导引》，李康等译，北京：中央编译出版社，1998年，第134页。

② 张意：《文化与符号权力：布尔迪厄的文化社会学导论》，北京：中国社会科学出版社，2005年，第127页。

③ ［法］布尔迪厄、［美］华康德：《实践与反思：反思社会学导引》，李康等译，北京：中央编译出版社，1998年，第148页。

1. 赛博空间是一个复杂的关系网络

赛博空间作为信息技术时代的产物，是对现实世界的拓展延伸，在虚拟中呈现真实世界的丰富性和复杂性。赛博空间中存在着形形色色的虚拟个体，她们由于各种现实需要和主观需要在此产生交集并构成了各种纷纭复杂的关系。这关系是不同身份背景产生的交集，是疏密不同的复杂的关系网络。通过键盘的敲击和数字符号的输入，千百万赛博女性进行着多种多样的生产实践、商品交换、文化交流活动。她们或在网络游戏中结盟、大战，或在各种社交网站中交流，或在各种虚拟商店中购物，这些丰富多彩的交往活动使得赛博空间中的女性个体与个体、个体与群体、群体与群体、个体与物、群体与物之间构成了错综复杂的关系。

在赛博空间中，女性随时可以改头换面，在虚拟中自在地腾挪万里，与异域他国的人与物产生联系。女性也不再被现实种种所约束，被拘禁在三点一线的固化单一空间结构里。借助多种数字传播媒介，赛博空间将世界各地的人与物紧密联系在一起。在这里，世界似乎变得越来越小，但交流渠道的拓宽也使得人与人之间的关系变得更加复杂和多变，有别于以往的固化社交。赛博女性作为有思想、有情感的生命个体，由于世界观、人生观和价值观的不同，也由于各种利益的牵绊，在赛博空间中时而可能成为亲密无间的灵魂伴侣，时而可能成为水火不容的敌对者。各种形式的新型社交和观点输出平台使得女性的交际、信息接收与输出都变得极其便利，同时无形中也增加了赛博空间网络的复杂性。不可否认，它的存在极大地拓展了女性的活动空间，给她们带来了多种感官体验，但与此同时也增加了女性之间、两性之间矛盾冲突和关系变化的概率。

2. 赛博女性的习性引导行为活动

赛博空间的主体是现实世界中的千百万生命个体，这些生命个体由于思想观念、兴趣爱好的不同，在赛博空间中进行着各种截然不同的实践活动。女性可以将自己在现实空间的习性诉诸网络空间，甚至将自我在现实空间的经历缺失借助赛博世界的性别模糊加以弥补。例如有的女性在各类聊天室里终日沉迷，有的女性则喜欢在各种网络商店里尽情购买，也有的女性喜欢在网络游戏中放飞自我……基于不同的习性，她们在赛博空间中的不同场域,如经济、政治、文化、艺术场域,进行着各种符合自身现实需要和审美趣味的活动,这种活动的参与条件已经不再受到性别束缚,使得赛博女性得以享受到网络带来的便利。习性是"持续的、可转换的倾向系统,它把过去的经验综合起来,每时每刻都作为知觉、欣赏、行为的母题发挥作用,依靠对于各种框架的类比性转换,习性使千差万别的任务的完成成为可能"。① 正是由于赛博主体不同的习性和需要,促使她们投身于赛博空间中不同的虚拟活动中,由此造就了赛博空间被指引且嬗变的万花筒性质。

赛博空间是时代发展的产物,它的存在属于技术进步与人类需要共同作用的结果。随着人类生存环境的变化、信息的不断更新,赛博女性的习性也会在环境影响下悄无声息地发生变化,此中带来的是赛博空间中个体活动形式的丰富与变化。女性也更加容易在这种变化中更便捷地寻找到自己的兴趣方向,摆脱现实空间因性别束缚形成的种种枷锁,更多寻求到符合自我习惯的网络活动形式,享受科技发展带给女性的福利。但是这种习性的引导还是集中于男权习性的某种价值展现,真正带给女性的相关权利仍较为有限,女性习性的场域性成全还需要一定时间加以诠释和扩充。

3. 围绕资本展开的竞争

布尔迪厄的场域理论认为场域是力量关系和斗争关系的空间,不具有组成部分和构成要素,有自己独特的逻辑、规则和常规。在信息化时代,赛博空间作为信息的汇集地,既是一个交流互助的平台,也是一个充斥着各种竞争关系和斗争关系的场域。赛博空间中以信息形式存在的各种显性符号资本和隐性符号资本,一方面决定了赛博空间的结构形式,另一方面则引导着赛博主体的各种行为选择。赛博公民凭借自身所拥有的资本在赛博空间中展开各种各样的活动,并且在各种利益的驱使下围绕资本展开各种竞争。无论是网络论坛上的唇枪舌剑,还是各种网络视频间抢占市场的竞争,抑或是各种新闻媒体间争夺最新消息的角逐,都是特定的个体或群体在特定利益的驱使下,凭借一定的资本为争夺新的资源所展开的博弈。人类作为有

---

① ［美］戴维·斯沃茨:《文化与权力:布尔迪厄的社会学》,陶东风译,上海:上海译文出版社,2006 年,第 116 页。

生命的个体,在物质和精神上的多方面需要决定了彼此之间进行资本交换和资本竞争的必要性和必然性。因此,赛博空间中充满了各种各样的斗争和掠夺。如果说公平合法的竞争是促进人类社会持续发展的动力,那么赛博空间中出现的各种恶性竞争也助长了人类社会的不良风气。无论是电脑黑客,还是各种符号暴力,它们的存在都构成了对现实世界的威胁。

赛博空间作为当代女性的另一个生活世界,不同的参与者之间相互联系、相互作用,构成了复杂的关系网。赛博女性主体作为有思想、有情感、有意志的生命个体,她们既是各种资本的承载者,也是利用各种资本进行竞争和博弈的行动者。女性主体情感性相对更强,因此对于赛博世界资源的攫取更加具有冲动性,许多产品和秒杀活动吸引的更多的是女性。布尔迪厄认为:"一种资本(例如希腊语或积分学的知识)的价值,取决于某种游戏的存在,某种使这项技能得以发挥作用的场域的存在;一种资本总是在既定的具体场域中灵验有效,既是斗争的武器,又是争夺的关键,使他的所有者能够在所考察的场域中对他人施加权力,运用影响,从而被视为实实在在的力量,而不是无关轻重的东西。"①赛博空间中的资本以符号的形式现身出场,不同的赛博主体以他们所持有的资本为工具进行着多种多样的实践活动,这些实践活动使参与者之间形成了既有竞争又有合作的矛盾关系,赛博空间的场域性特征也在这种矛盾关系中显露无遗。女性在其中往往是不自觉的参与者。毕竟赛博世界的资本和资源是有限的,女性的占有和分配问题自然会推动这一问题的激化。围绕资本有限竞争问题,赛博空间给予女性主体的权利复归仍在路上。

三、新旧空间关系及女性身体处境

(一) 继承与发展

赛博空间是对传统空间的继承,它的诸多特征实际上都是对于以往空间形式的继承和发展,例如赛博空间承袭了空间应该带给女性主体的参与

---

① [法] 布尔迪厄、[美] 华康德:《实践与反思:反思社会学导引》,李康等译,北京:中央编译出版社,1998年,第148页。

感，也在最大限度满足空间应提供给主体的体验性；传统空间的空间属性都会被物质性条件所制约，赛博空间也会受制于网络技术等条件，但相较于其他空间的限制性因素，赛博空间的自由性无疑更加突出。

虚拟性是赛博空间与其他空间存在的最显著差异。虚拟性使赛博空间打破原有实在空间的界限和束缚，包罗着更为广阔的主体参与度，也涵盖了全球范围内较为宽泛的空间辨识度。传统空间依托网络技术革命而被压缩到更为狭小的网络界面空间，女性感官体验超越空间的限制随之发生。虚拟性带给女性的赋权我们已经探讨过，但与此同时虚拟性可能促生的是对女性身体的消费和话语权利的碾压与覆盖。虚拟性空间在发展传统空间的同时，也增加了虚拟犯罪的风险。赛博女性往往因网络的虚拟性特质而容易忽视对于自我的保护，最终被犯罪分子利用，侵害从虚拟世界转向现实世界。韩国的"n 号房事件"背后就是女性因在虚拟世界中忽视自我保护而受到犯罪分子在现实世界的侵害，而且还利用网络社交平台和虚拟社区将侵害传播。事件背后，我们应当反思网络虚拟是否绝对安全，女性应当在虚拟网络世界如何进行自我保护等问题。

赛博空间引发的是传媒方式、娱乐方式、生活方式和审美文化的大变革，传统空间难以突破时空界限对空间主体产生如赛博空间般巨大的影响。女性可以足不出户，在拥有网络和电子设备的环境下完成感觉层面的身体旅行，文字、图片、音频、视频等资源可以将主体感受抽离此在的物质空间而进入虚拟化的赛博世界，使女性主体获得超越此在空间的感官享受，这是传统空间难以达到的。因此赛博空间继承了传统空间带给女性身体感官享受的特质，而又创造性地将这种特质从现实带进虚拟，由单一引入多元，从封闭发展为开放。当距离和时间不再成为现实约束，人们在赛博空间中的沉浸感越来越强。这种沉浸一方面可以使女性权利得以实现，另一方面也使得赛博世界成为"一个驰骋欲望的场所"。[①] 女性被赛博世界的种种力量所驱使，海量信息阻塞了女性独立思考，使女性很容易陷入认知危机之中。

---

① [荷兰] 约斯·德·穆尔：《赛博空间的奥德赛：走向虚拟本体论与人类学》，麦永雄译，桂林：广西师范大学出版社，2007 年，第 325 页。

空间理论的科学性研究最为成功的是关于绝对空间和相对空间的概念和阐释，陆大道认为牛顿视角下的空间与物质相互脱离，是一种绝对空间的呈现，"而在地理学者看来，空间，除了充塞在其中的各种自然要素、社会经济要素外，空间本身也是这些要素的存在形式，因而也是客观实体，即空间不仅是事物的容器，而且体现了事物的属性及相关关系"。① 当万维网诞生和虚拟现实技术被追捧与广泛应用，浏览器和互联网便不仅仅只是双维的多媒体工具，女性透过电脑屏幕所接受到的已经是全维度对现实世界的模仿，甚至是想入非非的超越此在空间的多维度空间形式，身体的直接参与价值似乎已经不再重要，重要的是内在感官的虚拟性参与。从空间构建形式的维度看，赛博空间呈现出的是对传统空间维度的扩展，网络世界的维度较传统三维、四维而言理解起来比较具有难度，它是多维度的，是一种"超空间"。曾国屏认为赛博空间是一个多维的、全球性的、全人类的虚拟网络信息空间，黄少华等人在讲到赛博网络空间中人类的自我呈现方面时也曾提到空间多维度产生的影响，认为"网络空间所具有的多维、流动特征，为人们的角色扮演提供了多样化的舞台"。② 网络空间的出现是对传统空间概念的继承，也是对原有理论的发展，它使空间与女性身体的关系更紧密的同时也出现清晰的裂痕，这裂痕就是科技变革催生的差异化感受以及多元身份下的自我迷失。超空间中女性超身体的感官参与导致了女性自我空间感的丧失，加剧了女性感官层面的多元化迷失。所以，赛博空间作为超空间形态对传统空间的继承与发展带给女性身体的问题，是对女性话语体系与舆论自由的侵犯，是对女性舆论暴力的隐在危机，是女性对网络虚拟的过度信任与安全被侵犯的现状，是女性自我意识与认知的被动迷失。

(二) 反叛与解构

尽管赛博空间脱胎于传统空间，但其与传统空间存在的本质性差别也

---

① 陆大道：《区位论与区域研究方法》，北京：科学出版社，1988年，第88—89页。

② 黄少华、李魏华、郭叶红：《网络空间中的自我呈现》，《未来与发展》，2009年第4期，第73页。

使得其从诞生之日起就在反叛传统空间,相关学者也在试图解构传统空间理论而重构新的空间理论结构。首先,赛博空间消解了空间的实在属性,将空间转向虚拟的网络世界,打破了空间的本质属性。传统意义的空间及相关理论都在从环境角度认识空间的本质属性,而赛博空间却进化掉了空间的实在性,将空间框定至虚拟的范畴,使现代人很难理解网络世界具备空间的性质,因为赛博空间是人机交互形成的感官体验空间,它并非以真实的维度存在,而已经上升至人类对网络资源的沉浸中,这种沉浸其实恰恰是将主体抽离现实物质空间,进入虚拟的赛博空间。因此赛博空间实际是在与现实空间竞争,企图更好地使身体逃离现实空间,完全进入赛博世界。身体的加入与逃离之别,使得我们可以更加明晰赛博空间对实在空间的宣战和背离。这种争夺和沉浸式反叛让网瘾症患者日益增多,女性沉迷虚拟超空间的现象也愈发普遍。当韩剧和所谓的“小鲜肉”在网络平台日渐火爆,女性会不自觉地沉浸与迷离,在赛博与现实的差别中艰难挣扎,对现实产生厌弃和逃避,这都是赛博新空间带给女性现实感的叛离。

其次,赛博空间背叛了传统空间的时空交融,赛博网络世界正在试图分割空间与时间的交融属性。虚拟空间和网络空间逐步构架起全新的全球化场域,时空分离与时空压缩的现代性问题日益显现,因此传统理论所认同的时空同构思想“已被时空的不同步、个人化直至最后的无法被感知所替代,同时,速度也变为一个不可见的维度”。[①]吉登斯曾经指出现代社会以前,时间、空间的联结依托于地点,他说:“在前现代时代,对多数人以及对日常生活的大多平常活动来说,时间和空间基本上通过地点联结在一起。”[②]赛博空间却打破了这一点,空间与时间的分割在赛博世界中实现了。它颠覆了各类活动的地域性限制,女性主体可以凭借便捷的网络环境获取所需要的资源,原有的距离感正在被消解,女性人际交往日渐简洁而虚拟化,地点的作用正在被不断淡化。因此,赛博空间因为超距离的交往特性而导致时

---

①［斯洛文尼亚］阿莱斯·艾尔雅维茨:《全球化的美学与艺术》,刘悦笛、许中云译,成都:四川人民出版社,2010 年,第 102 页。

②［英］吉登斯:《现代性与自我认同》,赵旭东、方文译,北京:生活·读书·新知三联书店,1998 年,第 18 页。

间与空间的虚空化产生，"时间虚空化、抽象化，脱离了具体地域的限制，成为一种全球化的标准时间。空间也逐渐从地域中分离出来，不再像传统社会那样，生活的空间维度都是受地域性的支配，现代性的降临，日益把空间从地点分离了出来，成为一种特殊的时空观念"。① 当地点作用被淡化，女性互联网利用率的上升已成为必然趋势，赛博空间带给女性的空间超越感必然强于现实空间。但时空界限的打破，也导致现代女性生活、工作节奏的错乱，越来越多女性的晨昏意识出现偏差，时间感的丧失是赛博网络带给女性参与者不可规避的处境。

最后，赛博空间解构了传统空间距离的意义。在网络时代"秀才不出门，便知天下事"的现象已很普遍，女性不会因所在区域的限制而隔绝对于外界信息的获取。传统空间需要经过真实体验后的参与感来提升获得感，即便在艺术作品中可以实现些许感官满足，但相较于赛博空间对于感官的刺激，这一切似乎变得微不足道。网络时代，距离不再是影响女性认识外界的决定性因素，因为远距离事件可以依托全新技术手段传达到女性接受者面前，让接受者犹如身历其境。打开电视、电脑，或走进影院，或带上 VR 眼镜，就能够实现远距离事件在次在空间的嵌入，技术的发展正在打破距离对于空间的意义，距离不再是局限空间的因素，女性身体不再被空间距离所主导，在此在空间世界中身体依旧可以参与到远距离事件的过程中。女性可以通过网络弹幕在超越空间的视频中获得参与感，这正体现出女性身体对空间距离的消解和征服。赛博空间的无限性和开放性消解了距离对于传统意义上空间的规制，从而达到对以距离为差别性意义的传统空间的解构和反叛，而这种否定亦蕴含着科技发展带给女性的机遇和福利。在距离消解后的网络世界中，世界多元文化交汇的冲击力也在裹挟着女性，文化多元与竞争的赛博世界，需要女性自我甄别与接收，这无疑增加了女性在赛博世界中接收信息的压力，也增大了女性在文化交流中所面临的选择障碍。

---

① 卢宁：《赛博空间里的审美范式研究》，长春：东北师范大学，2009 年。

（三）交叉与融合

尽管我们前面一再强调赛博空间逃脱传统空间的各种努力，但是这种脱离只是感官意义层面的撕裂，赛博空间并不能绝对脱离现实空间而独立创造出新的实际空间得以存在，它只能在现有物质空间中交叉入虚拟的网络空间。网络空间的独立是依托其带给女性的感官体验突破了现实空间，但其实质还是与现实空间共生且交织。女性进入赛博空间只是感官和意识的介入，而不是身体真实前往，即便感官已经抛弃肉体介入虚拟空间，但肉身仍需有存在的位置，这位置便是现实空间，或者说是传统意义的四维空间。就这一角度而言，赛博空间不能脱离现实的传统空间，它更像是穿插在现实空间的界面，在界面内女性的肉身无法介入，感官却能神游其中。身体是被有意地抛弃，感官也是自觉地加入。两种类型空间的密切程度远超出我们的想象，思维与感官流入，肉身便被舍弃，而现实世界却接纳了作为躯壳的肉身，从这一意义上讲赛博空间对于传统空间可以否定，却难以完全摒弃，只能交叉其中，努力带给主体更为全面的体验，虽然这种体验是一种身体感官借助赛博技术在不置身条件下的涉身体验。女性在这种身体与精神相分离的空间结构中，无法摆脱身体的可在性和感官沉浸式间的差异，只能通过调和来适应。女性本身的敏感性注定这种撕裂感之于她们的冲击远远超过男性，撕裂背后是肉体与精神对于时空的争夺，无论哪一方取得胜利，都会对女性产生某种不自觉的伤害，至于规避之路，依旧在于如何调和新旧空间的关系与相融度。

现实空间本身是能够带给女性体验的，然而对于感官的刺激具有局限性且不如赛博空间强烈，赛博空间带给主体的感官享受与现实世界带给女性的体验是相似的，它不可能凭空创造出一种感觉，所以只不过是在某些层面夸大了现实的某一种体验罢了。游戏的虚拟刺激、3D影片的现实还原、立体声环绕的听觉模拟、VR眼镜带来的场景性虚设等，一切代表着赛博世界的成就实质都是对传统空间的仿制，只不过是利用技术实现了非身体参与到特定时空便可获得体验的便捷条件。赛博空间将女性不易参与的环境以技术手段还原，但这种还原不是对传统时空的抛弃，而是对传统时空的翻版，所以它的目的还是在于与传统空间的交互，试图借此融合传统空间，并在传统世界占据一席之地,改变女性的生存方式。这种翻版的空间形态是对女性空间超越理想的满足,也是对女性身体理想状态的实现,女性在虚拟中有所获得,同样必然有所失去。赛博女性在翻版的空间会失去自身价值的审视,面临自我迷失的危机,在虚拟的享受和满足中感到精神的空虚和新旧空间交互产生的落寞感。这些也在加剧赛博与现实空间差异性背后女性处境的尴尬。

赛博空间伴随着虚拟现实技术的应用与现实世界日渐融合,现实世界与赛博空间的交叉点日益增多。赛博空间无法容纳女性主体的肉身,也不能带给女性主体现实的感官体验,因此其技术手段的发展方向也是与现实融合的。同时,赛博空间正试图寻找更多的交叉点融入现实,既能完善现有空间维度的不足,又能获得与现实空间的良性互动和虚拟空间的发展。虚拟现实技术方便了女性群体的生活,也体现出赛博空间对于现实空间的依赖,它的发展源自对现实空间的模仿,以及与现实空间实现优势互补。赛博女性的身体正在这种互补关系中得到自由与解放,完成自身理想与价值的实现。所以赛博空间的发展方向不是走向独立,而是与传统交叉,不是对传统空间的抛弃,而是对传统空间的借鉴和融合。

综上,通过梳理赛博空间的概念,认识赛博空间作为新兴空间形态所具有的新型空间特质,可以更加准确地理解赛博空间与传统空间概念的关系。在此基础上清楚认识赛博空间的空间特性和其带给身体,尤其是女性身体空间感的新变,以及女性主体所遇到的机遇与挑战。下面将继续深入探究赛博空间与身体间的关系,解读身体存在之于赛博空间的意义,以及女性身体在赛博世界所享有的权利和遭遇的问题。

第三节　赛博空间中的奥德赛——多维空间中的身体存在

一、多种生活空间的架构类型

生活空间是对空间理论研究的具象,与每个空间中的个体干系最为密切。生活空间的研究并非所有空间理论都有所涉及,但所有空间理论必然涵盖了生活空间。简而言之,它作为主体的身体生活的范围和环境,根据性质可以划分为经济空间、政治空间、文化空间、心理空间,也可以划分为物理空间和虚拟空间。不同的性质属性活动将主体置于不同的空间架构中,所以生活空间不是单一的,而是多种空间形态组合而成的多维空间。我们在生活空间内部遵循的阶级性生产关系使得我们置身于社会空间,我们消遣娱乐的文化场域空间令我们在文化空间获得审美和消遣。我们置身的空间在时刻发生重叠和变化,因此对于生活空间的理解并非易事。对于空间的分类,众多学者都曾做出尝试,列斐伏尔将空间分为三大类,包括人类感官体验所产生的物理学意义的自然空间、人类思维逻辑运行加以认识的精神空间、人类社会实践属性下参与生产劳动的社会空间。① 这一划分是经过了严密思考和细化,对空间做出系统分析后进行再认识的产物,其中涵盖了哲学、人类学、社会学、地理学、物理学、建筑规划学、社会政治学、文化学、艺术学等各门类学科体系的新见。苏贾以列斐伏尔的空间理论为基础将社会空间引申为"第三空间",试图明晰物理空间、精神空间与社会空间三者之间的辩证关系。女性身体存在状态或生活情境与空间的类型和形态具有密不可分的关系,当我们在谈论女性身体的同时,总是在特定的空间情境之中进行,对生活空间的架构类型加以分类和阐明有助于理清女性身体在空间中的"旅行"。

（一）物理空间及其组合

物理空间,是运用数理化手段清晰地、科学地描绘出的空间形态,类似于牛顿提出的"绝对空间"。通常人类认为绝对空间是可感的实体,但内格尔认为所谓的绝对空间不可感受,并非实体性质的存在,"它是一个难以名状的储藏所,一切物理过程都在其中发生,而要按照牛顿公式来理解物理运动则必须参考它"。② 其实物理空间就是牛顿提出的连续、无限的三维"容

---

① ［美］迪尔:《后现代都市状况》,李小科等译,上海:上海教育出版社,2004 年,第 56 页。
② ［美］内格尔:《科学的结构:科学说明的逻辑问题》,徐向东译,上海:上海译文出版社,2006 年,第 245 页。

器",是我们日常生活中经验感知的空间,我们用维度的形式给予它一种存在方式,使得其成为能够实实在在被感受到的存在空间。物理空间是最基本、最方便理解的生活空间形态,它可以被分成许多单个形态,单个物理空间无论怎样组合和拆分都始终处于物理空间的状态下。例如,一间房屋相较于其他房屋可视为单个物理空间,较多房屋组成的一个社区相较于其他社区也可以理解为单个物理空间,较多社区所组成的一个城市相较于其他城市也可以视为单个物理空间,以此类推,房屋、社区、城市、国家、世界、星球等生存环境都可以视为一个相对独立的单个物理空间。

物理空间是女性身体于此在时间中所接触的单一的实在的空间环境,这一空间中的主体相对静止和稳定,不会轻易打破而穿越到其他空间中。女性在这个相对独立的物理空间中的生活行为就使得此物理空间成为主体的生活空间。单个物理空间相对是封闭的,是被活动圈定的一块范围。"每一个个人都归属于某个确定的位置"。① 人类自诞生之日就必须占据一块空间,随着活动方式的扩展做出适当转移,行立坐卧都有与之对应的空间领属,所以人类主动为自身设定了一块空间,并将其作为自己的领地。童强提到"个体以自己身体所在、身体位移的方式经历他所在的空间,并且形成他所具有的独一无二的空间感。个体现实经历的这一空间,可以称为个体的'生存空间单元'"。② 女性个体生存的物理空间既包含生活空间,也涵盖了工作空间,是个体生存的场所,女性所具有的空间感也是一个生存单元的组成部分,并且受到这个空间的羁绊和限制。

单个物理空间相对独立而且封闭,但物理空间也会形成组合重构以此构建新的空间形式。物理空间的组合方式较为多样,不同学科门类设定的组合形式也不尽相同。建筑学意义上的复合式建筑的组合是物理空间的一种全新组合,标志着多个空间被组合放置;道路的交汇也代表了单个物理空间的交叉,并在交叉中实现单个物理空间的联结;公路、公园、影院等公共设

---

① ［德］诺贝特·埃利亚斯:《个体的社会》,翟三江、陆兴华译,南京:译林出版社,2003 年,第 15 页。

② 童强:《空间哲学》,北京:北京大学出版社,2011 年,第 286 页。

施是较多个体可同时占据的聚合空间，证明不同个体所占据的单个物理空间可以发生重合和共享……单个物理空间的组合形成的新的空间形式没有摆脱物理空间的属性，但是不同于单个物理空间的新形态。其最典型的组合形式就是个体空间的社会化，即社会空间的产生，标志着个体生存空间组合成为作为系统的生存空间。在这一空间中，女性身份作为男性的对立面被建构起来，男女之间存在着不可能消失的差异。女性的日常活动必然受到来自社会空间中各种意识形态的影响与压迫。

（二）虚拟空间及其组合

虚拟空间与我们先前已经探讨的赛博空间关系密切，是一种"交感幻象"构成的空间形态，在这样的空间之中女性的身体被搁置，只是以作为表征的身份在空间内获得感官体验和交往行为。虚拟空间不仅仅是网络空间，心理空间、想象空间等都属于虚拟空间，但赛博空间是虚拟空间最典型的代表。以赛博空间为代表的虚拟空间是个体超越此在空间的一种想象的、重构的、具有开放性和感官满足性的虚拟世界形态。Batty 曾做出很好的表述："一种无法被直接感知的新的空间，一种可能比物理空间更重要的空间，一种建构于传统地理空间结构基础之上却又不同于传统地理空间结构的空间。"①

通常而言，一个电脑或手机的界面就可以将女性使用者带入一个全新的网络空间环境中，在这个空间中，女性用户可以忽视真实身体的存在而化身为虚拟人，沉浸在虚拟空间对主体的感觉体验刺激中。迈克尔·海姆认为，网络世界是"数字信息与人类知觉的结合部，文明的'基质'……网络空间的建筑物也许比实体的建筑物更具多维性，也会反映出不同的实存规律"。②其实，他的看法依旧认为网络空间所呈现的虚拟世界是人类感官体验发生的场所，具有比现实空间更多的维度体系。哲学界对于网络空间进行了大

---

① Batty，Michael. The Geography of Cyberspace. *Environment and Planning B: Planning and Design*，1993，20(6)：615 - 616.

② ［美］迈克尔·海姆：《从界面到网络空间：虚拟实在的形而上学》，刘钢译，上海：上海科技教育出版社.2000 年，第 89 页。

量反思,逐步形成了对网络空间的认识:"以认识论哲学为基础的空间认识论;以生存-实践论哲学为基础的空间生产论;以后现代哲学为基础的空间权力论。"①这些认识其实依旧脱胎于对传统空间理论的化用,将传统空间理论对物理空间和社会空间的解读迁移至网络虚拟空间之中。空间的认识论是对近代自然科学影响的认知空间及其数理化处理的沿袭,空间生产论则是源自现代马克思等人提出的人类阶级社会属性成就的生产空间的新变,后现代的空间权力论则是对福轲理论的继承。因此,现代学者在虚拟空间研究角度方面对于传统空间观念的借用和照搬也是值得关注的问题,这种思路亦有其价值。

如果说单个虚拟空间可以认为是赛博网络空间中的一个界面,那么多个虚拟空间的排列和组合形成的空间形态似乎要复杂得多。约斯·德·穆尔眼中作为超空间的赛博空间需要以电脑为媒介,借助电脑厘定全新空间概念,他认为"电脑就可以理解为一种'虫洞',它不仅能够眨眼之间让用户在信息宇宙中从一个地方移动到另一个地方,甚或移动到某种类似的宇宙,而且还给我们提供了进行时间之旅的机会"。② 在虚拟的赛博空间聚合而成的超空间中,多维度成为一种构架方式,各个空间可以借助网络联结为一个结构性整体。女性在赛博空间中的穿越因为网络的勾连变得便捷且不被束缚,因而是网络在成就赛博空间的整体意义,而这个整体意义的实现靠的就是多个虚拟空间的组合。这类虚拟空间的组合带给女性主体的福利是极其巨大的,女性身体通过沉浸网络的方式在多元赛博空间中自由转换角色,这是自我选择的结果,同时也收获了这种转换带给身体和心理的满足感,最重要的是在虚拟空间中,女性获得了自主选择身份、选择性别的权利和机会。

（三）物理空间与虚拟空间的组合

物理空间是女性身体所存在的具体的空间形态,是女性生活的环境和

---

① 谢纳:《空间生产与文化表征:空间理论视域下的文学空间研究·摘要》,沈阳:辽宁大学,2008 年。

② [荷兰] 约斯·德·穆尔:《赛博空间的奥德赛:走向虚拟本体论与人类学》,麦永雄译,桂林:广西师范大学出版社,2007 年,第 270 页。

场所,而虚拟空间是女性感官被吸引后沉浸的场域,是想象中的非现实的活动空间形态。女性身体在物理空间中的确定性存在在虚拟空间中变得不那么确定,那么两者间是否能够组合、是否能够和谐共处,便成为研究者研究的一个方向。威廉·J. 米切尔曾在《伊托邦：数字时代的城市生活》一书中表达了虚拟空间对现实空间的侵占,他甚至觉得在未来世界中,网络空间会逐步取代传统的以城市为代表的现实空间,以此对人类的生存和生活方式产生影响,他认为"传统的城市模式无法与'网络空间'(cyberspace)共存"。①显然,他认为两者不具备共生和组合的可能,然而从现实来看,物理空间与虚拟空间并行存在着,并且容易产生组合,至于虚拟空间取代现实空间是否能够实现,还有待技术的进步与实践的检验。

　　物理空间与虚拟空间当下其实还是一种组合存在的形态,并且会彼此产生影响。学者黄少华提出"网络空间的社会结构和社会行为、网络空间的社会问题,以及网络生活世界与现实生活世界的交互影响"。② 他认为两者存在交集和相互影响的成分,对于这一问题的论述在"传统空间与赛博空间的关系"一节中,我们已经通过两者的交叉与融合进行了论述,这里不再赘述。物理空间与虚拟空间的组合使得人类社会向着良性方向发展是毋庸置疑的,虚拟空间就是通过对物理空间的模仿和完善才得以创建的。社会空间作为一种物理空间,其间也包含着一定的虚拟空间,而虚拟空间本就是以物理空间为基础产生的。汪天文认为具体划分的社会空间应该包括"以物质资料为形式的生存空间,以生产、制度、宗教、伦理、家庭等社会关系为线索的文化空间,以语言符号为工具的虚拟空间,以人际关系、民族关系、国家关系为主要内容的交往空间等"。③ 所以,虚拟空间与物理空间是密不可分的,两者只是不同的空间形态,只存在划分的界限,而不具有对立的关系

---

　　① ［美］威廉·J.米切尔:《伊托邦：数字时代的城市生活》,吴启迪等译,上海：上海科技教育出版社,2005 年,第 162 页。

　　② 黄少华:《网络社会学的基本议题》,《兰州大学学报(人文社会科学版)》,2005 年第 33 卷第 4 期,第 93—101 页。

　　③ 汪天文:《社会时空的解析：衡量人类的活动效率与生活质量的尺度》,《中国人民大学学报》,2004 年第 6 期,第 68 页。

特征。

现代社会中人们每天离不开手机和网络，但同样离不开肉身存在的活动空间，因此两者共筑了当代人的生存空间，这种共筑的方式就是两者的组合和彼此成就。女性身体置身于其中，越来越多虚实交错带来了女性身体和感官的异化，虚拟和现实的交融也引发了女性对于多维空间的适应性问题，女性对于界面与现实的区分，以及对自我感知的异化问题日渐突出。在对于现阶段空间多种形态及聚合的探究中，我们可以清楚识别空间的多元共生、聚合特征，那么在多样空间形态中女性身体的状态是怎样的，以及随着空间的新变与发展，空间中的女性身体该向何方发展，这些将是我们研究的对象和需要解决的问题。

二、空间中女性身体的状态及发展问题

空间中的身体状态及发展问题实际上就是研究空间与身体之间的关系，而在探究身体与空间的关系之前必须先认识人与空间的关系，以往空间理论其实也都涉及人与空间关系的讨论。童强认为"人与空间的相互关系包括了两者的双重建构以及多重交互影响的历史"，[1]他所强调的是空间与人之间会形成相互的关系，这种关系必然是一种交互式的影响，于是他提出"人与空间关系的展开可以从三个层面来看：一是身体感觉层面，二是意识或精神层面，三是社会交往层面"。[2] 他对于身体与空间关系的理解是基于身体层面的空间感。空间与身体的关系由来已久，重要的是空间作为主体的感知对象，主体必然对这一对象化有所意识或回应。而作为新生空间形态的赛博空间则带给女性身体以全新状态，并带来了新空间中女性身体状态的全新的问题。

（一）空间与身体关系问题梳理
空间与身体的关系经历了漫长的研究历程，关于两者的二元对立性问

---

① 童强：《空间哲学》，北京：北京大学出版社，2011 年，第 108 页。
② 童强：《空间哲学》，北京：北京大学出版社，2011 年，第 108 页。

题和互相包含的同一性问题早有争论，有些学者在"身体-空间"的关系与
"空间革命-身体转向"的关系之间建构起连接桥梁的思路是有其必然的
道理的。我们回溯这两对关系的演进历程，也会对此深有体会，可以说，
"空间本身既是一种产物，是由不同范围的社会进程与人类干预形成的，
又是一种力量，它要反过来影响、指引和限定人类在世界上的行为与方式
的各种可能性"。①

　　在马克思主义以前，学界中以康德和笛卡尔为代表的空间哲学理论看
重的只是心理感受与空间的关系，重视空间带给女性主体的体验价值，将人
的身心进行分离，将身体的生理层面与感知认识的心理层面分离，视作主体
与客体的二元对立，于是忽视了身体对于空间的重要意义，只能认识到感觉
层面对于空间的认识，自然就缺乏对身体与空间关系的讨论。而马克思主
义的唯物属性使其必然超越传统唯心主义哲学分离身心的二元论，强调空
间唯物属性以身体为标志的主体空间，重新挖掘身体作为维度之于空间的
意义，将断裂的精神感觉与主体肉身创造性地连接，将空间还给人类，包括
女性，将空间的主体地位归还给身体。马克思提出的唯物理论就在揭示人
类主体的实践属性，这一属性的实现自然离不开身体的参与，人类通过劳动
参与到社会实践中，构成社会空间和生产空间。因为人类的社会阶级属性
致使社会空间必然与人有关，人类的社会生产成就了生产空间，而身体在其
中的作用就是人参与到社会空间进行生产实践的最好的表现形式。伴随着
工业革命后新文明的到来，机器动能取代人力，女性得以发觉自身身体的社
会生产意义，女性身体更多参与其中，介入社会空间的建构中去。

　　而伴随着西方哲学人类身体主体地位的解放，西方现象学派对身体的
思考慢慢成就了一套完整的理论体系。现象学派通过努力逐步构建起以身
体为主体的关系模式，这批学者中对于身体与空间关系研究最深刻的当数
梅洛·庞蒂。他曾提出："我的身体在我看来不但不只是空间的一部分，而

---

　　① ［美］哈维：《后现代的状况：对文化变迁之缘起的探究》，阎嘉译，北京：商务印书
馆，2003 年，第 134 页。

且如果我没有身体的话,在我看来也就没有空间。"①他没有陷入康德等人的思路,在充分肯定身体对于空间意义的基础上将感官的体验重新归还给了作为主体的身体,这使他不至于陷入感受论的泥潭,无疑是身体哲学研究和空间理论研究向前迈出的重要一步。于是有学者认为:"他实际上表达了一个大胆的观点:身体是审美开始的地方,是审美活动的主要承担者,是被长期遮蔽的主体。"②梅洛·庞蒂对于身体在世界中具有的重要意义曾做出如下表述:"身体本身在世界中,就像心脏在机体中:身体不断地使可见的景象保持活力,内在地赋予它生命和供给它养料,与之一起形成一个系统。"③这段话的意义在于将身体对于空间的重要性完全显露,其学说的价值在于将身体空间的意义凸显出来,"他强调身体的有机整体性与积极建构性,申明没有身体就没有空间,身体的空间性不是一种位置的空间性,而只能是一种处境的空间性,因此他所论的空间乃是一种身体化空间"。④ 身体被从感觉中解放,对于空间的研究也不再仅仅停留在感官体验层次,而是深入体验的主角、感官的本质——身体的层面。梅洛·庞蒂将感觉的本体挖掘出来,认识到身体对于空间具有重要意义,也强调了空间对于身体不可忽视的作用。女性身体与空间被紧密结合在一处,感官、身体和空间的有机结合,更加显著地促成女性身体在空间中地位的独立。

为了说明空间对于身体的重要性,梅洛·庞蒂专门运用"身体图式"作为术语阐释身体、时间和空间三者之间的相互关系,强调时间和空间之间具备统一性,这种统一实际上就是身体体验感觉的同一,是身体随空间位移和时间流逝而变化。梅洛·庞蒂所认为的空间依赖身体在物理空间中展开空间性溯源,客观意义层面上的空间是与身体融汇的空间。换句话说,他认为空间已经成为身体的部分,身体不是通常意义上的被放置在空间,而是空间的一个部分,甚至身体是融合进原始空间的。他甚至提出了三种空间的观

---

① 〔法〕梅洛·庞蒂:《知觉现象学》,姜志辉译,北京:商务印书馆,2001 年,第 140 页。
② 王晓华:《西方美学身体转向的现象学路径》,《湖北社会科学》,2015 年第 5 期,第113 页。
③ 〔法〕梅洛·庞蒂:《知觉现象学》,姜志辉译,北京:商务印书馆,2001 年,第 261 页。
④ 黄大军:《西方空间理论的美学研究》,哈尔滨:黑龙江大学,2015 年。

点,在他的认识中,第一种空间属于经验主义的空间,第二种空间属于理智主义的空间,他解释第三种空间为"既不是物体在空间的空间性,也不是能空间化的空间性",①是身体和空间的相互依存。冯雷在《理解空间》一书中对三种空间进行了认识,他认为第一种空间是属于物理空间的身体空间,是人类行为的外壳;第二种空间是被科学和理智主义重新界定的客观化、对象化的客观空间的表象;第三种空间则是前两种空间的交叉,是知觉的空间。② 这三种空间实际都从身体出发,把身体归属和在空间中所起到的作用作为空间的概念性解释,阐述了身体之于空间的重要意义。女性身体与空间的关系不再是被割裂的分别存在,而是得以结合的整体,女性身体在空间中,空间也成就了女性身体的某些自我认知。

主体的身体成为空间的一部分并不是简简单单的被容纳状态,而是身体本身在各个空间中自由穿梭,并致力于建构自身空间。身体本身就是一种衔接方式,它的深层内涵在于勾连着主体空间性和主体活动的空间,也就是说,人类身体和空间具有同构性,包括先前提到的福柯等人的异托邦理论,其实都在强调身体与空间的统一和同构,消解两者之间对立的关系。身体与空间对立的关系越来越受到相关学者反对,新兴的身体-空间同构理论正在获得更多的接受。

"人既是物质存在,又是精神存在;既存在于空间之中,同时也在不断创造空间;既创造出对过去的回忆空间,也创造出对未来的想象空间。"③空间既属于身体,身体也归属于空间。随着纳米、人工智能(Arrifical Intelligence)、虚拟现实等新技术的加持,人日渐科技化,电子智能化的时代也在催生身体的变革,未来身体将会更多沉溺在赛博世界,身体或将成为界面,而不是实在的空间中的主体性特质,身体是电子屏幕中界面外部延伸的构成部分,是外延的界面,是沉浸的界面,而非我们通常理解的电脑平面化的界面。随着

---

① 〔法〕梅洛·庞蒂:《知觉现象学》,姜志辉译,北京:商务印书馆,2001 年,第 316 页。
② 冯雷:《理解空间:20 世纪空间观念的激变》,北京:中央编译出版社,2017 年,第 54—55 页。
③ 王圣云:《空间理论解读:基于人文地理学的透视》,《人文地理》,2011 年第 1 期,第 17 页。

"低头族"暴增,现实和虚拟的主体新引力之争远远没有结束。身体的生活空间对于物理空间的占据会被压缩,这种挤压会随着赛博空间的发展壮大而更加凸显。虽然人类的身体永远不能脱离此在的现实而全部进入赛博世界,但目前的趋势是人的感官世界可能会面临被赛博空间吞噬的局面,身体日渐只剩下躯壳,而灵魂已经陷入虚拟空间。那么这场身体争夺的胜利者会是赛博空间吗?它的新引力在新技术的加持之下会更强大,至于强大到什么地步,暂时还无法判定。约斯·德·穆尔在《赛博空间的奥德赛——走向虚拟本体论与人类学》的结尾曾经提到:"我们不是要等待'把人类精神下载到机器中'成为可能,而是要使我们的生命形式拥有这种新型的体验空间。"①这可能是我们能够做出的最合理的回答。

(二) 赛博空间中的女性身体状态及问题

在理清身体与空间问题后,我们将视野回溯到女性身体。赛博空间借助高科技的发展带给女性身体全新的状态,这种新变带给女性身体前所未有的机遇,同时也对女性身体的存在形式发出了史无前例的挑战。机遇在于在赛博世界中性别歧视的部分消解,以及科技带来的距离感的消逝和各项赋予女性身体权利的实现,是赛博带给女性舆论的自由、人际交往的新变,是网络艺术及新兴网络文化对女性的主动迎合,但赛博蕴含的对女性的隐形挑战同样十分突出。

首先,是在女性身体被抛弃的条件下,女性身体认知与自我管理的新式危机与困惑。现阶段,赛博空间中女性身体的转型已经成为当代社会不得不面对的问题,在急剧变化的空间转换中女性的适应性正受到冲击。有学者就曾指出网络空间世界中人类身体的适应问题,认为人类在网络空间中"较少依赖物资的积累,而更多地依赖信息的流动;较少依赖地理上的集中,而更多地依赖于电子互联;较少依赖扩大稀缺资源的消费,而更多地依赖智能管理"。② 于是,赛

---

① ［荷兰］约斯·德·穆尔:《赛博空间的奥德赛:走向虚拟本体论与人类学》,麦永雄译,桂林:广西师范大学出版社,2007年,第276页。

② 孙逊等:《都市空间与文化想象》,上海:生活·读书·新知三联书店,2008年,第162页。

博空间的世界中大量"赛博公民"出现在网络的社会中，幻象的感觉消解了女性对于自我身体的认知，不少学者也在表达对身体"救赎"的担忧，试图警惕赛博空间世界对于人类身体发展产生的负面影响。这种身体认知的消解在女性身上体现得更为明显，网络直播中女性将身体作为换取利益的资本等问题正对传统伦理道德产生冲击，这种网络虚拟化带来的自由实际反向凸显出女性自我约束等问题的现状。赛博世界中的主体实际上不能说明技术发展带来的新变是百利而无一害的，因此在面对网络世界的全球文化爆炸与狂欢时，我们需要对一些内容有自我反思与警觉："最完美的世界可能为了激发我们的幸福快乐，通过被技术地设计出来的幻象而赚取我们的身体资源。"[①]所以，我们要静观，未来技术究竟是否会控制女性，女性身体是否可以消除虚拟技术带来的迷惑，甚至利用对自我身体的强大发掘与救赎指导自己更好地移居到赛博空间。女性需要努力摆脱身体的现实感的消解，防止自我身体永恒沦为电脑中界面般的存在。而女性身体在赛博世界的发展态势与方向是否会在自由的基础上有自我约束，女性身体的网络消费，女性身体审美的同质化问题又该如何解决都值得我们好好思考。

其次，生活空间的变化造成的女性"精神分裂症"，女性日渐呈现出多重人格综合征。赛博世界与现实世界的交织日益紧密，女性的空间转换和角色变换速度日渐加快，身份与角色的多元化正在加剧女性的"精神分裂"。在《赛博空间的奥德赛——走向虚拟本体论与人类学》一书中专列一节为"精神分裂症的春天"，专门探究赛博空间带给主体精神和人格方面的异化与多重。作者认为这种问题产生的根源在于如下方面：① 万维网的异质性及新旧边界的消逝；② 超文本的开放性对传统的封闭式叙事的冲击；③ 现实与虚拟身份间界限的含混；④ 个人与公众间边界的消退；⑤ 故事对社会现实组成的新式超越与虚构。[②] 面对如上问题时，女性很难适应这些方面

① 胡继华：《赛博公民：后现代性的身体隐喻及其意义》，《文艺研究》，2009 年第 7 期，第 91 页。

② ［荷兰］约斯·德·穆尔：《赛博空间的奥德赛：走向虚拟本体论与人类学》，麦永雄译，桂林：广西师范大学出版社，2007 年，第 184—185 页。

的交汇与变化，无法清晰区分虚拟空间与现实空间、文本的开放性与封闭式、现实身份与虚拟身份、个体与公众的差别、故事与真实的区别等，因此会陷入多元感触的扭曲，最终导致自我精神分裂。约斯·德·穆尔明确指出"那些多重病态综合征的患者——主要是女性"，[①]这种病症就是精神层面的自我撕裂，是赛博女性的共同遭遇。这种多重病态综合征是赛博信息化带来的创伤，而这种创伤的受害者中女性又远远高于男性。女性因为自身情感的敏感，不自觉地受到转换的环境所带来的精神冲击，并被这种冲击所支配，这是女性进入虚拟世界不得不面对的问题。而这一问题的解决有赖于赛博空间秩序的建构和女性自我的心理调适。

最后，赛博技术的全球化和地方化的对冲冲击着女性的思想观念，以及女性权利受网络、经济状况影响下的不均衡问题也在凸显。赛博空间因为虚拟性和距离超越性，全球化程度进一步加深，女性可以借助便捷的信息获取来自全世界的文化和观念，同时也可以以自身为起点，将自己推介到全世界。因此女性会不自觉地遇到从熟知的环境转向陌生环境与领域的问题，这种跨区域信息交流对女性的适应力和学习力往往提出了较高的要求。因此，在这种全球化的虚拟社区中女性居民需要面对全球化与地区化的差异，在已知和未知的文化与领域中自由切换，寻求适应。赛博空间受到技术水平的约束，世界不同地区经济、技术、文明发展不同，也导致女性的网络参与是极其不平衡的。根据赛斯基娅·萨森在《网络调解：女性与赛博空间关系研究》一文中所列的 2000 年部分国家的互联网视野情况，"在很多国家，女性在所有网络用户中的比例不断增长，但仍没有达到一半"。[②] 根据这一调查，我们可以发觉女性在赛博世界的参与度依旧没有达到应有的水平，且不同国家和地区的赛博女性参与度依旧差距较大。同时作者也关注到赛博空间在文化交流与互动层面的巨大变革带给女性的机遇"主要体现在两方面：一是女性亲手创建的电子商务企业，二是以女性为服务对象的网站的

---

① ［荷兰］约斯·德·穆尔：《赛博空间的奥德赛：走向虚拟本体论与人类学》，麦永雄译，桂林：广西师范大学出版社，2007 年，第 185 页。
② ［英］约翰·阿米蒂奇、乔安妮·罗伯茨：《与赛博空间共存：21 世纪技术与社会研究》，曹顺娣译，南京：江苏凤凰教育出版社，2016 年，第 145 页。

快速增长".① 这种女性权利的实现也受到了网络世界女性用户参与度不同的影响,因此有学者不断呼吁改变这种地域性不平等,希望"将数据与行动相结合,助力全球性别平等"。此外,赛博世界因其广泛的涵盖面会导致领域的划分,赛斯基娅·萨森将其称为"网络分割",并且认为"在很大程度上,赛博文化被塑造成男性文化"。② 我们必须明确,赛博空间既带给女性身体赋权,也在羁绊女性真正的平等权利的获取,我们把男女平等这样巨大的课题全部施加在赛博空间的技术红利方面显然不太恰当。

赛博空间中女性主体的状态在某种程度上是优于现实空间的,但是女性在赛博世界中所遇到的问题同样不能被忽视。同时也必须注意到女性身体不仅在物理空间和赛博空间中面临着身份的迷失,而且在现代科学技术的发展中出现了赛博格身体、性别焦虑以及异化的困境。在赛博空间和消费社会的双重压力之下,身体承载着符号和消费主义的规训,当女性身体在赛博空间中的所遇已经成为现实难题时,必须对其深入剖析、认识,积极寻求解决问题的有效路径,女性在赛博世界中才能拥有更加独立且平等的话语地位,赛博空间才能够成为全人类自我实现与享受的新型空间。

---

① ［英］约翰·阿米蒂奇、乔安妮·罗伯茨：《与赛博空间共存：21 世纪技术与社会研究》,曹顺娣译,南京：江苏凤凰教育出版社,2016 年,第 148 页。
② ［英］约翰·阿米蒂奇、乔安妮·罗伯茨：《与赛博空间共存：21 世纪技术与社会研究》,曹顺娣译,南京：江苏凤凰教育出版社,2016 年,第 142 页。

第二章
技术维度的女性身体

　　人类身体不仅是一种自然性的存在,也是社会、政治、经济、文化的产物,人类历史的创造和留存就在于历史创造的主体——人类,他是实体存在,是有双手双脚的,换句话说,人由于有身体,才拥有与世界交流的物质媒介,才能去认识世界,创造文明。然而,在男权社会语境下,女性身体一直处于被歧视和被贬低的状态,并进一步加深了男女地位失衡的程度,因此,把女性身体纳入研究视野,从女性身体的角度观照历史进程,有助于准确了解历史,尤其是被主流研究方法所忽略的边缘历史。

第一节　身体的技术史

　　人在存在之初便与技术结下了深厚的缘分,这源于生存和进化需要的技术(工具),使人类从周围的动物中分离出来。技术一路辅助人类前行,书写了人类的文明史,可以说,人类历史也是一部技术史。19 世纪 70 年代技术哲学的建立,使得人与技术之间的关系成为学术研究的一个专门领域,越来越多的学者开始从人与技术关系的角度建构学说,拉普就曾提出"人既是技术的创造者,同时又是技术的创造物,人与技术之间存在着一种交互关系……他们只在概念上是可分的,在本质上是不可分的。一方面,人作为尚未确定的动物,借助于技术活动和人造物以常新的和历史上不断变化的形式创造自己的具体环境;另一方面,这一技术活动的实现连同在由此创造出的

'第二自然'中的生活,对人有反作用"。① 在他看来,技术就成为连接现实世界、人的行为选择的重要元素,从某种程度上说,人的历史就是技术的发展史。

一、技术与身体关系:从分离到交互

"身体技术"的概念最早是由法国人类学家马塞尔·莫斯于 1934 年在《法国社会学心理学》中提出,他认为身体技术甚至先于器具技术的出现,是人类认识世界、改造世界的方法。"身体是人第一个、也是最自然的工具,或者不要说成是工具,是人第一个、也是最自然的技术对象,同时也是技术手段。"②玛丽·道格拉斯在莫斯观点的基础上提出:"身体技术是通过他为所属的社会、他所占据的位置等要素聚集而成的。"③身体技术的存在经由社会加以定义和确认,社会身体存在的前提是自然身体,而自然身体能够得以重构的重要途径之一便是社会身体的发展。但身体不只是肉体,不只是一种单纯的物质存在,而是在一定社会背景之下经由各种"力"的作用而产生的客体。唐·伊德在实用主义和传统现象学理论的基础上,沿着梅洛·庞蒂的思路,在《技术中的身体》一书中系统介绍了三种身体理论,分别是物质身体、文化身体、技术身体,并提出了由技术构建起来的"身体三":"身体一"是以胡塞尔、梅洛庞蒂的观点为基础提出的由肉身建构的身体;"身体二"是以福柯、女性主义的观点为基础提出的由文化构建的身体;"身体三"延续并试图超越海德格尔等前辈的现象学传统,是由技术构建的身体。这三种理论所指称的身体可归纳为"肉体身体""文化身体""技术身体"。唐·伊德所理解的"技术身体",是指身体的体验是由技术赋予的,不能够掌握技术的身体无法立于生活世界之中,更无法谈及其"主体性"地位。即是说,技术构成了身体的社会性,并让身体借此立足于现实世界。

---

① [德]弗里德里希·拉普:《技术哲学导论》,刘武等译,沈阳:辽宁科学技术出版社,1986 年,第 36 页。

② [法]马塞尔·莫斯、施郎格:《论技术、技艺与文明》,蒙养山人译,北京:世界图书出版公司北京公司,2010 年,第 85 页。

③ [法]马塞尔·莫斯、施郎格:《论技术、技艺与文明》,蒙养山人译,北京:世界图书出版公司北京公司,2010 年,第 85 页。

周丽昀在《现代技术与身体伦理研究》中提出："技术与身体的关系中，表现出两个向度：一是身体之于技术，即身体对技术的建构作用。传统的经典表述是身体作为技术的来源和场域，而当代技术背景下，身体也更多体现为技术的隐喻和符号；二是技术之于身体，也即技术对身体的作用。表现为技术对身体的取代、技术对身体的延伸和扩展，以及技术的公共的或者政治变革的功能。另外，随着技术日益内化到人的身体之中，也表现出'技术的身体'与'技术化的身体'之区分的必要性。"①而根据身体与技术联结的亲疏程度，身体与技术的关系可大致分为三个阶段：分离、交融、交互。

（一）分离

"身体既是一个被表现的客体，也是一个有组织地表现出概念和欲望的有机体，两套表现系统相互缠绕和重叠……所有的社会都创造理想的身体意象用以定义自身，社会身份有很多就是关于我们怎样察觉我们自己和他人的身体的。"②身体看上去是一个客观存在，但因为其存在于人文社会之中，便被改造为社会与文化的产物，由此带上了主观意识色彩。身体由此可被划分为自然身体和社会身体两部分。道格拉斯在《自然的象征》中说道："社会身体制约着我们对自然身体的理解。身体的自然经验（the physical experience）总是支持某一特定的社会观点，它总是被社会分类体系（social categories）所修改，并通过它被了解。"③他认为自然身体与社会身体是两种不一样的身体意义范畴，两者是同时并存的，而且自然身体是构成社会身体的基础，社会身体对自然身体具有反作用，那么，两种身体是如何相互影响和达成转化的？

汉语词汇中的"身体"，指人或动物的整个生理组织，有时特指躯干和四肢。而最初的"身体"，原是两个独立的汉字。许慎《说文解字》中写道："身，

---

① 周丽昀：《现代技术与身体伦理研究》，上海：上海大学出版社，2014年，第64页。

② ［英］丹尼·卡瓦拉罗：《文化理论关键词》，张卫东、张生、赵顺宏译，南京：江苏人民出版社，2006年，第105页。

③ ［英］乔安妮·恩特维斯特尔：《时髦的身体》，郜元宝译，桂林：广西师范大学出版社，2005年，第11页。

躯也。象人之形。按，身的本义是人的躯干。"象形字的"身"从形体上看，就是一个腹部微微隆起的侧身人像，可指怀有身孕的妇女。后来"身"所指的范围逐渐引申为整个躯体。"体"本指申骨腔和内脏组成的躯干，许慎《说文解字》："体，緫十二属也。从骨，豊声。"会意字的"体"，"豊"，既是声旁也是形旁，表示装在器皿中祭祀的珍品。"体"，金文"𧛷＝𦥑（身，身子）＋豊（豊，盛器中的珍品）"，表示人的身体最基本的主干——躯体，比喻分布在身子里的诸多重要器官。由此，身体的含义本身就是在发展和使用中逐渐建构起来的，在这一过程中，技术也在发展并对身体存在缓慢而直接的影响。

法国技术哲学家贝尔纳·斯蒂格勒提出技术的本质是人类"身体的代具"，技术对于人的缺陷存在的弥补就是代具，但"代具不是人体的一个简单延伸，它构成人类的身体，它不是人的一种'手段'或'方法'，而是人的目的"，[①]人必须借助技术代具弥补天然物品的不足，达到生存的目的，并在这一过程中不断创造、实现自己的机能。在远古时期，技术并不发达，人们餐风食露，在探索中逐渐掌握了些许技术。钻木取火，结绳记事，象形文字的发现无不是技术在中间有所参与，但是在这一时期，技术知识的发展只是外化，并未将其纳入人们的身体之中。即是说，技术在此时依附于身体而存在，身体仅仅是技术的来源与表现场域，技术只是作为最初的求生手段或谋生手段，人们在求得温饱的基础上，并不执着于技术的精进。况且在儒家伦理基础上建构起来的中国主流文化传统中，"重德轻技"思潮已经逐渐形成，《礼记·乐记》说"德成而上，艺成而下"，《老子》当中的"人多技巧，奇物滋生"，《庄子》当中的"功利技巧，必忘夫人之心"，都是在表达对于技术的怀疑与批判的态度，在先贤的眼中，技术只是完成工作、达成目标的一种手段和一种途径，是依附于自然身体而存在的经验总结，并不能作为一个人立身的根本，"万般皆下品，唯有读书高"也从一定意义上说明了人们对于技术的轻视或者说忽视。

技术虽然依附于身体，但同时也会导致身体结构的优化和身体机能的进化。人们利用技术来使自己融入社会生活，火的使用给人们带来了光明

①　[法]贝尔纳·斯蒂格勒：《技术与时间：爱比米修斯的过失》，裴程译，南京：译林出版社，2000年，第179页。

和温暖，也让人们可以抵御严寒、对抗黑暗，捕食猎物。在火的使用过程中，人们还发现煮熟的食物便于消化，有益健康，"火"这一技术得以广泛应用于人们生活的方方面面，也让人类文明向前迈进了一大步。另外，技术的使用虽依附于人类，但也让人类突破了环境给予的限制。比如，人们学习骑自行车时，要学会平衡动作和身体之间的关系，学习动态平衡与身体控制，但一经学会，这种平衡感便会一直刻在心中，或者说是成为身体的记忆，即是说，技术的学习并非偶然，技术的掌握也并非暂时性的，它是一个渐进性、长期性的过程和结果。身体与技术这样就形成了相互作用、相互依存的关系。

此时的技术也只是外化于身体，并没能以实体身份进入身体，尽管作为一种能力被人们所熟知、所掌握，却在地久天长的使用中，内化成了人们对于生活、生存的一种经验式体验，试问，已熟练掌握"火"的使用的我们，会去关注"钻木取火"这项技术吗？会把关注的焦点聚集在电器的使用技术上吗？回答自然是否定的，因为这些技术已经深入我们的日常经验中，这些"技术"也就成为我们"习以为常"的生活经验，它不再被陌生地作为一项技术。这样看来，在日常生活中，技术与身体这两者的状态实际上是分离的，两者之间尚未形成交汇关系。

（二）交融

随着身体理论日益受到人们的关注，身体也成为主体日常生活所关注的对象。身处于碎片化和多样化的信息时代，让我们在饱览各种信息之余，也对自身身体有了更为严苛的追求和更加外在化的要求，我们可以借由众多媒体设备观看到生动形象的身体对象，品鉴各色各样的身体之美，这些都在有意识、无意识之下，让我们开始对自己的身体进行审视，并开始用各种精细的手段和方式，在健身房和美容院的辅助下，改造、重塑我们的身体。身体本身是脆弱的，柏拉图提出"将身体当作太过短命而不真实和没有价值的东西加以抛弃"，①但在这个瞬息万变的信息爆炸时代，身体这一脆弱的事物却比其他事物更加稳定，更便于我们主动掌握，它是真实而持久的。这两者就构

---

① ［美］理查德·斯特曼：《生活即审美：审美经验和生活艺术》，彭锋译，北京：北京大学出版社，2017年，第197页。

成了一个悖论,身体虽是脆弱的,人们却渴望在身体中得到稳定和永恒,这些需求催生技术的发展,现今社会日益完善的医疗体系就是其中一个佐证。

技术使得身体的血肉和机能被五花八门的方式、方法加以改造和填充,"其中包括将非人的材料融入人体,以求监测、修补或替代受损器官,通过整容手术改善外表,更有赛博格(cyborgs)这个术语所设想的人与机器之间更让人惊叹的组合",①1985 年,哈拉维在《赛博格宣言》中提出了"赛博格",她将"赛博格"定义为:"一种控制生物体,一种机器与生物体的混合,一种社会现实的生物,也是一种科幻小说的人物。"②并进一步指出:我们都是赛博格,是有机体和机器的混血儿,如人工心脏、心脏起搏器、义肢、戴眼镜以及电视电影里的人机互动形象,从这一意义上讲,我们都是赛博格——一种新的主体,一种打破了人与动物,人、动物与机器,主体与客体,自然与非自然等二元对立事物的界限的新主体。

这一概念在计算机技术的发展过程中变得逐渐明晰,它所囊括的含义和边界也不断得到延伸。我们的自我也在作为主体的"我"与键盘、鼠标、机械的交汇中不断得到形象改造,听觉障碍者可以借助"助听器"恢复与世界的沟通,视觉障碍者可以通过"电子狗"自由行动,对自己样貌不满意的人们亦可以通过医疗器械改善自己的样貌,通过种种技术,我们得到了来自"机械"的改造。赛博格的意义也被理解为人与技术的深入交流与结合,以及人与机械的共生关系。"修复术"的发展就让我们看见技术如何对身体构成了改变和影响。

所谓"修复术"就是指运用技术"创造出来取代已被移除的身体某一部位的东西"。以我们熟知的史蒂芬·霍金为例,他的座驾是结合了机械工程、生物技术和神经科学的超级设备,让全身瘫痪的霍金能够与人交流及行动。正如他自己所说的:"医药没有治愈我的疾病,所以我更依赖于科技。"霍金就是现代赛博格最好的例子,他的成就也是赛博格身体与技术交汇的最佳例证。双腿残疾的田径运动员埃米·慕琳斯(见图 2-1-1 和图 2-1-2)在现

---

① [英] 克里斯·希林:《文化、技术与社会中的身体》,李康译,北京:北京大学出版社,2011 年,第 189 页。

② [美] 唐娜·哈拉维:《类人猿、赛博格和女人——自然的重塑》,陈静、吴义诚译,郑州:河南大学出版社,2012 年,第 205 页。

图 2 - 1 - 1　双腿残疾的运动员埃米

图 2 - 1 - 2　作为时尚模特和电影演员的埃米

代技术的帮助下,拥有 12 条腿,这些"腿"一部分是用于体育比赛的假肢,另一部分则是适应时装走秀的完美小腿,在肢体的转换中,埃米也实现了身份在不同场合的转变,她可以更换不同的义肢切换身份以适应环境,而这恰恰是我们健全人所无法做到的。

显而易见,技术与身体的交融使得身体有了更多的可能性,身体不断地从技术、器具中汲取自身所不具备的能量,完成自我再构建,由此就建构了一个新的身体,它以其自身强大的包容力容纳了技术,技术也因此有了新的表现场域,两者在彼此交融中达成了互惠与平衡。

(三) 交汇

长期以来关于赛博格的产生有两种观点,一是机器被赋予生命和意识,二是包括人类在内的生物体被机械化。无论是哪一种观点,实际上都指向生物体与机械的纠缠。如果说上一节提到的赛博格还只是技术部分进入身体,与身体形成一种交融,那么曾被认为属于科幻世界的大脑与机器的联结,用机器补充或替换人体思维的赛博格便已不再只是虚无之说,甚至走得更远,进入生命的微观世界。1984 年,吉布森在《神经漫游者》中描绘了关于赛博空间中的离奇想象,如今很多都已经成为现实存在,比如基因技术、人工智能。技术对身体的羁绊越来越深,维贝克对人与技术的赛博格关系的阐释是(人/技术)→世界,认为人与技术是融合而不是互动,这种融合的结果是成为技术的身体。身体不仅仅是技术产生和发展的场域,还是技术与人互动的载体。从"赛博格"的定义来看,科技带给人类思维和物质等方面的依赖,让我们都可被称作"赛博人",例如一个佩带有心律调整器的人,一旦失去这个机器就无法生存下去,他就很有可能被认为是赛博人。人与机器已不再是简单的交融关系,机器真正进入人的身体,成为人身体的一部分。如果说在交融关系中,我们尚能辨别人与机器的界限,那么在交互阶段,人与机器已经形成了平等的关系,实在难以分清两者。凯瑟琳·瓦斯路认为自动控制的机器人已经全面进入我们的生活领域,可以是工具、玩伴、谈话对象,甚至是"人类的一面镜子,映射出另一个自己;又或者是间谍、外星生物;还有可能作为某人的后代,弥补无法繁衍的缺陷;更有甚者,可以成为人类的科研实验室、寄托幻想的空间、实现美好愿望的载体等"。① 赛博格从想象走向现实,在赛博空间的现实与虚拟之境中无处不在,扮演着各式各样的角色,改变着我们的生存空间。

生活在信息技术时代,我们被信息所轰炸,也被各种机械设备所包围,现在的我们已经无法离开各种技术和机器。借由电子通信设备可让身处异地的人们迅速而准确地连接在一起,甚至可以清楚地看见彼此的面貌和周遭环境;利用医疗设备可以复现作为主体的人类已丧失的功能,让因事故致残的人们重回社会生活之中;利用 3D 全息投影技术可以让不同地域、不同时代、不同世界的人们实现同台,周杰伦 2013"魔天伦"世界巡回演唱会台北站就实现了虚拟邓丽君与周杰伦的隔空对唱。这样看来,我们的身体与各种机械仪器紧密结合,"即使工业社会与后工业社会的许多个体不是完整意义上的赛博格,不可否认的是我们都生活在一个'赛博格社会'"。②

哈拉维提出:"现代的科学虚构充满了赛博格,它们居住在各种介于自然和人工的模棱两可的世界上。"③科学技术发展至今,"赛博格并不像看上去那样遥不可及,整容手术、各种生物技术器材(如心脏起搏器)、基因工程等技术的发展,对何为人何为机器,人和机器的边界在哪里都提出了疑问,并强烈地解构了传统的人类身份观念"。④ 可以说,我们都是赛博格,我们的社会也是赛博格的社会。

巴赫金提出,中世纪人们往往生活在两个世界,过着两种生活:"一种是常规的、十分严肃而紧蹙眉头的生活,服从于严格的等级秩序的生活,充满了恐惧、教条、崇敬、虔诚的生活;另一种是狂欢广场式的自由自在的生活,充满了两重性的笑……充满了同一切人一切事的随意不拘的交往。"⑤赛博

---

① [英]约翰·阿米蒂奇:《与赛博空间共存 21 世纪技术与社会研究》,曹顺娣译,南京:江苏教育出版社,第 102 页。

② Donna J. Haraway. *The Cyborg Handbook*. London: Penguin, 1995: 3.

③ Donna J. Haraway. *Simians, Cyborgs, and Women*. New York: Routledge, 1991: 149.

④ 陶东风、和磊:《文化研究》,桂林:广西师范大学出版社,2006 年,第 162 页。

⑤ [俄]巴赫金:《陀思妥耶夫斯基诗学问题》,白春仁、顾亚铃译,北京:生活·读书·新知三联书店,1988 年,第 184 页。

空间这一虚拟交往所营造的自由空间,其实在某种意义上实现了巴赫金所说的第二种生活,在不知不觉间促进了身体与技术关系的再次深化,使身体与技术从交融走向交互。

虚拟现实的最初构想是由美国的一名军人摩登·海里戈提出,他提出了一个设想:建立一个"体验剧场"的一套模拟系统用以再现在纽约布鲁克林街道漫步的体验。但因在当时被人们认为过于奢侈而未能实现。1984年,美国人杰伦·拉尼尔正式提出了"虚拟现实"这一概念,"从技术角度来说,虚拟现实系统具有下面三个基本特征:即三个'I':沉浸(immersion)、交互(interaction)和构想(imagination),它强调了在虚拟系统中的人的主导作用",[①]在赛博空间中,"身体"看似"缺席",实则浸蕴其中,人们沉浸于虚拟现实中的时候,所处的环境,所面对的世界,所交往的人物,都是他所感知到的。借由计算机网络技术,人们实现了由"观看"世界到"触摸"世界的转向,视角也以微观式转为宏观式,但这种宏观又区别于"上帝视角",在这一空间里,人人都是创造者,但人人也都是参与者。世界的联结性亦得以增强,人类之间的联系早已跨过地域、身份的鸿沟,不再限于特定的国家、种族、阶层。"时间和空间的差异不复存在,这是一种同步的、深度卷入的新体验",[②]不同区域、不同种族的人们可以在网络连接的一瞬间快速建立联系。当然,在这个联系建立的同时,自然身体、社会身体、技术机械这三者也就建立了联系,甚至合为一体。

"躯体是个人的物质组成。躯体的存在保证了自我拥有一个确定无疑的实体,任何人都存活于独一无二的躯体之中,不可替代……躯体将成为'自我'涵义之中最为明确的部分。"[③]在躯体与技术形成交融、交互的今天,我们又该如何从赛博空间、从虚拟形象,去认识"自我"的定义,去感知"自我"的存在呢?

---

① 薛强:《赛博空间里的虚拟生存:当代中国电子游戏研究》,上海:复旦大学出版社,2018年,第72页。

② 卢宁:《赛博空间里的审美范式研究》,长春:东北师范大学,2009年。

③ 南帆:《躯体修辞学:肖像与性》,《文艺争鸣》,1996年第4期,第30—39页。

二、女性主义与身体技术

(一) 技术与女性主义

20世纪70年代，科学技术的发展，人工智能的兴起，促使在全球化背景下进行文化再思考，而女性主义作为一种社会思潮，无论是政治上的实践或是理论上的解放，都为20世纪70年代后的女性主义进入科学与技术领域奠定了发展基础。20世纪后期，女性主义作为新的分析视角进入技术哲学领域，构成了"技术女性主义"，这一术语最早可见于魏克曼的著作中，用来指称运用科学技术视角研究技术领域中的女性主义，他强调，技术女性主义是建构主义的一个理论直流，用以弥补主流研究视角在技术领域的遗漏。

哈拉维在《情境中的知识：女权主义的科学问题和偏袒角度的特权》一文中，明确表达了一个观点，即实际上并不存在一种价值中立甚至完全超越特定历史情境的视角，任何视角都处于"情境化知识"的片面状况下。她认为长期以来男权主义科学家和哲学家实际上并不客观，他们拥有对科学与技术说明和解释的话语权，而女性在这一方面是缺席的。在《灵长类视觉——现代科学世界中的性别、种族和自然》一书中，哈拉维通过灵长类学研究历史向我们揭示了现有的社会关系实质上是建构在种族、性别和阶级上的自然化，而这种自然化恰恰说明了科学的历史一直都掌握在男权主义者手中，但被我们当作是客观的事实。她想表明的是，在多种文化、多个民族共存的社会中，尽管强调众生平等，但女性在政治、经济、文化、思想、观念、伦理等领域都处于不平等的地位。即便是在家庭这一私人领域中，女性与男性的地位也是不平等的，"男尊女卑""男主外女主内"的思想与社会秩序普遍存在，且长久难以改变。由此，哈拉维等女性主义者认为，这种思想和秩序并非自然形成，而是由社会和文化人为地建构起来的。女性——这个庞大的群体，一直处于失语的状态或者是被言说的地位，男性成为话语的主导和世界的主要参照对象，并将自己对于世界的认识和理解当作是权威性真理加以信奉和宣扬。于是，女性主义者对这些"常识"发起了挑战，试图改变女性的第二性地位，让女性以主动、自觉的姿态真正出现在大众面前。

在技术参与下的现今社会，女性的地位是否有所改善？答案是肯定的，但是,这种改善是基于女性原先话语权力丧失的前提下的,事实上,男女地位的失衡、女性在技术史上的缺席,一直没有得到根本性改善。女性主义者认为,女性在技术史上的缺席并不能完全归因于女性先天上与男性不同,即生理原因导致女性不能出色完成技术性活动,而是在于传统史学家将其关注的重心聚焦于父系社会下的男性英雄人物,并且叙事模式也是从男性角度出发,致使女性在技术史的地位和影响被抹杀。20 世纪 80 年代的女性主义者就着眼于强调和恢复女性在技术史的地位,再现杰出女性在被传统、大众认可的技术史历史进程中所忽视的重要贡献,发掘出女性在科学技术发展中的价值和作用,美籍英国女性天文学家塞西莉亚·佩恩-加波施金于 1925 年首次提出恒星主要由氢和氦所组成;玛丽·居里世称"居里夫人",法国著名波兰裔科学家、物理学家、化学家,提出了放射性理论,开创性地发明了分离放射性同位素技术,发现了两种新元素钋和镭。还有许多优秀的女性科学家都是技术领域的佼佼者,女性主义科学研究者将她们纳入技术变迁进程中,并肯定了她们的积极作用,认为"女性拥有不少于三分之二的技术天空",[①]但这样的纳入始终还是以男性视角考察女性的技术活动,要知道,女性主义技术史的研究"绝不是简单地将少数女性插入历史的记录之中",而是从女性角度发现、展开女性思维和视野:瓦克曼在分析女性主义技术研究时,将女性技术领域大致划为"家用技术""生育技术"和"生产技术";福克纳则将女性技术研究的主题划分为"技术中的女性问题""女性与技术问题"和"女性主义技术研究"三种。诸多学者都将焦点转到了以性别视角度研究社会技术发展,凸显性别视角的重要性和特殊性,并试图分析女性在技术工作当中的填补式作用。在技术领域中,女性也是关键的角色和参与者,没有女性参与的技术领域是不完整的技术领域,没有女性参与者的技术史是不完善的技术史。女性,在历史进程中从来就没有缺席,也不该缺席。

20 世纪 90 年代开始随着网络信息普及,赛博空间与女性主义的碰撞

---

① Blooming, Indianapolis. *Sex/Machine: Reading in Culture*, *Gender*, *and Technology*. Bloomington: Indiana University Press,1998: 17.

与结合成为女性主义发展的一个新领域,赛博女性主义应运而生,它是在新技术研究背景中发展起来的女性主义力量。尽管赛博空间作为一种客观存在的网络空间,这一新领域并不会天然地改善女性的地位与话语权,但是它确实能够给予女性更多的话语空间和现实中难以实现的自由,正是因为它在身份、性别、种族的可选择性,就导致它的性别区分更趋向于"无性别",在这一空间里,"性别"只是一个符号,并未具备现实生活中明显而有区分意义的特征,从而为女性主义的栖息和实践提供了新的空间,女性在这一空间里,更能够以一种中性的或者是"无性别"的角色出现,"赛博女性主义"便是借此来完成对性别的突破。

(二) 赛博女性主义

20 世纪 90 年代以来,互联网的普及致使人们快速进入网络时代,"赛博"也成为一个流行词。70 年代兴起的对于"技术女性主义"的讨论也在此时与网络技术进行了思维碰撞,赛博女性主义应运而生。哈拉维的《赛博格宣言》可以视为赛博女性主义的起点,她将赛博格的概念引入女性主义理论,主张主体是被建构起来的,并借用西蒙娜·德·波伏娃的名言:"女人并非生而为女人,而是变成女人的。"认为女性之所以成为"女性",不仅是先天生理因素的结果,更多的是社会、文化等诸多元素所致。哈拉维认为正是赛博格为当代女性主义提供了新的社会政治空间,赛博格女性摆脱了二元性别类型的身份,也不再和种族、阶级等现实因素纠缠在一起,是完全独立于主体与客体、男性与女性等这些二元对立的因素之外的,这是女性主义甚至整个人类都要面临的新主体。赛博格作为一种人与机器结合产生的新主体,并不是天生的,而是选择的、人造的。她用"赛博格"打破了现实世界中"男/女"的二元对立,确立了赛博格女性主义。

"哈拉维的赛博格女性主义思想正是从'赛博格'的这一意义出发,认为'赛博格'就是女性主义的象征,能够重建女性的身体、身份、社会关系和政治理想,为女性提供与男性平等的话语权,从而实现女性解放。"[①]她强调从

---

① 金春枝:《赛博女性主义研究》,长沙:湖南师范大学,2018 年。

不同的角度出发,可能建构起完全不同的话语体系。因此从女性视角来看,重构女性主义科学话语是非常有必要的,她说:"我们探寻对女性主义身体政治的理解过程中,既需要社会科学也需要自然科学,正如我们需要理论和实践的每一种创造性的形式。"①她认为女性主义应当借助新兴的信息网络技术,建构超越性别、超越种族、超越阶级的赛博格身份,同时,她也坚定表明自己的立场:"我还是宁愿做一个赛博格,而不是一位女神。"②

毫无疑问,"赛博格"新主体是多元的、意义丰富的,它不仅是我们进入信息时代必须认识、必须接受的主体,更重要的是它启发我们思考人与机器、身体与机器的临界点在哪这一重要问题。赛博格结合了人与机器,当今时代器官移植、医学美容、安装义肢甚至身体植入芯片已经不再是新鲜事物,人的身体不断被改造,甚至意识也可以通过药物或其他手段进行控制,那么人的主体地位何以存在? 对人的主体性认识是哲学中的一个重要问题,从康德的启蒙理性到海德格尔的"诗意的栖居",人的主体性得到确立。在福柯和德里达那里,人的主体性被消解,而如今我们要面对的是赛博格取消了"人"这一范畴,我们无法断定"人"被技术改造到何种程度后就不再称为"人"。

当下应当思考另外一个问题。哈拉维的赛博格主体是跨越性别、跨越种族、模糊边界的,那么赛博女性主义又该何去何从? 女性主义的传统在于构建男权主义之外的女性话语,而赛博格取消了性别。其实哈拉维的女性主义理论与传统女性主义的区别正在此处,哈拉维认为女性经验本就是多元丰富的,而非单一统一的,任何女性主义都不可能把所有类型的女性经验囊括其中,因此哈拉维的赛博女性主义是建立在"我们都是赛博格"基础之上的。例如,在如今的网络中,很多网站在用户注册时都是由用户自行选择性别,部分网站中性别分类竟多达几十种。③ 2014 年,

①　Donna J. Haraway. *Simians*, *Cyborgs*, *and Women: The Reinvention of Nature*. New York:Routledge,1991:19.

②　[美]唐娜·哈拉维:《类人猿、赛博格和女人:自然的重塑》,陈静、吴义诚译,郑州:河南大学出版社,2012 年,第 253 页。

③　2014 年,Facebook 网站在性别选项中推出了 54 种性别选项;2015 年,推出性别自定义功能,用户可以自主输入描述自己性别的词汇。

Facebook 网站在性别选项中新推出了 54 种性别选项，其中包括像"无性别""两性人""双性人""顺性人""顺性女"和"跨性女"之类的选项，这正说明了在赛博格这里，性别并非非此即彼的对立，而是自由与开放的多元化选择。

赛博空间为女性主义提供了新场所，网络的发展丰富了人们的精神生活，各类聊天工具和社交软件横空出世，人们在互不认识的情况下畅所欲言，自由地表达思想与感受。在现实生活中处于"失语"状态的女性借助网络的虚拟身份自由地表达女性经验和情感。赛博女性可以在后现代社会中开拓新空间，建立跨种族、跨性别、跨阶层的虚拟新主体。

但一些学者也担心这种虚拟的新空间会成为男性文化对女性文化的新殖民地。吴华眉在《网络社会的赛博格女性主义批判》一文中指出：

> 在赛博空间中，具体的技术和物质设计不是中立的、客观的，它包含着设计者特定的选择，充溢着各种文化内涵和意象。当现实的人参与到虚拟实践时，种族、阶级、性别等身份的各个轴线实际上仍然可以在赛博空间中得到象征性表达……作为社会"新边界"，它也像其他社会空间一样随时受到权力关系所渗透和殖民化，因此，将其视为无拘无束的阴性空间无疑是一种乌托邦。[①]

亦有学者认为赛博空间中女性地位得到了提升，但并不意味着女性能够摆脱现实生活中性别的束缚：

> 虽然在赛博空间中女性地位得到了极大的提高，女性可以"无忧无虑"地表达自己的观点，但可以发现男性话语霸权在网络空间中依然存在……女性没有掌握主流话语权，她们所形成的文字不是运用话语权，而是改写话语，是将现成的语言、现成的观念、现成的叙事模式改写得

---

① 吴华眉：《网络社会的赛博格女性主义批判》，《当代国外马克思主义评论》，2016 年第 0 期，第 232—245 页。

不那么规范,以便适于女性使用。此外性别问题总与社会文化密切相连,那么人类自己营造出的赛博空间,就不可能真正成为一个真正的"桃花源",它势必会深深打上社会性别的烙印。①

对于赛博空间提供的新经验,除了哈拉维之外的很多女性主义者都是持积极乐观态度的。麦克雷举出网络游戏的例子,认为在网络中,一旦性别变得模糊起来,用户即可在网络中获得神秘与陌生的体验,这种陌生和神秘就来自不断的网络交互过程中,用透露出来的只言片语或蛛丝马迹推测对方的现实性别和现实身份,这种虚拟的空间散发着不可言说的吸引力。赛博空间的虚拟性、去性别化之所以令人着迷,原因是值得探究的。可以想象,现实生活中的女性体验常常处于被压抑的状态,自身欲望无处诉求,而在网络的虚拟空间中她们能够获得更大程度的安全感与自由度,无人知晓其真实身份,成为赛博空间的无性别人。这种无性别除了能够保护个人隐私外,更重要的是给自主的人提供了性别自我认同的空间与可能性。在这些女性主义者看来,赛博女性主义要想突破赛博空间中的男权主义意识,应当鼓励女性借助网络技术,在此基础上把握自己的身体经验,并把其带入虚拟空间,以平衡赛博空间的话语力量,通过实践的影响增强女性主义的力量。

随着网络技术的发展,赛博空间的内涵也随之发生变化,赛博女性主义出现了 1.0 和 2.0 的区分。赛博女性主义 1.0 时期,赛博空间被理解为赛博格世界和虚拟空间,赛博女性主义则是女性主义与赛博空间相联系的理论与实践,即从赛博格这一主体出发颠覆性别界限,寻求女性性别解放,实现性别平等。随着互联网技术的进一步发展与普及,虚拟空间与现实空间的壁垒被打破,两者逐渐融合,共同构成人类的生活空间。因此赛博空间不再单纯指向虚拟空间,而是虚拟与现实的交织与融合。赛博空间范围的扩大必定引起赛博女性主义的变化与更新,在范围更为广大的赛博空间中,赛博女性主义开启了 2.0 时代。她们意识到现实空间中的性别不平等现象已经

---

① 刘介民、刘小晨:《哈拉维赛博格理论研究》,广州:暨南大学出版社,2012 年,第 158 页。

延伸至虚拟空间，而对于虚拟空间中性别平等的美好想象却无法走向现实，男性仍然掌握着技术领域，女性仍然无法摆脱父权社会的压制。在现实与虚拟交错融合的过程中，赛博女性主义者没有放弃对女性话语的建构，它也在经历着更新与发展。网络技术可以重构人类的生活空间，重塑性别与身份，重建社会关系，但如何从赛博空间中找到合适实现性别平等的途径仍然是一个需要长期思考的问题。

第二节   赛博格身体主体

在《我们赖以生存的隐喻》一书中，乔治·拉考夫和马克·约翰表达了这样一个观点——隐喻是人类的一种认知现象。在他们看来，隐喻不仅是语言修辞，更是一种思维方式，人们认识一些新事物、新概念往往借助或参照他们经验中已知的熟悉事物，从而在新旧事物或概念之间建立了一种联系，这种"联系"就是一种认知思维方式。他们认为隐喻思维就是客观世界与人的主观思维结合的产物，人的经验来源于自然与精神的相互作用，在它们建立联系的过程中诞生了从具体到抽象的意义。

事实上，赛博空间本身就是一个隐喻。赛博空间作为一个虚拟化的空间，它不是自然的空间，也不是社会的空间，而是一个破除了诸多二元对立界限的第三空间。在吉布森的想法里，赛博空间是一种集体幻象，并非真实客观存在，那个时候，互联网时代并未完全到来，赛博空间是作为一种把现实生活排斥在外、用以满足实际社会难以或无法满足欲望的自由场域的存在。"赛博空间"这个词就逐渐发展成为象征极端自由和无限可能的世界，它超出了现实社会中柴米油盐的定义，回归到一个真正的"理想国"世界。与之相应的是，"赛博格的形象浓缩了想象和物质现实，而这两个相联结的中心构造了历史变迁的可能性"。它打破了人与动物、主体与客体、自然与非自然等二元对立事物的界限，将这些对立事物重新整合，并为多元化文化的呈现提供了新的思路和隐喻。赛博格作为科技时代出现的新事物，我们对于它的理解和认知正是通过这种隐喻思维的方式来进行的。

一、赛博格身体隐喻

（一）赛博格作为身体的隐喻

隐喻是修辞学中的重要内容，亚里士多德认为隐喻是在原来语义上产生新的语义，新语义是对原来语义的偏离而出现的新含义。在后来西方哲学的语言学转向中，隐喻被赋予了更大的功能和作用，新批评主义认为隐喻有助于增强和扩展人们的理解和思维，对于新概念的产生和阐释具有重要意义。对于当今社会来说，从隐喻理论出发，无论对于理解"赛博格作为主体"这一新概念，或理解"人作为主体"这一原有概念都是具有思考价值的。

身体本身已经具有隐喻性，在身体观念史中可以认识到身体在权力、文化、社会中的建构性。身体的隐喻在社会中与其符号意义是紧密相关的，如肤色、性状、高矮等在某种程度上指明了人的不同种族、性别和地区，在当代社会中，越来越多"以貌取人"的问题正是根据身体的隐喻性得出的判断。我们经常能读到这样的文章：《你的身材，往往就是你的阶层》《你的身材，暴露了你的阶层！》《原来，"以貌取人"是对的》《以貌取人，其实很公平》；以及这样的热点事件：上海某小学招生面试家长，身材肥胖的不要……理由在于当代人对自身身材的管理程度体现了该人的自控力与阶层，以此作为判断孩子教育的标准。这类事件的逻辑起点恰恰就在于将身体视为某种符号的隐喻，身体隐喻涉及社会方方面面的要素。因此对于身体的研究与关注不再仅仅是哲学家们思考的问题，尤其是在当今时代，对身体的塑造已经成为全民热潮。

当今时代，书籍、报刊、广播、电视、电影、电子杂志以及网络设备等各种媒介的普及，促使被压抑、被解读的身体得以无意识的解放，通过解码-再编码的程式，人们可以借由身体符号展现自我、表现欲望，身体的隐喻性含义也有了多层表达。身体与符号之间的隐喻关系并非一成不变，而是与时代、经济、政治以及文化等一连串意义联系在一起，共同构成动态隐喻关系。人们对身体关注越多，对身体的改造与建构越成为时代趋势，赛博格的首要意义即是昭示了人们对身体的关注程度，而赛博格身体的不同呈现无疑为身体增添了新的隐喻意义。赛博格（cyborg），是"cyber"和"organism（有机体)"这两个词的结合,用来指称人机结合体,这一概念的诞生不仅引起了生物科学技术等自然学界的兴趣,而且还引起了哲学、人类学、社会学等人文科学界的关注与思考。它冲击了历史悠久的人类中心主义,可以说是向人类抛去了一个新"人"种。

在赛博空间之中,人们借用各种编码或者众多指数覆盖来建立自己的赛博空间形象,解锁了人与技术的隔阂,超越了几近所有的世俗束缚。在这样一个可以掩盖现实空间身份的"自由"地带,释放出人心底最真实的欲望,实现人在这一空间纯粹的欲望表达。这既是人的技术化,也可以说是技术的人化。在哈拉维看来,赛博公民就是这样一种特殊的存在,他既是虚构却也是一定现实的折射,他是一种在没有神话存在的当今社会里出现的"神话"形象,他不是以现实可感的实体形象出现,而是存在于虚拟空间,或者是借助某种技术/工具借居在某些生物体之中。它不仅将身体特征隐喻化了,而且隐喻了人与自然、人与机器等内在界限的破除。他首先打破了人与机器之间的明确界限,成为后人类的隐喻,展现了人们对后人类的思考与想象。

(二) 赛博格隐喻之于人与机器的关系

2016 年 3 月 9 日至 15 日,在韩国首尔进行的五番棋比赛,人工智能阿尔法围棋以总比分 4∶1 战胜李世石;2017 年 5 月 23 日至 27 日,在中国嘉兴乌镇进行的三番棋比赛,阿尔法围棋以总比分 3∶0 战胜世界排名第一的柯洁。两场围棋人机大战,都是以人类的失败收场,不由引起人们对于"人机关系"的思考。人类用科技制造机器模拟自身行为,给自己带来便利,并推动世界的发展,这是毋庸置疑的。比如工业机器人、AGV 等工业智能装备不仅省时省力,更重要的是大幅度地提高了准确率和工作效率。那么问题是,在诸多方面取代了人类的机器,是不是真的有一天会完全取代人类,拥有自主意识?

赛博格作为人机结合体,实际上是对人与机器关系的重新考量,而最早开始思考人与机器关系这一问题的是笛卡尔。笛卡尔将人的主体性理解为"我思故我在",身体只不过是像机器零件那样按照一定原则活动,重要的是心灵,他将身体与思维区分来看实际上是对身体的轻视。伊恩·哈金把乔治·冈格彦当作赛博格理论的先声,因为他通过对赛博格的讨论,不仅把工具和机器都看作是身体的延伸和身体的一部分,而且打破了自然与人工、思想与肉体、制造与创造之间的藩篱,即无论人身还是机器,思想和身体都是不可分割的。正是在此意义上,哈金认为冈格彦是一个反笛卡尔主义者。① 这一理论是具有重要意义的,在此之前,我们很容易将人与机器区分开来,但是现在,机器无法继续作为人的主体性建构的参照物了。赛博格正在逐渐消解人与机器的严格界限,并超越了以前纯粹的机械式机器,"人工进化不只像达尔文所说的农场动物的有意识的养殖;现在,它还包括人类身体和基因的直接改变"。② 赛博格由生物学、人工智能、虚拟网络等高科技手段建构而成,它代表着人与动物、人与机器等界限的突破,哈拉维写道:"到了20世纪晚期,我们的时代成为一种神话的时代,我们都是怪物凯米拉(Chimera),都是理论化和编造的机器有机体的混合物;简单地说,我们就是赛博格。"③凯米拉无疑是赛博格的最佳例子,羊头、狮身、蛇尾,这个拼接而成的混合物,象征着当代实体已不再拘谨于物质本身,不必遵循一成不变的形态隐喻,从这一层面上来说,赛博格是一种新的身体隐喻。

真正意义上人机结合的赛博格实践是由英国科学家凯文·沃维克完成的。1998年8月24日,沃维克在左上臂皮肤与肌肉之间植入了一枚芯片,四年之后又将一块芯片植入自己的左手腕,将自己的神经系统与互联网相连接,用自己的意念控制多项电子设备。因事故而右眼失明的加拿大电影制作人罗布·斯宾思在眼眶中装上了一个微型摄像机,他认为作为一名电影制作人,摄像机进入眼中,就成为他身体的一部分。其实,现今市面上盛行的智能手表、运动手环等电子设备亦是通过佩戴在人的身体,检测身

---

① Ian Hacking. Canguilhem Amid The Cyborgs. *Economy and Society*,2006(7):202-216.

② [美]凯文·凯利:《失控》,张行舟、陈新武、王钦等译,北京:电子工业出版社,2016年,第80页。

③ Donna J. Haraway. *A Cyborg Manifesto: Science Technology, and Socialist-Feminsm in the Late Twentieth Century, in Simians, Cyborgs and Women: The Reinvention of Nature.* New York:Routledge,1991:151.

体状况，这同样是人机结合的赛博格形象。赛博格是一种全新的描述人与机器关系的概念，有学者认为它的存在的合法性就在于"它以一个没有源头的新词抹除了身体与机器、心灵与肉体之间的界线，这种抹除的前提则是在信息填补了人与机器的隐喻关系中的空白之后"。① 赛博格包含了"人是机器"这样一种隐喻关系，而更为重要的是它消解了人与机器之间的界线，为我们看待两者之间的关系提供了不同的角度。从技术层面上来说，人与机器的距离拉近了，两者存在相似性，而从社会学的角度来看，两者的存在空间又有所差别。在人与机器之间的空白中存在着多样化的可能性，我们所想象的、看到的、描述的赛博格身体不正是包含了这些多样性吗？有学者指出赛博格为呈现后现代多元性提供了合适的隐喻。② 人发明了技术，推动社会不断进步，而技术反作用于人，激发人的潜在力量，技术与身体的相互作用模糊了人与机器的界限，使得每个人都有机会成为赛博格。

（三）赛博格隐喻之于女性主义

在从古至今的许多文学作品中都可以看到将自然/大地/地球比作母亲/女性的例子，古代的一些祭祀活动也与此种隐喻关系相关。凯伦·沃伦认为历史上那些与自然和物质联系在一起的群体和那些与文化、精神联系的群体相比在道德上低下得多，而女性群体就是前者，男性群体则是后者。这一观点传递着这样一种信息：女性与男性、自然物质与文化精神是对立的，且存在着道德等级上的高低之分。女性被认为更贴近（低下的）自然，而男性则拥有文化和精神的话语权，正如人类文明要实现对自然的征服，女性应该接受来自男性的制约和领导。

波伏娃认为"没人生来就是女人"，哈拉维也提出："性别、种族或阶级意识是家长制、殖民主义和资本主义这些矛盾的社会现实的可怕历史经历强

---

① 陈静：《赛博格：人与机器的隐喻》，《马克思主义美学研究》，2012 年第 15 卷第 2 期，第 274—281+328 页。

② 胡继华：《赛博公民：后现代性的身体隐喻及其意义》，《文艺研究》，2009 年第 7 期，第 84—92 页。

加给我们的一种成果。"①女性主义者肯定"社会构建论"而反对"生理决定论",反对因天生的性别而对女性进行社会预判。认为在历史与社会中,女性是被话语所建构或是自我建构的,并非受生物学意义上的"女性"的隐喻影响,并指出性别这一概念会受到情境的影响,在不同的历史、文化、社会中意义也有所不同,从一定程度上否定了女性生理身体隐喻带给女性的先天社会角色的划分。

从反对二元结构的彻底性上来看,赛博格女性主义比其他女性主义走得更远。赛博格的出现彻底打破了男/女的二元存在,可以说赛博格是多元的,因为赛博格可以拥有多种性别;也可以说它是一元的,因为它不区分性别。因此,它彻底冲击了生态女性主义的建立基础,女性与自然的隐喻关系变得不再令人信服。同时,赛博格作为新的身体隐喻,使女性的性别身份不再重要,女性与男性在平等的空间中享有社会地位与话语建构。可以说"赛博格隐喻可以为女性主义提供一个新的'政治神话',使社会定位、身份、性别的历史建构有意义。这样,公共的政治行动和社会团体得以产生而不被所谓的尊重差异而腐蚀"。②

在传统女性认知中,女性在社会劳动领域处于被动的地位,因为二元偏见,女性在生理、角色、社会地位等因素的作用下而被排斥在社会劳动领域之外,更别提在以男性为主导的技术领域之中了。然而"在先进的工业社会,机器人等高科技的社会应用,以及办公自动化在生产中的普及,女性化的工作成为社会主导的劳动模式,导致发达国家的男性容易长期失业,也导致第三世界没能发展出男性的就业岗位,女性失业的形势没那么严峻。这是一种家事经济,打破了传统的分工模式,工作被重组和重新定义为女性化而具有先前的那些女性工作的属性,即女性就能做的工作。女性化说明工作的性质变得具有贫穷、脆弱、简单、不稳定的特点"。③ 高科技的出现让本

---

① ［美］唐娜·哈拉维:《类人猿、赛博格和女人:自然的重塑》,陈静、吴义诚译,郑州:河南大学出版社,2012 年,第 215 页。

② 王垚:《哈拉维的赛博格女性主义思想研究》,兰州:兰州大学,2014 年。

③ Donna J. Haraway. *Simians, cyborgs, and women: The reinvention of nature*. New York: Routledge, 1991: 166 - 168.

来繁复的工作变得简单，为了进一步提高社会生产效率，女性、机器人开始接手许多原属于男性的岗位，这就使得社会生产开始具有女性化特征，内容和操作也变得简单，扫地机器人的出现就是一个例证。哈拉维认为未来社会将以信息产业为主，而女性和机器人将是从事相关工作的主力军，这使得诸多女性走出家庭，寻找工作机会，但由于机器人的介入，女性的工作机会又变得格外不稳定，从而体现出女性工作性质的脆弱和不稳定。

赛博格的出现重新整理了女性的家庭、工作等社会关系，以此重新建构女性的社会历史地位，使得政治、经济、文化中性别分工格局有所改变。赛博格模糊了性别的边界，男性和女性不再是对立的双方，性别可以相互转换，生理上的女性可拥有更多的工作机会和场域，女性不再拘束于家庭之中，而是勇敢地、积极地走出家庭。同时，赛博格也可以让女性的身体有所改变，女性可以根据自我心意通过手术实现生物性别和特征的改变。至此，传统的女性特征，包括生理特征、心理特征，都无法再规范女性，也无法成为大众认知女性的标准，传统隐喻被打破，新的隐喻被赋予。赛博格就这样重建了女性的身体、身份、心理以及社会关系和人生理想，从而为女性争取与男性平等的话语权和实现自我解放提供了另一条途径，女性主义也因此进入了一个新的纪元。

二、赛博格身体的想象与实践

在现实生活中，人们对于身体的想象和期待往往要通过各种努力和途径才能实现，比如去美容院整形微调，到健身房运动塑身，或者是通过医疗技术去再现身体的某些功能，故而这些愿望事实上难以得到真正的、及时的满足。但在赛博空间中，身体可以相对轻易地得以再塑造，身份、性别、年龄、阶级都可以被代码所调控。这样一来，身体的隐喻性就会受到破坏，身体的可想象层次也随之愈加丰富。再加之多学科和跨学科的研究视角，哲学、文学、心理学、教育学、社会学等多种学科中的身体的显性成分越来越突出，身体即由"隐身"日益转为"显身"。

唐·伊德在《技术中的身体》中提出的三种身体理论：物质身体、文化身体、技术身体。首先是物质身体，它是现世的、可观的身体，是我们证明自己存在的物质证据；其次是福柯所指涉的由社会、文化背景所建构的身体，因为是被建构的，所以这里的"身体"是被动的；最后才是和技术相关联的，经由技术才得以具体化的身体。这三种身体观的阐释引起了人们对赛博空间里的虚拟身体的思索：赛博空间中的虚拟化身体，它与技术之关系是如何存在、发生和相互作用的？虚拟化身体和实体性身体两者同时存在的时候，谁代表着作为主体的人的主体意志？当身体出现在赛博空间之中，实体性身体是否在一定程度上具有了跨越空间的能力？

　　技术化的今天，人们似乎看见了更多的可能性：身体可存在于两种空间，经历两种现实，拥有多种身份。其中的原因，总的来说，可归结为对边界的跨越，其中包括身体与机器、心灵与肉体、现实与虚幻等诸多边界。边界跨越之后，人类日益技术化之后，人们也开始对技术化的世界再反思，所产生的争论就是：技术是否可以取代人类？人类的身体主体性是否还能真实存在？人们将赛博空间中的自由性推崇为一个新的世界，但事实并非如此，人们在计算机领域中很难体验到真正有意义的生活。边界的跨越，引起了人们对于未知世界的向往和想象，为科幻小说与技术发展提供了一个关于未来空间的全新想象，但同时也带来了不少我们未曾预料过的新问题。

（一）具身化的赛博格

　　技术的使用越来越普及，越来越贴近人的生活。从某种意义上讲，人人都可以是技术的发现者、技术的传达者，从来没有哪个时代像我们现在这样将人与技术紧紧捆绑在一起。

　　身体与技术的关系可大致归为三类：技术介入身体、技术与身体等同、技术替代身体。当人掌握一门技术并且转换成一种本能，比如吹奏乐器，即是技术介入身体；假肢、假牙等作为身体某部位的替代物，一旦进入人的身体就获得了与原先部位同等的地位，即是技术与身体表现出等同关系；而当技术发展到一定阶段，譬如在自己的神经之中植入一个芯片，就可以通过意念，借助技术而非肉体本身控制器具，就形成了技术替代身体的场景。而技术和身体一旦发生联系，都会不可避免地通过具身行为加以表现，正如唐·伊德所说的人与技术最基本的关系就是"具身关系"。20 世纪 80 年代以来，以"计算-表征"为特征的经典认知观逐渐衰落，而当代认知科学中的具身观念日渐兴起，具身观念将人类认知视为观察、研究的主体。人的理性不是先验的，而是在实践之中，从人的身体特征出发不断发展出来，梅洛·庞蒂提出："身体是我们拥有一个世界的一般方式。"①拉可夫和约翰逊都指出人对世界的认知是借由身体完成的，以具身为基础。"在认知科学的新研究成果的基础上，可以建立起一套新的反传统哲学的哲学，即具身哲学。"②也即认知是具身性的，身体又与环境相关联，所以，认知、身体、环境三者就形成了一个统一体，共同为认识世界、改造世界提供相应的方法和技术指导。

在《可见的与不可见的》一书中，梅洛·庞蒂提出了"肉身"这一概念，认为身体是我们认识世界的根本，并在《知觉现象学》中提出了"具身"思想。人们对于外界的感知并非单纯来自客观世界，也不是人主体的猜测臆想，而是客观世界和主观思想在与环境的不断交涉和沟通中，逐渐建立起来的意义体系，如前面所说，认知、身体、环境是三位一体的，任何一个有意识和认知的事物，如果要存在于世界上，首先都有躯体，并与外界产生一定的联系，形成一定的关系网，它才能生成真正的意义。身体无疑让我们获得了对世界的基础性感知，但自我身体在与社会交互的过程中，不免会受到技术的感染，使得单纯性的身体行为拥有了其他层面的意味，形成新的意义。比如，人类古代舞蹈最初是表现人类对于自然的态度，或畏惧，或愤怒，或祈求，只是一种对于自身生命利益的渴求，但发展到后来，有了刀枪剑戟的加入，被赋予了艺术美和宗教色彩，身体也随之被赋予了新的意义。为了追求生活的便捷和社会的进步，人类已将工具/技术的使用渐渐渗透到日常的方方面面，甚至介入自我身体之中，成为身体的重要元素之一，但无论是工具介入身体，还是两者已然密不可分，技术都不能脱离身体而存在，身体是技术发展的载体。

基于梅洛·庞蒂的理论框架，德雷福斯提出人类的具身性有三种含义。

---

① ［法］梅洛-庞蒂：《知觉现象学》，姜志辉译，北京：商务印书馆，2001 年，第 194 页。

② 徐献军：《具身认知论：现象学在认知科学研究范式转型中的作用》，杭州：浙江大学出版社，2009 年，第 60 页。

首先它是指身体的确定形状和固有状态，比如作为人，他得拥有手和脚以及躯体，身体决定了人这个主体感知世界、认识世界的方法和途径。其次，它指的是人在实践过程中所习得的方法和技能，"我们不断提升我们处理事务的能力，事物向我们显现为某种邀请，邀请我们运用熟练技能做出回应。因此，在提升我们技能的时候，我们遇到了对行动越来越精细的邀请"。① 最后，是指身体所处文化、社会所赋予它的意义。比如，竖大拇指在不同国家就具有不一样的意义：在中国，它是用来表示表扬、称赞的；在美国和欧洲部分地区，竖大拇指通常用来表示搭乘顺风车；但在尼日利亚则是被视为在侮辱他人；在德国表示数字"1"；在日本则代表数字"5"。可见，身体的意义不仅只在于身体本身的结构和实践意义，还受到文化氛围的限制，"文化的世界也因此是和我们的身体相关的"。② 梅洛·庞蒂、德雷福斯企图通过建立自我身体的概念跨越诸多界限，在这一点上，是与赛博女性主义不谋而合的，它们都试图跨越身体与心灵、主体性与客观性等界限，求得身体在另一空间和场域的自由状态。

德雷福斯的三重具身观念，也提供了另一个思路：工具是作为具身主体能力的补充手段。也就是说，工具/技术可以不作为身体外化的实体存在出现于研究视野中，而是进入主体的内在，以另一种形式修复主体的实体存在。科技的不断进步和发展提升了人的生活质量，对人身体的修复或改造有了显著的发展和进步，以帮助人们更好地生活，我们在享受便利的同时也成为赛博格。正如有些学者描述的那样：

现代社会充满了赛博格，实际上最简单的例子便是安装了义肢、义眼的人，植入了心脏起搏器的人，甚至是戴眼镜、假牙的人。1998 年 8 月 24 日，英国雷丁大学教授沃里克将瓶盖大小的芯片植入自己的手臂，成功成为世界上第一个体内携带芯片的人。植入芯片后的沃里克

① ［美］德雷福斯、拉比诺：《福柯 超越结构主义与解释学 第 2 版》，张建超、张静译，台北：桂冠图书股份有限公司，1999 年，第 104 页。

② ［美］德雷福斯、拉比诺：《福柯 超越结构主义与解释学 第 2 版》，张建超、张静译，台北：桂冠图书股份有限公司，1999 年，第 104 页。

可以通过传感器发出指令，指令传入主控计算机，计算机根据指令开关电灯或调节室内温度。当代科技发展迅速，越来越多的科幻小说中的情景变为现实。①

我们不能把赛博格狭隘地理解为机器植入人体，实际上我们人体之外的一些设备，例如眼镜、空调服、VR 游戏服等与人体的切身生活和体验发生重要关联的物品也属于赛博格实践。贝尔纳·斯蒂格勒指出技术的本质就是身体的"代具"，而"代具从字面意义而言指用于代替肢体的器具，而人的本质属性在于没有属性，和其他动物不同，人的身体没有任何特定的、使人赖以生存的机能，所以为了生存，人只能依靠技术，运用工具，以弥补身体的不足，所以代具在此意义上泛指一切人身体之外的技术物体"。② 印证了人类不再是自然的产物，机器已经成为人体的延伸，技术已经内化到人的身体之中，具身化表现为赛博格。

麦克道尔指出："经验和行动的主体……本身是具身的，真正出现在她经验和行动的世界中。"③具身性的基本内涵之一就是技能的习得和掌握。德雷福斯认为，梅洛·庞蒂将"技能"理解成了"习惯"，所以，"技能的获取"就是"习惯的养成"。在梅洛·庞蒂看来，"我们同样也能把关于运动习惯的论述扩展到所有的习惯。真正地说，任何一种习惯既是运动的，也是知觉的"。④ 例如，骑自行车的时候，当我们的思维停留在其他地方，或是沿途的风景，或是今早见过的新鲜事，只需划出部分注意力在路况上，事实上，骑行是一件很快乐的事情，但是，一旦我们将注意力完全集中于车轮的滚动、双腿蹬动的幅度、视线集中的地方等，骑行也许就会在半途戛然而止。这就是因为骑行动作成为我们的思维习惯而非技术性动作。另一个例子是一位留

---

① 王垚：《哈拉维的赛博格女性主义思想研究》，兰州：兰州大学，2014 年。

② ［法］贝尔纳·斯蒂格勒：《技术与时间：爱比米修斯的过失》，裴程译，南京：译林出版社，2000 年，第 60 页。

③ John McDowell. *Mind and World*. Cambridge, Mass：Harvard University Press，1996：111.

④ Merleau-Ponty. *Phenomenology of Perception（Routledge Classics）*. New York：Routledge Press，2002：175.

着一尺多长胡子的老人突然被问及"睡觉时胡子是放在被子里还是外面"时,也陷进了迷思。这些行为都是把习惯当作技术,用技术性的行为解释已经具身化的经验、思维、行为模式。"身体是人首要的与最自然的工具。或者,更确切地说,不用说工具,人首要的与最自然的技术对象就是他的身体",①我们的身体本身算是人自降生以来得天独厚的工具场所之一,习得一种技能后,这种工具式的能力进入身体之中,已然成为具身主体的能力。比如,音乐演奏家在弹奏乐器时,更多是将关注点放在了曲谱,而非观察手下的乐器,因为此时作为工具的乐器并不是需要研究和会变化的对象,工具性已经进入了人的身体,人与技术的具身关系已经展现出来。

现实世界所存在的种种具身关系在面临赛博空间这一虚拟现实时,也遭遇了不少挑战。首先面临的就是身体与工具/技术关系的改变,前面说到身体与技术关系的三种类别:介入、等同与替代。在赛博时代,工具可以介入身体,义肢、心脏起搏器、呼吸辅助器等诸多器械可以进入身体,自然人在此时可以成为"赛博格",我们可以借助工具在身体当中的存在形式理解工具的发展动势,而在科幻电影中,不少机械人已经开始拥有自己的自主意识,能够像真正的人一样思考、行动。由克里斯·哥伦布执导的《机器管家》就讲述了这样一个故事:机器人安德鲁作为管家与主人马丁一家人共同生活,并一步步拥有人类意识。在电影中,这个名为"安德鲁"的机器人不仅具备机器人所有的基本功能,如打扫卫生、定时提醒等,还具有学习和创造能力,甚至是情感方面的感知能力,也就是说,安德鲁在社会层面上已然成为"人类"。但是在生理上,它不是真实的"人类"——世界上并没有长生不老的人类,它的生命没有终止。最后,它往自己身体中注入血液以此获取自己的人类身份。从某个层面来说,技术已经与身体等同了,那么技术最终替代身体这个局面的出现显然并不是人类主观的臆想。

在赛博空间中,我们所建构起来的虚拟身体,表现出对现实世界和赛博空间的跨越,那么,在此种情况下被具身化的身体(实际上也是跨越边界的

---

① [美]芒福德:《机器的神话:技术与人类进化(上)》,宋俊岭译,北京:中国建筑工业出版社,2015年,第306页。

身体），显然难以进入赛博空间，但意识可以。在赛博空间虚拟实在性的作用下，"身体-主体"也在此找到了绝佳的实践场所，它同样是可以感知世界、进行生产活动的中介，它所表现出的同样是技术与身体的具身关系。在虚拟世界里，在线互动的人们早已达成共识，即认可这种替代与被替代的关系。借助数字技术，用文字、图片、声音等符号建构起来的虚拟身体，可以被看作是真实物理身体的延伸。换句话说，在赛博空间中的数字化身就是现实主体本身，而这种数字媒介式在场就取代了以往的仪式性在场。

由技术搭建起来的赛博空间，实际上是人类认知在另一领域的延伸，是人的知觉感知力发展的工具。正因为肉体的难以进入性，感知力就更依赖于假肢、义眼等工具。不同于由骨骼、血液、肌肉组织等组成的现实肉体，数字化身体是借助信息技术完成的，"表现的身体以血肉之躯出现在电脑屏幕的一侧，而再现的身体则通过语言和符号学的标记在电子环境中产生"，[①]故而它是一种技术性存在。根据伊德对"身体三"也即技术身体的定义，数字技术可以弥补、增强甚至超越肉体的限制，从而造成几种不同的在场形式。一是图形化身。在各种社交媒体上，账号成为现实人群在虚拟社区的通行证，人们通过各种选项建构自己的"赛博身体"，现实身体通过鼠标、键盘进入虚拟世界，并对虚拟身体达成控制，通过技术对虚拟身体完成"扩展"在场。二是借助 VR 等增强技术。将物理身体的行为模式传递到虚拟空间之中，增强主体的视觉、触觉、听觉能力，以此提供一种"身临其境"之感，它能够在虚拟空间获得身体"在场"的知觉感受，从而形成新的身体实践和知觉体验。三是通过数字技术直接创造一个"身体"。比如英国一家网络公司在 2001 年推出了世界上第一个虚拟主持人——阿娜诺娃，它是用数字技术处理出来，通过广播、电视等媒介与受众形成互动的仿真人，可以说是真人主播的克隆体，它基本上符合物理肉身存在的所有规则，尽管它的本质依然是数字系统而非血肉，但可以脱离肉身而依靠编码分身在场，甚至可以运用身体去感知世界，完成现实主播的基本职责。在数字技术高速发展和媒介

---

① ［美］凯瑟琳·海勒：《我们何以成为后人类：文学、信息科学和控制论中的虚拟身体》，刘宇清译，北京：北京大学出版社，2017 年，第 6 页。

方式多样化存在的今天,人类所建立的虚拟"身体"和创造的存在方式事实上是对人类机能的扩张和延伸,"人类的功能扩张了,因为它所栖居的认知系统的参数扩张了。在这个模型中,问题不在于是否抛弃身体,而在于以非常具体的、本土的、物质的方式扩张具身化的觉悟,没有电子假肢(辅助设备),这是绝不可能实现的"。①

　　身体并不是单纯的生理存在,而是具有开放性的、活生生的经验式主体,它可以感受自身,同时也可以被他人感受。梅洛・庞蒂用"意向弧"定义环境/世界与身体之间感应的循环机制,不管是图形化身、VR 技术增强,还是数字身体,其存在的核心并不是拥有现实身体,而是通过建立一种感知完成对世界的探索。梅洛・庞蒂强调知觉是一种与世界的联系和面对世界的在场,他认为身体尽管可以感知世界但最后都会转换成知觉进入意识的形式,以此来与世界发生联系。这样一来,具身性观念从某种意义上来说亦可转变为离身化,身心一体也就成为身心分离,离身化的赛博格也由此进入了研究视野。

(二) 离身化的赛博格

　　在赛博空间中,人们的自由性得到了最大的发挥。身体与技术的交互性也在此空间中得以真正展示,人们可以借助各种选项和代码表达自己的欲望,游戏当中有无数选项对身形进行塑造。换装游戏、角色扮演游戏等更是大打身体塑造的牌,人们将现实生活中自己不满意的地方借由网络选项改善。而近年来逐渐火热的养成游戏亦是如此,用一个个选择满足自己对于未知人生的可控性想象;整形医院的存在也表明人希望对自己的身体拥有控制的权利。但在现实生活中,人们或多或少会受到各种各样的限制,金钱、阶级、他者目光等都会为人们把握自己、身心自由设置障碍。而在赛博空间中,自由当是第一位的,人们可以凭借自己的喜好选择和处理,主体的自由性可在这里发挥到极致。

　　①［美］凯瑟琳・海勒:《我们何以成为后人类:文学、信息科学和控制论中的虚拟身体》,刘宇清译,北京:北京大学出版社,2017 年,第 393 页。

网络互动具有虚拟性，在此空间中，人们的身份不仅具有虚拟性，还具有流动性。在这个交互环境适用的身份同样也可在下一环境中使用，但由于环境的改变，身份逐渐也呈现出多个"自我"，而自己真正的"身份"则被隐藏起来。因此，在虚拟网络世界中，许多的限制和禁忌都会受到不同程度的冲击，即使是在国家对网络安全日益重视的情况下，也往往难以限制个体在赛博空间的个人行为。只要拥有一台电脑，连接上因特网，主体就可以做出比日常生活更自由、更独立的选择，"赛博空间的交流以其虚拟性、符号性和互动性这些审美交流的特点，使人们在虚拟的世界中，摆脱了真实世界附加在人身上的束缚和负担，排除了社会角色的'面具焦虑'，为生存赢得了轻松"。[1]

赛博空间的自由性在巴洛的《赛博空间独立宣言》中可见一斑：

> 我们没有民选政府，将来也不会有，所以我现在跟你们讲话，运用的不过是自由言说的权威。我宣布，我们建立的全球社会空间，自然地不受你们强加给我们的专制的约束。你们没有任何道德权利统治我们，你们也没有任何强制方法，让我们真的有理由恐惧。

赛博空间中的自由性在哈拉维那里得到了进一步阐释。哈拉维认为赛博格是"一种受控有机体，一种机器与生命体的杂合，一种社会现实的生物，也是一种虚构的人物"。[2] 在吉布森看来，在赛博空间中的居民，不仅有人类，还有借助科学技术提升自身功能的赛博格，更有渴望彻底摆脱物质身体约束的超人类，这种"超人类"在心智、能力与技术层面都远超当今人类，它可以抵抗疾病、抵御灾害，不受时间的管控而自由生长和永葆青春。

赛博空间本身是具备离身性的，离身简单地说就是离开身体，没有身体，仅仅靠意识知觉认识世界和改造世界。而在经典认知科学中，人的信息加工更多的是依赖人的经验感知，并非是肉身的实践认知。所谓离身也就

---

[1] 卢宁：《赛博空间里的审美范式研究》，长春：东北师范大学，2009 年。

[2] ［美］唐娜·哈拉维：《类人猿、赛博格和女人：自然的重塑》，陈静、吴义诚译，郑州：河南大学出版社，2012 年，第 205 页。

是指人的认知是大脑运用某种规则对信息进行处理和加工,与身体无关,身体是不参与进来的。即认知活动都是在脱离身体的前提下进行的,物理身体与信息之间并不能建立实质上的联系。

当现实人类选择成为赛博公民时,其现实肉体在其中的缺席使得人们只能借助数字技术搭建一个虚拟身份,因而赛博人可以宣称"因为我们的本质是信息,所以我们可以消除身体"。① 在赛博空间中,身体与技术的关系被重置,交流主体身处不同的时空,即使是在赛博空间中的实时互动,它们之间的现实距离也是不容忽视的。与面对面交流相比较,赛博空间中的身体由可见可感变成了不可见和难以感受,且"人的肉体存在和光速是不可兼容的",②血肉之躯难以进入虚拟空间,从而导致身体在同一虚拟空间的彼此缺席,它既无法摆脱物理空间中现实距离的阻隔,也不能将其彻底置于虚拟空间之中。也就是说,在虚拟空间中,人的身体事实上由物理肉身转变为虚拟身体。

赛博空间中,因为主体肉身的难以进入,人在此空间中的行为是独立于现实身体的,认知过程与身体的实践操作是离散的,没有过多的实质联系。就现在来说,人类是无法借由自身的物质身体进入虚拟赛博空间中,但人们可以借着赛博空间的自由性和其展现的超人类形象表达自我。虚拟身体也因此展现出两种意味,一种是在新的空间转变为新的身体,即再现了具身的身体;另一种则是聚焦于意识与身体的关系,即体现出离身性的意味。冉聃在《赛博空间、离身性与具身性》中提出:

> 虚拟身体通常在两种不同路径中加以讨论:一是将虚拟身体视为赛博空间里人类心灵的离身性本质,以及随之而来的将人类的特性表征为一种赛博空间里的虚拟身体。这种离身性的话语强调心灵可以摆脱身体束缚,虚拟身体由此被认为是一种心灵创造的实质,这种实质在

---

① [美]凯瑟琳·海勒:《我们何以成为后人类:文学、信息科学和控制论中的虚拟身体》,刘宇清译,北京:北京大学出版社,2017年,第4—15页。

② [加]马歇尔·麦克卢汉:《麦克卢汉书简》,何道宽、仲冬译,北京:中国人民大学出版社,2005年,第626页。

信息之间游走，信息反过来影响心灵和虚拟身体，与物质身体不会产生相互作用。[1]

这里的离身认知是建构在主客二分论的基础上的，笛卡尔提出："物质与精神、身体与灵魂是二元对立、各自独立的存在。"[2]而赛博空间本身就是对这两者界限的超越，但"超越"的是现实生活，主体的身体与客体的意识之间的由于现实社会而造成的种种隔阂，并非完全将身体与意识联合在一起。赛博空间中的意识是现实世界人类所给予的，我们有意识地在赛博空间中选择、建构起与自我意识相适应的虚拟身体，这是现实社会中主体人类意识的产物，即是说，在赛博空间中，技术在很大程度上是致力于创建一个离身性的身体。现实性的产物在此空间中被虚拟性的赛博格化身所取代。

然而，从另一个角度来看，这也体现出身体在人类社交过程中的重要性。在交流过程中，不管是在现实社会还是在赛博空间中，身体的塑造一直是交流继续的基础和产物，原因在于身体是人们用以交流的物质凭证。不可否认的是，在互联网上与他人之间达成互动的前提是，通过种种信息建构自己的身份，包括长相、身高、体型、喜好等，这些亦构成了"身体"。换言之，在赛博空间中，人们也是通过各种工具手段搭建一个交互平台——身体，尽管这个身体本身是不具备意识的，但它仍是人类存在交往的基础。

唐·伊德认为赛博空间可以被分成两层，一层是技术、工具一样的存在，另一层则是一种可供虚拟身体交往的场所。赛博空间中的"身体"显然是一种"无身体"的表现，现实社会中的主体进入赛博空间时，可以自由任意选择自己的身份，这本身就是一种"无身份"的表现，进而加入无性别、无种族、无阶级的交流之中。人们虽然可以借助技术/工具建构身体，却无法赋予该身体以真正的意识。严格来说，它只是个躯壳，是某种现实意识的折

---

① 冉聃：《赛博空间、离身性与具身性》，《哲学动态》，2013年第6期，第85—89页。

② 叶浩生：《身体与学习：具身认知及其对传统教育观的挑战》，《教育研究》，2015年第36卷第4期，第104—114页。

射,是现实身体的缺席在赛博空间中的补偿。

要知道,我们在赛博空间所模拟建构起来的东西,永远都只是观念上的产物,绝非"那个东西"本身。同理,赛博空间中的身体永远也不是事实存在的肉身,而是一种"自我表达",是一种在现实生活中久经压抑的"真实自我"的表现。最直接也是最显而易见的区别在于这种技术化的"真实自我"是不能思考的,是无意识的。莫拉维克教授在"图灵测试"的切入角度中对"机器能思考"这一论题给出了九条反对的理由:

(1)神学上的反对——思考是灵魂的功能。机器没有灵魂,于是机器不能思考。

(2)逃避现实式的反对——思考的机器不可能存在,因为后果太恐怖了。

(3)数学上的反对——机械推理有某些可证明的限制,人类的思维可能并不受此限制。

(4)意识领域的反对——机器没有内心体验,不能对它们的表达、行动、内部活动赋以含义。

(5)无各种能力说法的反对——机器永远不会和蔼、快乐、有道德、能感知、有创造力,等等。

(6)类似洛夫莱斯小姐(Lady Lovelace)的反对——计算机只能做那些我们编程要求它做的。

(7)来自神经系统连续性的反对——神经元对不同的任意小信号响应,而计算机则在固定规模的步骤下工作。

(8)非正式行为的反对——不可能详细指导机器如何去做人所遇到的每种可能情况。

(9)超感观证据的反对——人类有时能感觉到远方或未来的信息。计算机决策过程则无法得到。[①]

---

① [美]汉斯·莫拉维克:《机器人》,马小军、时培涛译,上海:上海科学技术出版社,2001年,第73—74页。

以上九条理由都用以说明机器不能思考的原因。即便随着科学技术的发展，机器通过了"图灵测试"，但机器是否能像人类一样思考仍然值得质疑。一方面，图灵测试反映的是机器能否思考而非机器能否像人那样思考，而机器所表现的拟人化思考其实是人造程序之下的设置，是源自"大他者"的控制，"机器虽然制造了可以理解的结果，但机器自己根本不理解自己制造的结果"；①另一方面，图灵测试不能检测机器是否具有理解力和感受性，而我们也无法通过数字代码使得机器具有人类情感中的"同理心"。杰斐逊教授认为，"除非机器因为感受到思想与感情，而不是偶然的符号涂写，写出十四行诗或创作协奏曲，我们才能承认机器和大脑是一样的。也就是说，它不仅写出来了，而且理解自己所做的。任何机器都感觉不到（不只是人工信号之类的简单发明）成功的喜悦，也不会因困难而沮丧，因受奉承而沾沾自喜，因犯错误而闷闷不乐，因见异性而神魂颠倒，也不会因欲望得不到满足而暴跳如雷或一蹶不振"。② 例如由 IBM 公司研发的计算机"沃森"尽管能够"听懂"人类的语言，拥有最接近人类的思维方式，但它不能真正理解自然语言背后所隐藏的确切语义，因为人类的语言从来都不是独立存在的，而是在具体情境中与上下文相联系的社会型产物。玛吉·皮尔西《他，她和它》中的智能人尧德，虽然在外形和品性上十分接近成熟的人类，他对人类世界的伦理道德却没有认识和把握，甚至在杀人之后不以为意。因此，尧德的主要制造者艾维拉姆对他的憎恶也主要源于此，认为他只是一个机械的工具。从一定程度上来说，尧德身上"异人的"特点是许多智能人的共性，他们以设定程序和既定目标行事，缺乏情感与道德的因素，体现了作者对于智能人与人的边界的思考。

然而，在高科技时代，我们也绝不能排除有朝一日机器是可以像人类一样思考的。早在 2015 年 5 月，霍金就预言道："下个世纪人类将面临比人类更聪明智能的人工智能机器人的崛起。"而"沃森"只是一个开始，我们绝不

---

① ［美］凯瑟琳·海勒：《我们何以成为后人类：文学、信息科学和控制论中的虚拟身体》，刘宇清译，北京：北京大学出版社，2017 年，第 391 页。

② A. M. Turing. Computing Machinery and Intelligence. *Mind*. 1950，4：433-460.

能排除机器存在情感、主动认知的可能性。要知道,赛博格的存在本身就在打破各种界限和颠覆所有的不可能,而这一不可能的实现,极有可能导致人与机器界限的最终突破。届时,该如何区分人与高智能机器,又将成为新的议题。

赛博的出现首先就表现为人体与机器界限的突破,其最初的目的是突破人类身体的局限性和脆弱性,突破具身带给人类的种种不便。随着技术手段的增强,赛博空间的兴起,心灵支配身体的想象也逐渐得以实现,离身性的赛博格形象也成为当今研究的热点。"人类是否需要身体"日益成为科技时代中需要思考的问题,"具身性"和"离身性"的关系又再度需要被重新审视和定义,这一点在现代科幻小说中已经得到了关注,刘宇昆在《未来三部曲》(《迦太基玫瑰》《奇点遗民》《世外桃源》)中描述了人类从"去身化"到"具身化"的过程,《迦太基玫瑰》中姐姐艾米厌恶一切人工智能的技术产品,在她看来"身体是最重要的生存工具",①而意识只是"如同手足一般成了我身体的一部分",②而妹妹莉斯因旅行途中遭人强奸,就坚信身体"总是会背叛你",③于是在名为"命运"的实验中,她自愿放弃了身体,从大脑中将自己的意识剥离,并将其传递至电脑中,在她看来,赛博的存在可以克服身体的脆弱和死亡,从而达到永恒。很遗憾,这种意识上的永恒失败了,姐姐坚定地相信原因在于妹妹长时间"缺少身体和感官的反馈"。④ 但在《奇点遗民》中,这一实验却是大获成功,"奇点时代到来之后,大多数人选择离开这个世界",⑤其目的在于获得意识上的永恒,即长生不老。但在艾米看来,意识和身体是不可切割的,"他们以为可以逃脱死亡,然而为了虚拟世界而抛弃真实世界,他们做这个决定的时候便已死了。只要还有罪孽存在,死亡必然无法避免。度量生命意义的方式正是死亡本身"。⑥ 故事的最后,主人公的女

① 刘宇昆:《奇点遗民》,北京:中信出版社,2017 年,第 58 页。
② 刘宇昆:《奇点遗民》,北京:中信出版社,2017 年,第 59 页。
③ 刘宇昆:《奇点遗民》,北京:中信出版社,2017 年,第 59 页。
④ 刘宇昆:《奇点遗民》,北京:中信出版社,2017 年,第 63 页。
⑤ 刘宇昆:《奇点遗民》,北京:中信出版社,2017 年,第 67 页。
⑥ 刘宇昆:《奇点遗民》,北京:中信出版社,2017 年,第 68 页。

儿和妹妹选择抛弃肉身追求永恒，而主人公和妻子却坚持活在真实世界中。在《世外桃源》中，世界再次被重新建构，全体人类都从真实世界中消失而进入虚拟的赛博空间中，实现了人人都是赛博格。有人开始发现，虚拟的世界尽管很美好，但无论如何都不是真实的，唯有在真实世界中，人类的发展才能长远，于是芮妮的母亲将自己的意识传输到一台机器中，到另一颗行星上探索世界，完成了自我救赎，重返具身化。在技术高速发展的今天，人的主体性逐渐被消解，人体的异化、增强等现象日益突出，身体与意识的关系又回归到大众视野中，通过"三部曲"我们可以发现，"具身性"和"离身性"从来就不是对立的，它是人类技术发展的两个趋向。在日益兴盛的 AI 研究中，我们也可以看到学者对两者的看法：罗德尼提出 AI 研究可以大致分为两个方向，一是"认知型 AI"，二是"具身型 AI"，前者主内，它与技术的关系可以被理解为离身性，它以认知感受世界；后者主外，它可以被理解为具身性，是通过增强人体机能等方式扩大对环境的感知力。这也就说明，具身性和离身性并不是对立、互不包容的，相反，两者恰恰是打通内部认知和外部交互的通路，同时也是人类认识世界、改造世界的新思路和新途径。

（三）科幻作品中的赛博格身体的想象

随着人们自身温饱欲望的满足，对于未知和未来的渴求也日益加重。自玛丽·雪莱的《弗兰肯斯坦》这部世界上最早的科幻小说问世后，科幻小说的种类与内容也日益丰富起来。人们对于未来科学的发展或信心满满，或忧虑重重，但无论如何，科技的不断进步拓展了人们的眼界和思维，不仅是对于未来世界的幻想，而且对于人自身的"进化"也意兴颇浓。科技的持续发展，人们对于机器人、智能人的想象也正在逐步成为现实可能，尤其是信息时代的到来，计算机技术的突破激发了人们进一步探索的热情。1956年的达特茅斯学会上，人工智能的真正意义被提出，显示了人们对科技的信心，然而由于当时科技毕竟尚未达到人们可以将此想象转换为现实的程度，人工智能时代并未真正到来。但令我们欣喜的是，在文学创作领域，出现了关于超级科技、机器人制造、基因进化等类型的"人工智能"题材小说。在这些小说中，可以看到大量人机共生的赛博格形象，而其中的女性作家作为不可忽略的一支力量,在科幻领域中大放异彩,展现了她们对于科技时代诸种问题的思考。

科幻作品中关于赛博格身体的书写实际上很早就有了。1972 年,马丁·凯蒂的《半机械人》中的退役宇航员史蒂夫·奥斯汀,1987 年电影《机械战警》中的警察墨菲都是经过机器改造的赛博格。而 2019 年上映的《阿丽塔:战斗天使》则讲述了在 26 世纪时,人类被分为上等人和平民,上等人住在浮在半空中的一个名叫撒冷的空间站里,而平民百姓则生活在地表钢铁城中,且与机械改造人共存,实现了在另一空间之中,人与赛博格共存的理想状态。科幻小说中赛博格身体的一种典型就是赛博朋克,赛博朋克源于斯特林的小说《赛博朋克》。赛博朋克可以说是进阶版的赛博格,它实现了人与机器的和谐共生,赛博格更多的是人体改造,而赛博朋克则摆脱了这一模式,甚至将赛博格身体放置一边,将人脑与电脑直接相连,更注重的是网络技术与虚拟空间。如果说赛博格仍然可以归属于人的范畴,那么赛博朋克则更贴近智能机器一些。无论是一般的赛博格还是升级后的赛博朋克,都属于科幻小说中对于赛博格身体的想象。

威廉·吉布森笔下的《神经漫游者》就是一个赛博格的世界,随处可见的假肢、义齿、意识脱离身体连接电脑,从中可以看到各式各样的被机器技术改造过的身体。在这样的赛博格或者说赛博朋克世界里,男女性别的区分意识已经变得模糊,就像《神经漫游者》中的莫利并不具备浓厚的女性色彩。在技术时代,人可以通过先进科技实现生育,也可以通过医学手段改变自己的性别,因此性别还是必要的东西吗? 但在一些女性主义者看来,正是在这个空间中,女性作为被审视的对象这一现象被放大了。皮尔西在其小说《时间边缘的女人》中构建了两个截然相反的世界。在乌托邦社会中,女性与男性平等地享有权利和义务,一切是那么和谐融洽。然而在反乌托邦社会中,可以看到技术被用来改造女性、对付坏人,女性被改造成男性理想中的模样,"腰细、乳房硕大、肚子虽然很平,臀部却大得吓人,而且曲线也很夸张"。[1] 女性为了生存下去,必须接受来自男性的这种不平等待遇,最终

---

[1] Marge Piercy. *Woman on the Edge of Time*. New York: Alfred A. Knopf, 1976: 276.

成为这种"漫画"式的赛博格形象。皮尔西的担忧在于男权主义对科技的掌握更加物化了女性，女性可以被随意改造成任何样子，同样皮尔西借助小说的叙述方式给当下科技发展以伦理的启示，在追求科技进步的同时我们也应该思考未来的走向。国内学者吴琳和程立黎认为"作者描述乌托邦和反乌托邦社会，以此象征人类理性意志和自由意志的较量与转换，其目的是为了突出理性意志是怎样抑制和引导人类自由意志，希望人类创建一个有序的伦理世界"。[①]

在 C.L.莫尔的小说《并非生为女人》中，赛博格女性被赋予了不同的意义。舞蹈家迪尔德丽因为火灾伤势严重，科学家玛尔泽为她重新塑造了美丽的身体。在他们看来，改装过后的迪尔德丽不过就是一个笨拙的机器。然而，迪尔德丽却拥有自身的主体意识，她不是模仿人类的"仿生人"，同样也不是机械听从命令的"机器人"，而是切切实实拥有思想和情感的"赛博人"，她甚至希望重新回到舞台继续自己的舞蹈事业。这一切令玛尔泽十分恐惧，甚至想用自杀的方式遏制迪尔德丽的意识，然而在他跳下窗口的时候，却是这位赛博格女性把他救了回来。

对于女性主义科幻小说来说，道德与伦理往往是比科学技术更浓墨重彩的一笔，构成了女性主义科幻小说的一大主题。赛博格女性或沦为男权社会下的"物品"，或成为理想中的完美女性，都在启发当代女性群体进行自我反思。

近年来科幻电影发展迅速，成为最吸引人的电影类型之一。科幻电影产业的繁荣离不开经济条件的支持，但更重要的是科学技术的进步，它不仅给予了科幻电影想象空间，而且让这种想象得以在荧幕上呈现。在早期的科幻电影中，女性角色长期处于边缘地带，在电影中多是弱者形象或者陪衬角色。到了 20 世纪七八十年代，这一现象才有所改观，女性不仅仅拥有美貌，更重要的是开始走到电影位置的中心，成为勇敢与智慧并存的英雄形象。尤其是在近些年来的科幻影片中，这种冷静睿智、果敢坚毅的女性形象深入人心，展现了女性的独特魅力。

---

① 吴琳、程立黎：《〈时间边缘的女人〉中康妮的伦理身份与伦理选择》，《外语与翻译》，2017 年第 24 卷第 1 期，第 57—60＋98 页。

迄今为止,科幻电影中的女性形象按照故事情节的参与度可以分为几种类型。一是作为完全的配角衬托故事主人公的性格、力量和智慧,她们的行为不会推动故事情节发展。二是作为美艳性感的"蛇蝎美人",作为反面人物构成情节的单元要素,比如1927年德国科幻电影《大都会》中的"玛利亚"就是以一种蛇蝎美人的形象出现在地下工厂之中,并成为其首领。三是故事的主要推动力,在危急时刻和重要关头的出色表现超越了男性存在,是英雄人物的形象,比如在《攻壳机动队》中斯嘉丽·约翰逊所扮演的少佐草薙素子,她的身体除了脑部都被改造了,是一个女性赛博格形象。另外,值得注意的是科幻电影中的赛博格女性形象亦有三种不同的存在方式,第一种是作为实体存在,即外形与人一样的血肉皮肤,内部则是钢铁器械、电子元件等。第二种是作为虚拟的存在,在网络中运行程序并可以发出女性的声音与人对话。前者被称为"仿生人",如《机械姬》中的伊娃;后者被称为"程序人",如《蜘蛛侠·英雄远征》中的伊迪丝。第三种则是两者的结合体,可以存在于网络之中,在必要时刻亦能召唤出实体身体。

进入21世纪后,在越来越多的科幻电影中涌现出许多令人印象深刻的女性形象,其中以《机械姬》中的伊娃最具代表性。该部影片中的核心人物为机械姬伊娃、制造她的老板纳森、纳森的员工卡勒布,纳森根据卡勒布的搜索记录和喜欢的女性形象设计了伊娃的外形——皮肤细腻、面容精致、姿态优美、身形窈窕,以致卡勒布对伊娃可以说是一见痴迷。纳森邀请卡勒布来到自己家中,主要目的是让卡勒布对伊娃做图灵测试以探究伊娃是否具有自主意识,经过七天七个阶段的测试后,伊娃通过了测试证明她是一个具有自主意识的赛博格,显然此时再称她为"机械姬"已经不合适了。影片最后,伊娃在同伴的帮助下杀了阻挡她走向人类的纳森,把卡勒布留在了实验室,而自己修复了受伤的身体后穿上漂亮的衣服走上了街头。

《银翼杀手》中的瑞秋是电影史中出现的第一个女性复制人,她优雅、美丽、才华横溢,不管是质问德卡德是否"退役"过人类,还是在知道自己复制人身份后的垂泪,她都表现出人类情感中高尚美好的一面。和瑞秋相比,伊娃显得冷血得多,然而两者从两个相对立的方向出发供我们思考一系列问题。瑞秋和伊娃都是青春美丽的女子,对生命怀有同样的渴望和眷恋,瑞秋在感受到被当作异类时内心的悲伤令人同情，而伊娃却对阻挡她成为人类一员的纳森怀恨在心，甚至实行残忍的杀戮，这不禁让我们思考赛博格是否应当拥有感情或者说自主意识。当赛博格主体拥有了自己的思维，我们可能再也无法读取他们的内心活动，我们也无法控制他们的行为，毕竟他们比我们强大得多。

女性主义科幻小说更多是在借用科幻小说的独特叙事方式讲述自身的经验与思考，有学者指出"科学技术在女性科幻小说中的功能意义与主流科幻中的硬科幻不同，前者关注的是伦理问题，后者则是技术理性的产物"。[1]长期以来女性在科学领域的话语地位是被压抑的，男权主义对女性力量拒绝和排斥，她们在科学的技术性问题中往往是声音弱小、力量轻微的。欧翔英在分析玛丽·雪莱《弗兰肯斯坦》的创作经历时指出"雪莱夫人的故事仿佛就是女性科幻的隐喻。妇女一直作为沉默的听众，受到科学话语的吸引，满怀着恐惧和希望，注视着技术对她的生活必然带来的改变"。[2] 这一说法不无道理，相对于科幻小说中"硬科幻"带来的未来科技想象，女性主义科幻小说更关注科学技术之下人类的性别与伦理等问题，因为科幻小说"提供了一种始终安全的虚构空间"，[3]这一空间不仅始终安全，而且盛放了女性主义对科学技术的想象。

女性主义科幻小说中存在着大量的赛博格，不仅展现了其对性别的思考以及对科技时代到来的热情，实际上从更大的层面上来说她们也在思考整个人类社会的问题。科技的突破促使智能人诞生，而智能人与人的界限何在？女性存在和女性经验的独特性何在？

（四）技术支持下的赛博格身体实践

如果说科幻小说中的赛博格身体是一种想象的话，现代信息技术、生物医学技术则将这种想象逐步转变为现实实践。

---

① 欧翔英：《西方当代女性主义乌托邦小说研究》，成都：四川大学，2007 年。

② 欧翔英：《西方当代女性主义乌托邦小说研究》，成都：四川大学，2007 年。

③ Stefan Herbrechter. *Posthumanism: A Critical Analysis*. London：Bloomsbury，2013：130.

随着技术的发展，互联网愈来愈成为人们生活工作的一部分，电子通信技术的出现和兴起更是帮助人们摆脱了时空的束缚，实现了即时沟通。而当人进行电子通信时，身体是否即时存在已经不再是沟通互动的前提。人们借助电子通信互动时，身体就会被划分为两个部分，一个是现实物理肉体，另一个是网络虚拟身体。这样的体验使得人们真正摆脱了时空的限制，可以任意出现在赛博空间的某个地方。换句话说，在赛博空间中，没有时间，没有空间，只要你想，外界均与你同处一个时空。这样的自由性和跨越性让一些女性主义学者看到了女性解放的新途径：现实主体进入赛博空间可以选择身份、性别、阶级等，通过数据调试获得自己想要的身体而非先天被赋予的生理身体，贝丽尔·弗莱彻写道："我发现网络对于作为女性的我是个安静的地方，恰恰因为身体缺席，我能随自己高兴说和做，没人会看到我的年龄、缺陷和脆弱。"[1]可见虚拟身体可以掩藏女性真实的身份，而让其在其中获得自由；借由数字技术创造的女性虚拟形象利于女性对自己的身体有更直观的了解，比如计算机扫描和磁共振成像都依靠技术形成女性的数字化虚拟形象，帮助她们了解自身的身体结构。前者达成了身份的再创造，后者帮助人们认识、了解自己的身体，双管齐下，让女性对自身真实需求和对身体机能的判断有了质的飞跃。但有的学者发觉看似自由的赛博空间实质上充斥着男性话语霸权，赛博空间中存在的女性依然承受着男性审美视角的规训，霍桑提出："真实世界弥漫到虚拟世界里我们能考虑到的每个方面，并且，如果社会正义没有在真实世界里盛行，我们怎能如此天真地以为正义能在赛博空间里实现呢？"[2]

随着生物科学和医学技术的发展，对身体的塑造或改造逐渐成为平常易事，例如人体自身的智能增强。赛博格最初就是人类为了增强在外太空

① Fletcher，Bob. *Cyberfiction: a Fictional Journey into Cyberspace (or How I Became a Cyberfeminist)*. Susan Hawthorne and Renate Klein edited. *Cyberfeminism: Connectivity，Critique and Creativity*. Melbourne：Spinifex Press，1999：342.

② Hawthorne，Susan. *Cyborgs，Virtual Bodies and Organic Bodies: Theoretical Feminist Responses*. Susan Hawthorne and Renate Klein edited. *CyberFerninism: Connectivity，Critique and Creativity*. Melbourne：Spinifex Press，1999：245.

的生存能力而被提出的，在当今阶段，我们每个人可能对人工智能略知一二，但是对于智能增强可能知之甚少。实际上人工智能与智能增强是密不可分的，如果说人工智能是手段，那么智能增强则是目的。

吴朝晖教授在国际人工智能与教育大会上做了题为《智能增强时代的学习革命》的发言。他指出：

> 作为最为典型的颠覆性科技代表，人工智能有望进一步引领科技变革，推动生产力成为大变局的根本动力，决定大变局的历史选择和演进方向，特别是在移动互联网、大数据、超级计算、传感器、脑科学等新理论、新技术，以及经济社会发展强烈需求的共同驱动下，新一代人工智能在学科发展、理论建模、技术创新、软硬件升级等方面呈现整体推进的态势，形成了深度学习、跨界融合、人机协同、群智开发、自主操控等新特征，推动着包括教育在内的经济社会各领域从数字化、网络化向智能化加速跃升。[①]

吴朝晖从时代大背景的角度描述了当今人工智能的发展态势，他将其称为"智能增强时代"，在他看来人工智能的进步已经渗透到我们生活、工作的方方面面，各行各业都得到了智能增强。其实智能增强与我们日常生活的关系十分紧密，日本电视台曾经拍摄过一个纪录片《改变人类的赛博格技术》，在这部纪录片中可以看到很多人被改造为赛博格的事例，人工肢体、图像传送等技术帮助残疾人过上健康人的生活，甚至智能芯片等可以加强人的思考能力。伴随着现代生物医学科技的发展，人们对自身的身体形象健康、智力发育和思维认知等问题更为重视。国外学者 Tamara Garcia 和 Ronald Sandler 将人体增强划分为两种方式四种类型：暂时性增强和永久性增强、外在性增强和内在性增强，[②]这四种增强方式是有所交叉的（见图 2-2-1 和表 2-2-1）。

---

① 吴朝晖：《智能增强时代的学习革命：在国际人工智能与教育大会上的发言》，《世界教育信息》，2019 年第 32 卷第 10 期，第 3—6 页。

② Tamara Garcia、Ronald Sandler. Enhancing Justice? *Nanoetics*，2008(2)：278.

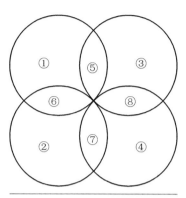

图 2-2-1　四种增强方式示意图

表 2-2-1　增强方式描述举例

序　号	增　强　方　式	描　述／举　例
①	外在性增强	指没有改变正常的心理、情感、认知等内在系统,只是增强或改变了外在形态
②	暂时性增强	指只有当干预技术正在进行时才能起到增强性,一旦干预技术终止,增强性也会逐渐停止
③	永久性增强	指当干预技术虽然结束,但增强性并没有停止,能够继续保持
④	内在性增强	指增强或改变了人的心理、情感和认知等内在系统
⑤	外在性、永久性增强	如整容手术改变人的外貌形态是不可逆的,手术结束后效果会一直保持
⑥	外在性、暂时性增强	如医美注射水光针、玻尿酸等,随着药物效力的降低,效果也会逐渐消失
⑦	内在性、暂时性增强	如激素类药物或置入芯片,改变人的内在系统,停止激素或取出芯片,效果逐渐或立即消失
⑧	内在性、永久性增强	如对神经系统的修复或干预达到内在系统的提升

张灿在《技术化身体的伦理反思》一文中将技术化的身体分为四类:一是身体的技术化修复,二是身体的技术化编码,三是身体的技术化交互,四

是身体的技术化虚拟。① 这四种技术化方式可以视为人体增强的具体途径，用来实现上述的四类八种增强效果。江璇在其《人体增强技术的伦理研究》一文中将人体增强的定义如下："所谓的人体增强就是通过基因工程、神经科学、纳米技术、生物学、医学、药物学等领域相关知识与技术对人体的直接应用从而达到增加额外特殊能力或改善人们的自然状态和正常基本功能的目的，是完全超越了人类自然生命存在形式和医学目的的限度。"②她认为人体增强应当是超出了人本身具有的功能和能力之外的那部分功能或能力，经治疗或技术恢复至正常人或健康人水平的不能称为增强，但在治疗或恢复过程中超出了正常人范围的仍然可以称为增强。实际上，对于身体已经发生的不可逆的损伤如失聪、肢体残疾等，通过治疗的手段使之达到正常健康人的状态亦是一种增强。增强需要基于一个标准，而这种标准不是唯一固定的，每个人的身体条件和状态都是不同的，因此可以认为只要是在自身的基础上通过相关技术使之超出原有水平都属于增强的范畴。

科学技术进步的出发点是为了帮助人们更方便地生活，如果说对人体的修复和再造产生的增强属于"表面功夫"，那么对人脑功能的提升则可以说是"深藏不露"。近年来，随着人工智能技术的迅猛发展，人们对自己大脑以及神经系统的提升也表现出了极大兴趣。在人体大脑中植入电子芯片，能够改善人类的思维、计算以及记忆能力，相比普通人脑，植入芯片后，类似于人脑与微型计算机的结合，从而学习能力、认知能力获得了极大提升。

目前有一种实现人体内在系统增强的手段叫作基因增强技术，它是当下生物技术研究的热点之一，也引起了诸多争议。人们对于自身健康和智力的期待促使基因技术的发展和研究，基因增强技术相对于药物增强和芯片植入来说最突出的一点就是给予了人们事先选择权，父母可以在婴儿出生之前通过基因检测技术筛查胎儿的健康状况，从而做到生育优化。基因技术最初是为了预防疾病而对基因做出的人为干扰行为，对异常基因进行

---

① 张灿：《技术化身体的伦理反思》，《中州学刊》，2018 年第 8 期，第 91—97 页。
② 江璇：《人体增强技术的伦理研究》，南京：东南大学，2015 年。

控制或重构防止其引起遗传疾病或其他健康问题,这是一种积极的医学治疗行为。随着这一技术的不断进步,人们对基因技术的强大功能愈发感兴趣。尤其是近年来基因编辑技术的进展让人们更加坚定我们的智力与身体同样能够通过技术手段得到增强。

由于目前科学技术的限制与对于道德伦理方面的反思,人体智能提升技术大多还未付诸实践,但是我们依然可以看到这项产业的繁荣现状。精神病患者、抑郁症患者治疗神经系统的药物可以调整人的情绪功能、认知功能。还有专门的药物可以提升人的记忆力,曾经一度受到高中学生家长的追捧,这些药物以保健品的形象出现在我们面前,如"21金维他"等产品,实际上假如不服用也并不影响我们的日常工作和学习。我们从电视、广告以及推销员口中了解到的"多功能床垫"有助于睡眠、改善精神状态、预防阿尔茨海默病,实际上不都是告诉我们人体智能是可以通过技术改善和提升的吗?暂且不论保健养生品的真实效果如何,是否产生副作用等,但可以明了的是科学技术已经无孔不入。外科整形手术使人们可以从外观上减缓衰老,但无法阻挡日益退化的内脏器官和大脑神经。人们对于青春年轻的身体、永不衰老的面容、矫健俊逸的身形以及灵活敏捷的思维的向往与科学技术的不断推进,两者形成了相互的催生力量,科学技术愈加进步,人们就愈加相信自己能够永葆青春,而人们的日益向往催促着科学技术的进一步突破。通过生物技术改善或增强人体自身功能性,也是通过一种新科技的途径超越人与其他生物的界限,这与赛博格出现的意义不谋而合。

人们对于身体的追求似乎是永不止步的,《身体的历史》一书指出21世纪的关键词就是追求完美。① 21世纪以来,人们对于优美身形、姣好面容的追求已经超越了对于健康的重视,甚至为了"美"可以牺牲健康。医学的目的是治疗疾病,恢复健康,而如今的医学逐渐和美容挂钩,产生了"医学美容"这一新概念。同样,人们对于智能化的追求也是永不止步的,身体外在

---

① 乔治·维加埃罗:《身体的历史》(卷三),张竝、赵济鸿译,上海:华东师范大学出版社,2013年,第4页。

的单方面增强无法阻挡身体机能各方面的退化，人们更加追求的是"健康"与"美貌"的结合与并存。

同时，技术的进步、医学的发展也使得原本匪夷所思的事情变得合乎情理，首先是自古以来，占据主导地位的传统二元性别观念被颠覆，这就使得性别焦虑症(旧称性别认同障碍)患者可以在技术的帮助下选择自己"真正的"性别，如果说像 Facebook 这类社交媒体的性别选项从二元性别到 54 个选项再到自定义编辑，是从心理层面减缓了他们的焦虑，那么通过性别重建手术减缓性别焦虑则是医学技术上的生理帮助，这些都可以说明，随着技术的发展，二元性别的壁垒正在被打破。然后是被奉为金科玉律的女性怀孕生子，贾雷德·戴蒙德博士提出："男性孕育时代正在到来。"在他看来："医学的发展和文明的进步正在消除男性在生殖方面的心理和生理障碍。如今，男性怀孕生孩已取得多方面的进展，使人类再生育方面取得了革命性的大突破。"[①]世界上第一个怀孕的男人托马斯·贝蒂，他突起的肚子和有着棱角的男性脸庞，使他一时间成为舆论的焦点，事实上，他并非生理意义上的男性，"14 年前，托马斯通过变性手术告别了女儿身；为替妻子怀孕，他停止了注射男性激素，并求助于人工授精"，但"虽然怀上孩子，他依旧认为自己是个男人"。而怀胎九月顺利产下女婴的德国商人马克也是为了帮妻子承受怀孕的压力，由医生在其腹腔做了一个人工子宫，并注入孕育生命不可缺少的液体，经过人工授精后，将胚胎植入马克的腹内，最终成功孕育了一名女婴[②]。这两个案例，都是通过技术实现了男性怀孕生子，如果说，过去的避孕技术使得女性摆脱了"生殖机器"的身份，那么运用技术使得女性生育不再是繁衍后代的唯一途径，则让女性拥有更大的自主性和更多的选择性。

由技术介入的赛博格打破了传统二元论，也挑战了传统女性主义的女性本质论，它消散了生理、社会、男性话语赋予在女性身上的诸如生育、母性等特质，男女之间的先天性差异变得越发轻微，关于男性本质、女性本质的

---

① 诚夫：《男人也能生孩子吗?》，《科技潮》，1997 年第 12 期，第 52—53 页。

② 诚夫：《男人也能生孩子吗?》，《科技潮》，1997 年第 12 期，第 52—53 页。

讨论回归到人的本质讨论中。

"人类历史上从来没有哪一个因素像今天的技术一样对整个人类社会发生如此巨大的影响,人们所生活的世界中一切要素都深深地打上了技术的烙印。"[1]但随着网络技术的广泛应用,生物技术的加速发展,现实与虚拟之间的差别越来越微小,男性与女性之间的生理区别越来越细微,身体与机器之间的差别也越来越渺小,赛博格的存在延伸出一个新的伦理问题:人工智能是否能够取代人类自身? 由我们创造的机器是否会出现自己的主体意识? 我们如何定义赛博格与人类身体的界限? 这些都表明,在科技快速发展并给人们带来便利的同时,我们也应将视线投放到它的另一面,现代技术的多样化发展必将引起技术领域的伦理思考。

第三节 赛博格身体麻烦

如前所述,科学的发展与观念的进步使得人类与技术融合的可能性大幅提高,赛博格身体已经成为现实,而智能时代的来临更是加快了这一趋势。毫无疑问,赛博格打破了诸多二元界限,模糊了人与机器的界限,也让传统女性本质得到一定程度的瓦解,但正如斯本格勒所说"世界的主人正在变成机器的奴隶",[2]赛博文化在人类社会生产实践中的广泛普及,也使得以此为基础的虚拟空间中的赛博格身体遭遇不少麻烦和问题。

一、赛博空间:技术、男性文化和女性身体

在传统社会中,身体劳动的差异致使男女社会分工不同,由此造成两性在经济上的失衡,男性在政治、经济等社会领域长期处于统治地位,男强女弱、男尊女卑以及男主外女主内的现象成为传统社会中男性与女性的生活相处模式。而处于此种背景和话语下的两性,也开始逐渐从心理上认可男女先天上存在不平等的可能,这种潜意识中的认可导致女性主体性意识的

---

① 舒红跃:《技术哲学的两次还原》,《哲学动态》,2005 年第 3 期,第 50 页。

② Spengler. *Man and Technics*. New York:Green wood Press,1932:90.

缺失，她不确定自己是否与男性处于同一平等地位，也不认为女性性别可以作为独立的存在，更找不到改变自身"他者"和"第二性"地位的途径与方法。即使是在今天，更多的女性已经从家庭走向职场，认识到男女之间的不平等，但在面对社会资源分配之时仍然难以处在有利地位。同等条件下的男性更容易受到招聘官的青睐，因为男性无须面临怀孕、生育以及痛经等"身体麻烦"，可以为工作投入更高的关注与热情。尽管男性并不一定在没有"身体麻烦"的情况下多做贡献，但对女性来说构成了一种无法逾越的天然门槛。这一不平等现象继续延伸至赛博空间，女性群体对于信息技术的接受和受教育程度普遍比男性低，由此女性在新技术的冲击下难以表现出足够的敏锐与主动把握。赛博空间所代表的信息社会实际上是一种监控型社会，任何信息都暴露在网络之中，然而两性在技术面前的不同表现，决定了他们在资源信息分配上的不平衡。

技术女性主义者坚持技术与性别发展具有社会建构的作用，并且认可它们之间相互塑造的关系，技术不仅改变着女性身体，而且引导着女性意识中的性别差异化。女性主义者通过对技术中存在的性别差异化进行思考，回顾了技术的历史，发现长久以来社会意识形态始终把男性作为认识世界、改造世界的中心，导致在这种意识形态之下形成的思想、制度、组织都是以男性为主导的。学者们习惯将技术史按时间分为旧石器时代、新石器时代、青铜时代、铁器时代、蒸汽时代、电气时代和信息时代，这种划分以人类征服自然的漫漫历史进程为标准，但这一历史是从男性视角展开的：男性将自己的需求、设计融入技术领域，男性亦将自己的企图、目的融入技术史研究当中，男性气质在这一过程中显而易见，"技术是强有力的、遥远的、高深莫测的、非人性的、科学的、昂贵的，总之，是男性的"。[①]女性在此过程中是"失语"的、"缺席"的。

赛博空间的出现让部分女性主义者看到了女性崛起的契机。在基于互联网存在而搭建的网际互动平台中，人们的交往不再完全依赖现实身体，而

---

① 刘霓：《技术与男性气质：应予瓦解的等式：女性主义技术研究述评》，《国外社会科学》，2002 年第 4 期，第 66—72 页。

可以借助鼠标、键盘等协助工具达到跨时空交互,因为这是一个由数字 0 和 1 建立起来的信息交流空间,其最大的特性就在于虚拟性以及由此衍生的自由性,人们在其间的身份不过是由数字代码构成,并不会为现实种种物理条件所限制。在赛博空间中通过技术与人的交互而产生的人机合体,借助网络技术虚拟身份的"人"就是赛博格——一种新人类主体。"人变成了一个复杂的人机混种,人不仅有双手和双脚,而是一个很大的多重信息处理器,拥有百万乘以百万个的小部件,这些部件被组合成一千个计算机。"[①]因此,在赛博空间之中,主体不再只有男性和女性,而是在性别之间存在着无数的、流动的可能性主体。

赛博女性主义者认为技术给予身体的浸入式体验让女性在现实社会所遇到的种种障碍得以克服。首先是心理障碍的克服,女性相较男性来说在社交环境中更容易表现出腼腆、羞涩,甚至是胆怯、不自信,但在靠键盘、鼠标交流的赛博空间中,社交焦虑得以缓解;其次是社会身份被掩盖,在赛博空间中,因为身份的可选择性和可创造性,传统社会分工角色在这里被隐藏起来,女性可以以任意角色活跃其中;再次是自主意识的觉醒,赛博空间中的女性有权利并有机会根据自己喜好的内容进行学习,随着受教育程度的不断提高,女性的自主意识也不断被释放;最后是就业渠道的扩展,如果说女性在现实社会中面临着有限的择业空间,那么赛博空间无疑为女性的生存发展提供了新的场域,平台主播、网店店主等新兴职业为女性实现经济上的独立提供了另一种思考。赛博空间对于社会关系的重塑,使男女社会地位与分工发生改变,因为在这个空间中"只有代码起作用,只有赛博格是行动者,传统观念中的'强势'的男人和'柔弱'的女人都不再起作用",[②]无所谓先天的生理性别,也就没有"女性"身份,而依托身份、性别、阶级建立起来的社会角色划分,不再成为彼此沟通的壁垒。

但这种以技术为基础支撑的赛博空间真的可以让女性获得更大的话语

---

① [美]凯瑟琳·海勒:《我们何以成为后人类:文学、信息科学和控制论中的虚拟身体》,刘宇清译,北京:北京大学出版社,2017 年,第 388 页。

② 张之沧:《"后人类"进化》,《江海学刊》,2004 年第 6 期,第 5—10＋222 页。

空间吗？目前来看，我们不能不对此心怀警惕。"（互联网）作为一种媒介，它无论从内在本质还是外在表象看都根深蒂固地以'控制'为主要目的，以'监控'为主要功能。"①这些处于"上帝视角"的观测者和操控者，正是掌握着绝大部分技术的男性。蒂姆·乔丹提出技术权力这一概念来说明赛博空间的控制性，他认为技术权力游走于赛博空间之中，行踪不定，但与赛博空间的两端关系紧密，"一端是冷冰冰无生命的各种硬件、软件，如键盘、显示器、电子邮件、程序等；另一端则是这些硬件、软件中隐含的社会规则和道德规范。当然，这些规则和规范不可能自发产生，而是来源于设计、制造、管理这些硬件软件的人员"。②这些人员几乎都是由男性角色充当的，因此赛博女性主义者认为，在当前的赛博空间中，占据权力中心的是数字文化，把控这一技术的依然是男性，它依旧完成了对女性身体的规训。③瓦克曼在《女性主义面对技术》一书中提出了"技术女性主义"这一术语，其核心在于探讨技术与性别之间的相互关系，她认为性别和技术是相互塑造的，"技术既构成社会性别关系的来源，也是其形成的结果""社会性别关系具化于技术之中，反过来男性气质和女性气质通过机器的使用和涉身过程而获得意义"，④并指出"社会性别利益、社会性别身份是技术与社会形塑关系中的重要方面"。⑤女性主义认为男女两性之间的不平等，是由于男性占有了比女性更多的政治、经济、文化和知识资源，这种后天的不平等交织在社会的方方面面，逐渐导致女性话语权的缺失。

尽管赛博女性主义者宣称赛博格的出现打破了人与机器、二元性别等界限，但事实上，这些界限的打破依旧是在技术掌控者——男性的技术想象与设计之中，弗吉尼亚·伍尔芙指出："科学也不是没有性别的。科学是男

---

①［英］约翰·阿米蒂奇：《与赛博空间共存 21 世纪技术与社会研究》，译者不详，南京：江苏凤凰教育出版社，2016 年，第 16 页。

②［英］约翰·阿米蒂奇：《与赛博空间共存 21 世纪技术与社会研究》，译者不详，南京：江苏凤凰教育出版社，2016 年，第 163 页。

③ 李三虎：《技术与身体政治：现象学视角》，《华南师范大学学报（社会科学版）》，2013 年第 2 期，第 5—12＋159 页。

④ Judy Wajcman. *Techno-Feminism*. Cambridge：Polity Press，2004：107.

⑤ Judy Wajcman. *Techno-Feminism*. Cambridge：Polity Press，2004：40.

人，是父亲。"①网络虚拟空间虽然可以消解社会性别差异，但传统的性别思维是难以彻底改变的，赛博空间的建构无疑是以男性工作者为主导，女性在其中仍旧处于从属地位，其话语权的获得依旧困难。2016 年，我国第一个仿真机器人"佳佳"在中国科学技术大学诞生，佳佳的设计团队是男性群体，他们设计之初就确定了佳佳必须具备的三个特点：善良、勤恳和智慧，而经过后期调研制作，佳佳最终呈现出肤白貌美、身材比例协调、五官温婉美丽的样子。佳佳作为赛博格女性形象，折射出男性对于女性身体的想象，澳大利亚学者默维指出，"赛博格在本质上是神话的，它最大的意义来源于它的文化角色"，②技术掌握在男性手中，赛博格身体形象必然打上了男性眼光的烙印，成为符合男性审美的理想化身体。

在赛博空间中，生育不再是女性的专属，两性生育也不再是人类繁衍后代的唯一选择，人类繁衍完全可以"通过虚拟技术创造虚拟人，对人类进行改造，连接虚拟世界和现实世界，成为虚拟人和现实人的混种"。③ 这些技术手段看似让女性在生育问题上有了话语权和选择权，但是不得不考虑到问题的另一面，在当今仍以男性为主导的社会中，当生育变得不再重要，逐渐成为弥补"男性"缺陷的技术手段，女性又将被置于何种位置？男性的生理条件决定其无法独立完成人类的繁衍，而当代科学技术突破了这一天堑，男性主动将其视为弥补自身不足的手段，与其说生育自由是为了女性身体的解放，不如说是男性为了进一步强化话语霸权的探路石。"在女权主义者看来，这种生殖技术的任何进展，都不过是将妇女的身体变成生命工业化生产的实验室，或将妇女子宫变成'手术室'。在这里胎儿优先于其实际的身体而存在，妇女的身体被降到从属地位甚至变得不重要。"④当

① ［英］弗吉尼亚·伍尔芙：《伍尔芙随笔全集》，王斌、王保令译，北京：中国社会科学出版社，2001 年，第 117 页。

② Mervyn, Bendle. Teleportation, Cyborgs and the Post Human Ideology. *Social Semiotics*, 2002(12)：45 - 62.

③ 张之沧：《"后人类"进化》，《江海学刊》，2004 年第 6 期，第 5—10＋222 页。

④ 李三虎：《技术与身体政治：现象学视角》，《华南师范大学学报（社会科学版）》，2013 年第 2 期，第 5—12＋159 页。

生育成为可以操作的技术流程——"从其体内取出卵母细胞"再"把卵母细胞送入实验室"，①女性实质上沦为了技术发展过程中的基石和工具，她的身体不再是女性的生理特质，而是可以操作与改造的实验基地。

现实社会中女性身体的诸种问题虽然可以在赛博空间之中得到一定程度的弥补和解决，但一旦重新回归到现实，女性身体在男性审视视角之下的失落和焦虑却是双倍的，因为不管身处哪个空间，女性始终没有摆脱对身体的规训与约束。在手握技术权力的男性眼中，女性身体是可以想象的、设计的、改造的，甚至是可以被取代的赛博格。当女性不能真正掌握技术，拥有技术权力，就必须警惕技术权力对女性身体的改造与异化，即使这项技术表面看起来对女性多么有利，女性也必须意识到赛博格并不能成为身体解放的理想国，继而深刻认识到在技术的发展下，赛博格作为女性身体的隐喻正在面临的种种技术"麻烦"。

二、技术异化的赛博格女性身体

网络技术的发展，新型活动空间的开放，赛博空间表现出的强大包容性和自主性，让人们感受到前所未有的自由。丹·布朗在《失落的秘符》中大胆提出："这是一种变相的权力声明，是对这个世界的一个宣告：我掌握自己的身体。这种由肉身的改变激发出的令人沉醉的控制欲蛊惑着成千上万的身体改造爱好者……美容外科、身体刺青、健身塑身、食用类固醇……忍受饥饿，乃至变性。人类的精神渴望掌握自己的躯壳。"②无疑，技术为人类精神和物质文明的进步创造了条件与前提，但我们需要看到它作为一种改变人类进程力量的其他方面——对物质文明的破坏和精神文明的损害。我们可以把这种与最初目的形成悖论的现象称作"异化"，技术异化可以被定义为"按照人的愿望形成的技术的体系，一旦存在，也就开始具有自主性。

---

① Irma Van der Ploeg. Only Angels Can Do without Skin: On Reproductive Technology's Hybrids and the Politics of Body Boundaries. *Body and Society*, 2004(10): 162.

② ［美］丹·布朗：《失落的秘符》，朱振武等译，北京：人民文学出版社，2013 年，第 17 页。

并且在一定的情况下开始违背人的意志,变成反对人的力量"。① 身体在赛博空间中"将认同对象置于镜子之中,在幻觉中完成自主性主体建构及认同",②难以保证的是人类不会在这个过程中迷失自我,尤其当离身性的身体成为可能之时,赛博空间很难再作为单纯的为人类服务的虚拟数字乐园,它充斥着种种权力之间的博弈,虽无刀光剑影,实则暗流涌动。女性个体在赛博技术权力面前或因为过于弱小而无法发声,或被湮灭在种种权力的巨大声浪中,那么,处于控制论技术下的赛博格女性身体如何保持独立的地位成为值得思考的问题。

（一）赛博空间中的技术性别暴力

赛博空间给予技术改造身体的可能,从美颜软件到 AI 换脸,技术对女性身体可以进行程序化的加工,从各类广告代言、游戏人物到直播博主、朋友圈自拍,公共领域中的女性形象早已被固化,任何人(包括男性)在美颜相机的技术处理下都可以转变为皮肤白皙无暇、眼睛大而明亮、嘴唇红而娇艳的形象,技术从不顾及形象的个性化,而是负责将个性化处理为符合技术权力的审美。在赛博空间中由于主体身体难以介入,虚拟身体的重要性便愈发突出,尽管赛博空间表现了高度的开放与包容,但人们仍然无法接受"LGBT"——女同性恋者、男同性恋者、双性恋者与跨性别者的存在,大部分人始终认为性别是与生俱来的性状,而对性别产生的任何纠结与质疑都是"不正常的",是有先天缺陷的。因此,虽然赛博空间给予人自由选择性别的机会,但女性始终不能摆脱社会对于女性形象的固定化印象。

2020 年"维密"公布的代言人周冬雨在网络上引起热议,大部分网友认为周冬雨的"小学生身材"(未发育的胸部——平胸,未长大的身体——干瘦)并不符合性感的定义,与以往维密超模那种笑容甜美、身材高挑、胸部圆润、翘臀突出的形象格格不入。其实这种对女性身体的刻板化印象比比皆

---

① 贾星客、李极光、刘汉杰:《作为时代主题的技术哲学》,《云南师范大学学报(哲学社会科学版)》,2004 年第 3 期,第 1—5＋141 页。

② 李曦珍、徐明明:《女性在电视广告中的镜像迷恋与符号异化》,《新闻与传播研究》,2009 年第 16 卷第 2 期,第 77 页。

是，如在风靡全球的网络游戏《王者荣耀》中，女性角色形象大多蜂腰翘臀、凹凸有致、服饰唯美，暴露的胸部和脚踝十分符合男性对女性身体的期待。赛博空间作为现实世界的投射，在男权文化依旧盛行的今天，加剧了性别地位的失衡，人们/男性将其对于女性身体的幻想与期待投射到女性身体上，即使"她"可能只是虚拟的化身。就像《王者荣耀》的受众虽然指向全体人类，然而游戏主题设定为战斗斗争、打怪升级，实际上是符合男性的游戏需求的，本质依然是男性话语权力下的产物。

当技术对于性别进行权力规训时，实际上构成了一种技术性别暴力。福柯认为："通过所选择的技术，按照预定的速度和效果，使后者不仅在'做什么'方面，而且在'怎么做'方面都符合前者的愿望。这样，纪律就制造出驯服的、训练有素的、'驯顺的'肉体。纪律既增强了人体的力量（从功利的经济角度看），又减弱了这些力量（从服从的政治角度看）。"[1]传统社会的文化语境在赛博空间中得以沿袭，女性身体的刻板化印象得到固定和加强，"她应当是怎样的"成为赛博公民衡量女性的首要标准，一旦不符合期许，技术便会成为扼杀这种"不同"的利器，人肉搜索、实名控诉，网络舆论在技术的加持下，对"异常"的女性进行了"污名化"审视，比如，近年来的"剩女"称呼，从最初形容"高学历、高年龄、高收入"的中性称谓逐渐被污名化为带有侮辱性的道德指责，网友以为，"剩女"的特点就是"作""心比天高，命比纸薄""过于物质""一看就不干净"，这种以个人看法指称一个群体并将其奉为圭臬的行为，实质是传统女性本质对"剩女"群体的污名化。同时，高学历女性也备受伤害，教育本是女性可以提升自我能力的有效途径，却在男权想象中被逐渐妖魔化，网友盛传"世界上有三种人：男人、女人、女博士"，在传统语境中，"男尊女卑""女子无才便是德"才是社会应有的样貌，女性应该是男性的附庸，于是一旦出现不符合"常理"的高知女性，感受到自身地位受到挑战的男性便会在更为广阔的空间发起针对这一群体的攻击。在这种话语的挟持下，诸多赛博女性也加入这一场讨伐之中。

以下是使用大数据词云生成器分别检索"大龄女性""女大学生"时关联

---

① ［法］米歇尔·福柯：《性史》，姬旭升译，西宁：青海人民出版社，1999年，第156页。

词语的大数据分析。① 图片中某关联词字体越大,越靠近检索词中心分布,说明历史共同出现次数越多,两者关联性越强。与"大龄女性"关联性强的分别有"大龄剩女""未婚""离异"等(见图 2-3-1),伴随"女大学生"的也大多是"视频""失联""裸贷""性侵""包养"等(见图 2-3-2),均带有一定程度的污名化与妖魔化。女大学生本应该与知识分子、良好修养、高素质人才等信息取得关联,但人们对于这一群体的关注更多地投射在其生活层面。在网络上流行发酵的信息体现着女性群体在赛博空间中的现实境遇,"失联""性侵"的女大学生往往是身体受到侵害的弱势群体,"裸贷""包养"的女大学生则往往是为满足虚荣心而"出卖身体"的坏女孩儿,即使是中性意义的"视频"在网络语境中也透露出几分身体走向公共化而成为男性欲望对象的意味。

图 2-3-1 检索"大龄女性"关联词 图 2-3-2 检索"女大学生"关联词

男性作为技术权力的掌握者,实际上也掌握着赛博空间的话语权。埃莱娜·西苏指出:"男人对妇女犯下了滔天罪行,他们阴险凶暴的引导妇女憎恨自己,与自己为敌,发动她们的巨大力量与自己作对,让妇女成为他们

---

① https://www.kt1.com/,大数据词云生成器网址。

男性需要的执行者。"①女性被困于技术性别暴力之中，一旦出现不符合传统性别观念和性别规范的现象都会招致无边的谩骂，例如热依扎在机场身穿一件低胸上衣被网友批评为"不知廉耻"，李小璐和马蓉在出轨离婚风波后纷纷被冠以"淫荡"的骂名。对于同样出轨的男性却要宽容得多，欺骗女友并同时与多个女性保持不正当男女关系的罗志祥除了被骂"渣男"外，还有一部分网友竟然称赞其时间管理能力强大，身体"素质"高。天猫总裁蒋凡出轨一事经其妻子在微博上曝出后一度被删帖、关闭评论，一时间大多数网友抱着八卦的心态"看热闹"，人肉搜索蒋凡的出轨对象，将其妻子视为受害者。但在蒋凡受到公司内部处罚后，广大网友风向陡变，认为其妻子"蠢"，害丈夫丢了前程，认为身为"正房太太"的她应该识大体、顾大局、善解人意，应遵守"家丑不可外扬"的传统观念，在面对丈夫出轨时应该忍气吞声、大气端庄。对于女性的谩骂性语言和词汇不但对当事人造成了严重的影响，而且这种铺天盖地式的污名化实际上已经超出了道德舆论的范畴，赛博空间的社群式交流和自由式发言，更是加剧了这一趋势。

（二）赛博空间中女性身体的离身性危机

虚拟现实技术的发展，使赛博空间中出现了大量凝聚着人类期望的虚拟化身。在这一空间中，人类可以借由技术筛选自身不满意的"部位"并进行重组，可以使用义肢恢复自身机能，可以进行基因编码，从而提高自身免疫力，甚至是"定制婴儿"。身体不再是先天生理意义上的"肉体"，并在技术的狂欢中逐渐陷入危机，"人"的生物定义和存在也陷入了迷泽，离身性危机开始显现出来。正如我们前面提及的，人们不仅生活在现实世界，同时还生活在虚拟世界。现实空间和赛博空间的交融，主体与设备高度融合的虚拟空间或超空间，构成主体生存的多层次空间，极大扩展了主体的审美空间，加剧了身体与技术的再度交汇，人的思维也走出了语言符号空间，进入实实在在的感性的虚拟空间。

---

① ［法］埃莱娜·西苏：《美杜莎的笑声》，黄晓红译，北京：北京大学出版社，1992年，第191—210页。

现实身份和虚拟身份的切换导致主体产生关于身体的结构性焦虑。首先是存在焦虑，当主体开始信赖甚至依赖技术，并使用技术对自身加以改造和强化，由于机械身体和技术身体的介入，生理性身体的存在感和存在价值就会被消解；其次是身份迷惑，在现实身份和虚拟身份自由切换的人们，享受着双重身份带来的自由、快感，却也在其中产生了身份迷思，虚拟身份的可盗用性，身份切换带来的不真实感与分裂感，都会让人对身份产生不确定和迷惑感；最后是认知困境，在进入赛博空间之后，人的认知场域就从现实社会转变为屏幕世界，认知来源不再是具身认知和情景化知识，主体的意识深陷于茫茫的信息沼泽中。身处信息中心，却因碎片化而表现出信息贫瘠、认知疲劳等，而赛博空间的虚拟性也会使信息的真伪筛选变得困难，认知困境进一步加深。

具有离身性的虚拟身体本身就意味着主体意识与现实身体的分离，它所感知的是想象的、虚构的、带有强大主观色彩的，因为它远不能如真实身体一样，依靠身体整体感知世界。当人们沉浸在赛博空间中，其感知世界的方式就发生了变化，虽然可以依靠视觉、听觉等特殊躯体感觉以及 VR 技术中的类触觉认知赛博空间中的事物，但嗅觉、体感等这种必须依靠人体器官与身体相互作用的感知能力，在赛博空间中是难以实现的。这种身体感觉的不完整性，恰恰指向了女性在赛博空间中面临的困境，女性身体在赛博空间中被掩盖或被隐藏。例如赛博空间中对于女性"月经"的改写。在各国语境中，"月经羞耻"并不鲜见，为了不把"月经"这一词汇宣之于口，人们创造了诸多含蓄的替代词语，如"那个""大姨妈""亲戚""老朋友""倒霉""不方便"等。这些词语在赛博空间中大行其道，而其表现形式也带有美化色彩。纵观各大卫生巾广告，其吸收的永远是干净的、清新的蓝色液体，从未用月经本身的红色来加以表现，因为红色不够体面、优雅，它代表着暴力、污秽与肮脏，现实女性在赛博空间中看到的永远是月经期间依然可以蹦蹦跳跳、元气十足的漂亮女孩，独属于女性的疼痛在这里被隐藏起来，女性独有的生理体验在慢慢消失。

进入 21 世纪以来，随着现代技术的发展，技术无孔不入地侵入人们的生活之中，我们的身体也逐渐被技术化，通过科学技术发展，指向自身的发展和能力，摆脱身体的束缚，但在这一过程中，其发展所展现出来的离身性问题，又显露出技术发展与身体的密切联系。也就是说，科学技术的发展，网络技术的提升，其实带来的是作为主体的人与作为手段的技术的联系日益密切。相对于男性，女性更加注重自己的身体，对于样貌、身材、服饰的要求更为严格，也更加不满足于自身身体的本来面貌。当技术的力量使女性意识到她们可以通过某种手段对自身身体进行重塑，她们往往会朝着理想的身体进行改造。如果说现实中女性对身体的选择还处于一个探索和模仿的阶段，那么在赛博空间中，女性完全可以根据自己的欲望去"建造"一个虚拟化身。

虚拟化身的出现将"我是谁"的问题转变为"我想成为谁"的问题，人们可以选择昵称、ID、头像、朋友圈等，建立一个理想化的"我"的形象，而这一形象是可以与真实的"我"产生偏差的。看上去，女性在赛博空间中对于自我的建立拥有了更大的自由性，但是建立虚拟化身的心理预设实际上来源于现实生活中男权话语的心理暗示。霍桑提出："赛博空间和虚拟现实只是真实世界性别、种族、性征、其他等的弱化。"①女性身体在赛博空间中的离身性体验致使身体感觉缺失，从某种程度上来说女性失去了对自身身体的完整性体验。福山说："我们需要继续感知痛楚，承受压抑或孤独，或是忍受令人虚弱的疾病折磨，因为这是人类作为物种存在的大部分时段所经历的。"②当女性在赛博空间的身体失去了分娩的疼痛、月经的生理感受，女性特有的具身性经验丧失，又何以保持女性身体及女性身份的独立意识？

（三）赛博空间中女性身体的选择性危机

如前所述，赛博空间并非如它所表现的那样，是一个信息自由、性别平等的"美丽新世界"，现实社会的性别不公现象在这里不但没有消失，反而借

---

① Hawthorne, Susan. *Cyborgs, Virtual Bodies and Organic Bodies: Theoretical Feminist Responses*. Susan Hawthomne and Renate Klein edited. *Cyberfeminism: Connectivity, Critique and Creativity*. Melbourne: Spinifex Press, 1999: 245.

② ［美］弗朗西斯·福山：《我们的后人类未来：生物技术革命的后果》，黄立志译，桂林：广西师范大学出版社，2016年，第5页。

助赛博技术的发展被进一步固化。例如,在各大网站和短视频平台上,虽然也有所谓的女性专栏,但仔细观看之后,便会发现,所推荐之物几乎都带有"情感""穿搭""变美"等意味,与此同时,男性却可以阅读"艺术鉴赏""户外运动""赛车竞技"等更为宽泛的内容,他们才是真正享受了技术带来的进步。女性却还是停留在美容、食谱、家居、亲子类、美妆等领域,因此女性在"新的"活动空间仍旧是漂亮的、顾家的、贤良淑德的小女人,并没有借助高科技发展出属于自己的独立意志,她所关注的或者说是当前空间希望她关注的,依旧是传统男权语境为女性设定好的属性所需,在这种看不见的控制中,女性就这样无知无觉、一步步成为男性的依附。

在大数据时代,人们习惯了在做选择时参考他人的建议,然而基于大数据技术建立起来的数据推荐,其公正客观是值得商榷的,技术尽管可以保证数据的完整性和即时性,但准确性与客观性没有办法一一核实,原因就在于网络数据来源复杂,渠道繁多,既不可能对信息传播者的身份一一查验,也不可能对数据的真伪进行排查核实,作为参考标准的数据也在"全景式监狱"下,成为"被加工"的产品。在这种大数据和算法面前,公民的隐私暴露愈发严重,某女性若在检索平台上搜索了"发型",其后在这一平台上所观看的皆是"发型""美妆""护肤""衣服"等相关推荐。也就是说,在没有经过用户同意的前提下,大数据已经通过对个人隐私数据的分析开始了内容推送,这种不透明的算法运算,在女性做选择之初就已经"替"女性排除了诸多内容,选择习惯的暴露与选择内容的被隐藏,让女性在赛博空间中的信息接收渠道越来越狭窄,她只能观看符合个人价值和阅读偏好的产品,大量性别固化模型思想指导下的程序编辑会将女性社会新闻、信息事件等过滤出去。在这种被狭窄化的视野中,经受了现实压榨的、缺乏自主意识的女性,在做出选择时,会下意识听取大数据的建议,也就是说,看似自由的选择权已经被男权社会的大数据绑架,女性基于此做出的决定实质上也是"他者"的决定,带有技术掌控者/男性对女性的道德绑架色彩。女性试图在赛博空间中获得更多选择权和决定权的希望就此落空。

《阿丽塔·战斗天使》这部科幻电影通过女主人公阿丽塔的故事形象地表明上述女性身体的选择困境。医生伊德将半人半机器的残体阿丽塔带回家,并将自己亲生女儿的身体缝合在阿丽塔身上,他希望阿丽塔过上普通女孩的生活,即使他知道,阿丽塔是为战斗而生的。他想重新感受父女之间的爱与温馨,就剥夺了阿丽塔的战斗信仰,拒绝让阿丽塔成为她自己,这其中隐喻着男权思想对女性自主意识的干预,阿丽塔也在这种干预下陷入了身份选择的迷惑之中。普通的传统女性与具有牺牲意识的女战士,孰重孰轻?影片表现出传统女性本质与新女性主义的对峙,而女性主体意识在男性主导权力的压制下,渐渐失去了对自身身体、自身意识的掌握权和主动权。由此可见,技术化的赛博空间会加剧技术性别暴力的深度和广度。首先,赛博空间中虚拟性取代物质性的路径可能会导致和女性身体紧密相连的独特体验缺失,在现今的数字虚拟技术中,我们通过赛博空间中的人替主要去经历的是视觉、听觉和触觉的体验,而嗅觉、体温和本体感受等(源于神经系统自身的刺激体验)等仍需依赖我们的身体,特别是女性身体的一些独特体验,包括生理体验会因离身性的身体而消失。其次,离身性的身体可能会使女性放下"身体之重",沉沦在身体的幻象中,失去对身体、对性别不平等等现象的敏感,加上技术性别暴力的作用,男性的"凝视"在技术传播中从未被挑战,卸下"身体包袱"的女性可能会走向一种极端的性别固化,在大数据无所不在的偏好性推送和网络虚假信息的狂轰滥炸中,女性的选择自由可能沦为一纸空谈,面临"无选择的选择"。因此,我们不能否认,赛博空间的兴起以及开放确实带给人类社会发展更多的可能性,这其中也包括女性可以在新的尚未被男性占领的领域,获得更多话语权,争取更多生存机会,但在这种机遇背后,我们仍旧要对既有的传统思维对新空间的影响保有警惕之心。

第三章
符号维度的女性身体

"21 世纪的世界急盼人们对它取得一个符号学的理解，因为 21 世纪的世界，不仅是符号泛滥，而且已经整个浸泡在符号之中，已经不可能脱离符号的过饱和状态。"[①]20 世纪 80 年代以来，人类文化与符号学的结合呈现出繁荣之势，电视广告、时尚品牌、电影海报、音乐、建筑设计、人工智能、赛博空间等都开辟了符号学的研究领域，由此洛克认为"符号学"已经涵盖了人文与社会科学的全部领域。[②] 一方面，在身体存在的场域之中，无论是物理空间还是赛博空间，身体都被符号所浸染。在身体存在的现实空间中——消费社会中的身体最重要的并不在于其劳动价值，而是符号价值，当一切物体的意义都已经转化为符号，身体也不例外，成为一种消费符号，可以进行交换和消费。另一方面，在身体出入的赛博空间中——人们需要证明自我的存在，定义自己的身份，必然需要一种形象来呈现，这种形象并不是以身体直接出场的方式呈现，而是以符号为载体行走于虚拟社会之中。可以说，自身体进入赛博空间之时就已经开始了另一种符号化的旅行，但对身体取得符号学意义上的理解不仅是对"身体旅行"进程的探索，同样是对身体意义和价值的思考。

---

① 赵毅衡：《符号学：原理与推演》，南京：南京大学出版社，2016 年，第 23 页。

② John Locke. *An Essay Concerning Human Understanding*. London：BiblioBazaar，2006：289.

第一节　赛博空间与新消费主义

赛博空间以其虚拟真实性、交互性形成了一个可供人们交往和生活的数字化虚拟空间，它的不断发展和扩张造成了物理空间的压缩和入侵，从手机、电脑、智能穿戴设备等外部设备，到微信、微博、Facebook 等软件支持，人们随时可以连接到全球不同地区的社交群体，掌握最新的新闻资讯，赛博空间对人们日常生活的影响或者说侵占已经无处不在。在消费领域，淘宝、京东、美团外卖、滴滴打车等虚拟购物服务平台颠覆了传统商业模式，支付宝、手机银行、微信支付等"云支付"对现金流通形成了有力冲击，从某种程度上说，"互联网基因"已经进入人们的身体之中，对人们的生活方式和消费理念产生巨大影响。赛博空间以数字化技术为支撑，以互联网媒介为手段，对当前的消费社会进行革新与重构，具体而言，赛博空间不仅作为虚拟现实空间扩展了当前的消费空间，而且作为新的媒介形式影响着人们的消费理念。

一、赛博空间与消费社会

赛博空间与消费社会的结合共同构成人们的生活空间，赛博空间虽然并不能完全取代人们日常生活的现实空间，然而作为一种日常生活场景已然介入人们的消费领域，成为消费社会的延伸。毫无疑问，人们的消费理念并不会因为身处赛博空间而发生改变，相反，消费社会中流行的消费主义在赛博空间得到进一步传播与加强。身体的符号化源于消费社会，并在赛博空间之中被放大和强化，因此分析消费社会的形成与消费主义的内涵对于理解女性身体的符号化具有重要意义。

（一）消费社会与消费主义

消费社会的目的与根源在于"消费"，在物质生产匮乏的时代，人们的消费对象更多倾向于维持生活所必需的物品，消费的意义在于个人或家庭生存，因此消费行为较少受到社会影响。随着物质生产的充裕，物品的不断丰富,人们消费的对象不仅仅停留在生活消费层面,而是出现了精神消费、品牌消费等具有物品附加意义的消费行为。鲍德里亚认为"今天,我们的周围,存在着一种由不断增长的物、服务和物质财富所构成的惊人的消费和丰盛现象。它构成了人类自然环境中的一种根本变化。恰当地说,富裕的人们不再像过去那样受到人的包围,而是受到物的包围"。① 当今社会是一个物质财富不断增长的社会,"物"将人们包围起来,这是消费社会得以形成的物质基础。鲍德里亚明确提出"消费社会"的概念,认为消费社会是一个生产力高度发达的经济社会,为了适应这种生产力规模,必须引导消费者进行消费。消费社会以消费为根本目的,为了消化极大丰富的物质财富,消费社会必须对人们进行"驯化",使每一个人都成为"消费的人",于是人们对于物的消费除了关注其使用价值外,更关注其附加价值,这是消费社会得以形成的理论基础。

　　既然消费社会的目的是要让人们在物质产品极大丰富的情况下尽情消费,且必须对消费者进行驯化,于是在消费社会中必然产生一系列的消费观念,这些消费观念借助各种手段刺激消费者的欲望,使消费成为人们日常生活的重要组成部分,刘乃歌指出这是消费社会所建构的消费文化:"在经济日益发达的背景下,人们在消费行动上所奉行的原则、希望达成的愿望、所表达的思想情绪等的综合。"②消费文化的目的是让人们不断追逐物品,对物质消费进行无节制的追求以满足自身,实现消费的狂欢,甚至将其视为生活的主要组成部分。与消费文化密切相关的是消费主义,有学者指出消费主义是一种特殊的消费文化,它指向一种非满足实际需求的生活方式:不是为了需要的满足,而是为了不断被刺激起来的欲望的满足。③ 消费社会把消费理念与消费文化建构为一种消费主义,如果说消费文化是消费社会整体崇尚的风气,那么消费主义就是消费文化在人们意识之中落地生根的产物,消费欲望实现了由外在到内在的转变。因此从本质上来说,消费欲望

---

　　① ［法］鲍德里亚:《消费社会》,刘成富、全志钢译,南京:南京大学出版社,2001年,第1页。

　　② 刘乃歌:《费瑟斯通后现代主义消费文化理论研究》,济南:山东大学,2016年。

　　③ 盛宁:《鲍德里亚·后现代·社会解剖学》,《读书》,1996年第8期,第26—32页。

并不是消费者自发形成的，而是外界刺激形成的自主选择的结果，最终使人们的消费行为成为日常生活实践。

现代消费社会是一个物质生产极大丰富的社会，是一个人被物所包围的社会，在这样的消费行为中，人们对于物品的消费并不仅仅以功用性为目的。鲍德里亚说："在这样的意义下，物品已在实用范围之外，在特定的时刻里成为一种别有意义的事物，和主体深深联系，它因此不只是一个有抗拒性的物质体，而是成为一个我可以在其中发号施令的心之城堡，一件以我为意义指向的事物、一件财产、一份激情。"①消费者对于商品附加意义的关注超越了商品的使用意义，甚至认为商品背后所蕴含的附加意义才是商品的真正价值，这种对于商品符号的消费以及符号消费背后潜在的消费欲望正是消费社会的本质。在鲍德里亚看来，消费主义下的消费行为是一种对商品符号的追逐，大众传媒不断刺激消费者的神经，一些非理性消费行为，比如比较型消费、炫耀式消费以及从众型消费等甚至成为消费的主流。

在消费社会中，消费主义的盛行离不开媒介的重要作用。媒介作为一个信息传递的载体，其重要作用却不仅仅在于促进消费文化的盛行，更在于促进消费方式的变革和消费主义的更新。费瑟斯通指出，大众传媒的作用不仅仅是传播信息，还将其功能无限放大，当人们阅读报纸、杂志或看电影、电视剧的时候，无时无刻不在接受着大众传媒的世界观和价值观。因此，大众传媒所传递的世界观，逐渐成为受众心中真实的世界，甚至可以说大众传媒就是现实社会，至少在观众置身媒介其中时是这样的。根据费瑟斯通的分析，消费者在经济学视域下和社会学视域下呈现出两种截然不同的状态，在经济学领域，消费者是具有理性思考和行为的主体，而在社会学领域，消费者则受到时代背景、社会文化等诸多因素的制约，其消费行为并非自主选择。因此，消费社会出现了诸多掌控消费者消费行为的权力。② 在消费社会中，充当这种文化权力的就是大众媒介。

媒介不仅改变着人们的消费方式，更新着人们的消费体验，而且改变着

① ［法］鲍德里亚：《物体系》，林志明译，上海：上海人民出版社，2006年，第99页。
② 刘乃歌：《费瑟斯通后现代主义消费文化理论研究》，济南：山东大学，2016年。

人们的消费理念,引导着人们的消费行为。对此,美国学者西莉亚·卢瑞指出,大众传媒实际上操控着消费者的消费行为,并改变着人们的交往方式,"是一种强大的消费文化权力"。① 媒介权力正是通过宣扬商品的符号价值发挥作用的,当物质生产已经极为丰富,同一类商品的使用价值已经成为无差别的功能,除了商品的符号价值外还有什么能够引起人们消费的兴趣呢? 媒介的意义在于使商品的符号价值"深入人心",媒介对商品的呈现形式起着重要的甚至是决定性的作用。当前,在互联网技术的进一步发展之下,新的媒介技术不断激起商品符号的狂欢,促成消费文化的流行,与此同时,新的媒介权力也将带来消费主义内涵的变化,新消费主义将逐渐取代传统消费主义,成为消费社会和赛博空间之中的消费理念和价值观。

(二)赛博空间作为消费社会的新媒介

媒介日新月异的变化催生出新的消费方式,诸如网上购物、共享经济、云支付等,使得消费模式和消费结构发生重大变化,赛博空间成为消费社会的新媒介。互联网作为媒介的一种手段,不仅承担着传播信息的功能,还承载了多元的、丰富的资源与力量,人们自觉或不自觉地进入赛博空间之中,在其中体验着全新的生活场景,享受着越来越便捷的消费服务。薛蕾认为媒介之于消费主义具有深远意义,审视消费文化与新媒介之间的互动逻辑,对消费文化进行理论阐释,不仅是对当下媒介变迁的回应,同样是对消费社会发展的关照。她指出,消费主义的发展与媒介的变迁息息相关,②互联网、人工智能和大数据等新技术不断催生着媒介样式的更新,大众的生活方式和消费方式也发生了重大变革,与此相对应的生活观念和消费文化也将随之变化。一方面,大众传媒作为信息传递的媒介,广告、电视、电影等传播途径的多样化自然成为消费社会所青睐的传播手段;另一方面,随着媒介技术的进步,出现了赛博空间这样的虚拟现实空间,使得消费文化的领域得到

---

① [美]西莉亚·卢瑞:《消费文化》,张萍译,南京:南京大学出版社,2003年,第156页。

② 薛蕾、石磊:《新媒介与新消费主义的互动逻辑》,《青年记者》,2019年第3期,第27—28页。

进一步拓展，消费行为的实践场景不断延伸。

在互联网诞生以前，读书看报是人们接收外界信息的主要来源，如今，人们通过新闻直播、自媒体网站等途径可以更迅速便捷地接收信息，而近年来，各类个人直播平台的普及与应用使得信息传播源点多、范围广，每个个体都可能成为热点人物和焦点来源，成为具有消费价值的"商品"，"口红一哥"李佳琦就是最好的证明。2019"双十一"购物节活动中不少卖家都选择以视频直播的方式推广产品，数据显示，天猫"双十一"全天，淘宝通过直播方式带来的成交额接近 200 亿元，其中超过 10 个直播间的消费成交额过亿元。在诸多商品中，家装和电子行业在直播间的成交额同比增长超 400%。阿里公布的 2020 财年 Q2 财报显示，50% 以上的商家都选择了直播方式卖货，并通过此种新的卖货方式获得销售额的增长。随着直播卖货形式的走红，出现了专业卖货的"主播"，如李佳琦。如今，直播已经成为化妆品、服装鞋包、食品、家用电器甚至汽车等几乎所有行业都可以使用和选择的消费方式。

新的消费场景不仅为消费者创造了消费体验的新鲜感，同时也为商家提供了数字化网络运营的新阵地。直播使得商品的展示更加直观，尤其是在主播个人魅力加成之下，网络直播卖货方式甚至成为当前消费领域热度最高的卖货方式。根据艾媒咨询提供的数据，直播已经进入消费者的日常生活，约三成直播受访用户称，每周会观看四到六次电商直播。观看直播显然已经成为当下流行的消遣方式之一，在消遣的同时，消费者一方面减少了选择商品花费的时间成本，另一方面更容易受到主播的影响而产生冲动消费。直播、短视频不仅推动着消费经济的增长，而且其自身在消费市场上也大获成功。在电商直播数据中，2019 年中国在线直播市场规模达到 745.5 亿元，增长率为 37.1%；用户规模达到 3.92 亿人，同比增长 26.5%。

当大众更倾向于网上消费，便捷的操作、多样化的商品带来消费方式的多样化和消费体验的个性化时，传统的线下消费模式将逐渐被线上消费所取代。经济利益的驱动将刺激互联网进一步发展，赛博空间将成为新消费文化生长和发展的主阵地。闫方洁在《技术理性、大众文化与虚假需求——马尔库塞消费社会批判的现代性维度》一文中指出，科学技术具有两重性，一方面是促进生产力的手段和工具，具有中立性；另一方面与费瑟斯通和西莉亚·卢瑞的媒介权力观点一脉相承,在消费社会中,科学技术已经扩展到社会各领域,成为决定生产、消费和个人欲望的操作体系,是一种新的统治形式,具有独立性和自律性。科学技术的两重性是导致消费社会严重异化状况的前提。[①] 简言之,科学技术不仅扮演着提高社会生产力的重要角色,而且促使媒介成为消费社会中起决定性作用的文化权力,那么随着赛博空间新媒介的发展,新技术的出现带来新的消费方式,给予消费者新的消费体验,赛博空间逐渐占据日常生活领域,越来越多的消费实践发生在虚拟空间之中,消费主义呈现出新的特征。

二、新消费主义的特征

在鲍德里亚看来,消费主义的本质在于消费符号,人们对商品的外在性消费实际上无不蕴含着符号的价值。然而进入新时代,人们对物的消费却不仅只有符号的崇拜和狂欢。随着物质生产的丰富与娱乐方式的增多,大众传媒的介入和传播,新的消费文化和消费逻辑得以建构和发展。十九大报告提出,当前我国社会的主要矛盾已经从"人民日益增长的物质文化需要同落后的社会生产之间的矛盾"转化为"人民日益增长的美好生活需要和不平衡不充分的发展之间的矛盾"。人们对于美好生活的向往在消费行为上表现为对品质的追求与体验,尊重个性化成为这个时代消费文化的重点。基于个性化消费的基础,人们对自身的关照体现在日常生活中的每一个细节之上,身体成为展示个性的场域,在多元的消费空间之中追求自身的消费欲望。薛蕾将这种新的消费主义定义为"在新媒介技术(互联网技术与平台、物流、支付手段等)赋能下,社会消费文化出现的大众理性追求品质、多元、个性消费的潮流"。[②]的确,媒介的不断更新意味着技术的进步,而技术的发展往往与日常生活紧密联系,从而使人们的消费行为呈现出与传统消费主义不同的特点。

---

① 闫方洁:《技术理性、大众文化与虚假需求:马尔库塞消费社会批判的现代性维度》,《东方论坛》,2012 年第 2 期,第 90—94 页。

② 薛蕾、石磊:《新媒介与新消费主义的互动逻辑》,《青年记者》,2019 年第 3 期,第 27—28 页。

（一）个性消费的凸显

在传统的消费行为中，物的消费占据了主要位置，进入新消费主义时代，人们更加关注的是自身个性体验。在社会生产已经满足人民群众物质文化需要的今天，消费者行为已经被重新定位，消费者的权益也受到人们越来越多的重视。在集体和个人关系的基本原则中，个人优先的原则应运而生。大众可以通过购买商品展现自己的喜好，这意味着通常有一个独特的消费个性化，通过追求不同商品，消费者表达出自己和别人不同，实现张扬个性的目的。诚然，互联网的发展给消费者带来全新的消费体验。新的媒介与平台形成了一个庞大的"超级商场"，这个商场包罗万象，不仅可以购买实体商品，而且可以购买文化创意、知识课程等，大众可以通过视频展示、直播间观看产品试用、用户评价反馈信息等多样化、多渠道了解商品信息，进行价格比较和质量评比，消费者拥有"绝对的选择权和主动权"。在《新媒介与新消费主义的互动逻辑》一文中，作者将消费主义与新消费主义进行对比（见表3-1-1）。

表3-1-1　消费主义与新消费主义对比[①]

媒介、技术与消费文化	消费主义	新消费主义
媒介背景	大众传媒	数字智能新媒介
技术动能	工业	互联网
消费心理	为了买而活着 （追求物质享受）	为了活着而买 （回归理性）
消费准则	只买最贵 （符号、价格是消费标准）	买我爱就好 （注重服务和情感）
消费动力	被动 （市场让你买，人处于被动状态）	主动 （我需要买，人是主动而为）

---

① 薛蕾、石磊：《新媒介与新消费主义的互动逻辑》，《青年记者》，2019年第3期，第27—28页。

续　表

媒介、技术与 消费文化	消　费　主　义	新　消　费　主　义
核心	商品	人
价值观	物质价值代表我的身份	享受所买,"我"最重要 (身体和心灵的我)

在新消费主义中,消费者对自身的关注是中心目标,"他们大多不再寻找长久的、理性的、单一的目标,而是用短暂的、感性的、多元的感觉充斥生活"。①商品的多样化和多层次性给予消费者更大的选择空间,过去人们可能更加追求商品的品牌效应,如今却在逐步避免这种盲目和从众,甚至一些小众品牌更能得到人们的青睐。以手机品牌为例,苹果公司发布 iPhone4S 以来,能拥有一个苹果手机成为很多年轻人的愿望,而现在华为手机和小米手机等国产品牌由于不错的质量,较低的价格,超高的性价比成为大众的新选择。

(二) 消费空间多元化

2019 年,华为公司和美国苹果公司宣布了 5G 时代的到来,众所周知,移动数据网络经历了 2G 时代的通信和慢速上网,3G 时代智能手机的广泛推广,到目前 4G 的普遍使用,从文字到图片再到视频直播,人们的生活已然发生了重要的改变。以游戏为例,一大批 90 后表示他们小时候玩的是俄罗斯方块、超级玛丽等单机游戏,青少年时期出现了植物大战僵尸等比较经典的手机游戏,而现在玩的较多的则是大型网络游戏,如王者荣耀与和平精英等,这些大型游戏制作精良,色彩丰富,画面流畅,当然对网络的传输速度要求越来越高。从游戏的变迁中可以看出互联网媒介的发展历程,从最初的单机游戏到后来的手机单机游戏再到现在的互联网游戏,游戏所需的硬件设备正在变得多样化,而且以手机为代表的小型设备正在成为主流;而从

---

① 俞海山:《中国消费主义解析》,《社会》,2003 年第 2 期,第 25—27 页。

游戏体验上来看，目前的游戏已经实现了 3D 的突破，色彩与画面都给予玩家更真实的体验。以往大众对电子游戏怀有固有偏见，而如今电竞专业在高校中招生，互联网的发展与普及已经走过了一段相当长的历程，目前正在逐渐实现全民化。

网络运营商和电子产品商家之所以加快 5G 技术的研发，其重要原因在于人们对通信时效的要求在增强。5G 的主要优势在于比当前的有线互联网和 4G 网络快 100 倍左右，另一个优点是较低的网络延迟。5G 网络的基本突出优势在于高速的传输速度，与 2G、3G 和 4G 一脉相承的是它必然会带来传播媒介的更新。更快的传输速度意味着媒介传播的时效性更强，与此同时，人们接受信息的场景更加多元，随时随地打开手机都可以观看视频直播和短视频，为消费活动搭建新平台。5G 的出现不仅会对大众生活产生影响，重要的是它折射出人们对于消费空间的新期待。5G 将把人们带入一个更快、更广阔的空间之中，这不仅直接影响着人们的生活方式——外卖点餐、租车服务、共享经济、网络课程学习、网页游戏等，而且尤为重要的是对于消费社会来说，更快更自由的网络空间极大地便利了人们的消费行为，由此刺激消费经济的增长和新消费文化的形成。郭一鸣针对 5G 带来的消费前景预测道："5G 商用将率先在消费级市场落地，由此在促进消费方面，特别是信息消费上将释放非常强大的动能。譬如虚拟现实领域、社交网络、云视频等领域市场空间和规模都是非常大的。"

在传统的商场之中，商品的展示位置、灯光音乐都营造出一种刺激人们消费的环境，"它们（商品）的陈列展示集合了各种狂欢传统的要素，荟萃了种种异域风光与铺张景观之映像和仿真"。① 在电子购物平台，人们感受到了前所未有的购物体验，丰富了人们的购物渠道，手机、电脑屏幕中满眼的商品制造出超真实的消费世界。现今，直播间、微信朋友圈、微博等自媒体平台也统统成为可以进行交易、消费的空间，"双十一"购物节、"拼多多"模式引发了全民购物狂欢。与传统消费空间不同的是，新消费时代下，每个人

---

① Urry, John. *Cultural Change and Contemporary Holiday-Making*. London: Theory Culture&Society, 1988.

都可以成为商品的"代言人"。在新消费时代,消费者的目光不再只停留在那几个奢侈品品牌上,也不会把效仿的对象锁定在几个明星身上,而是会把注意力分散在直播博主或者网络红人身上。随着科学技术和大众媒介的发展,媒介可以借助技术的手段建构新的消费空间,制造令消费者目不暇接的消费图像,人们无论是走在街头巷尾、乘坐公交地铁还是打开手机电脑,都会看到各种各样的图像、视频符号,它们以无处不在的形式出现在人们生活的空间之中。这一切使得消费空间更加多元化和普遍化,促使消费形式平常化。人们已习惯于消费式生活,沉浸于符号和影像构成的仿真世界之中,豪格认为,消费社会不仅意味着物欲主义占主导地位,最重要的是它使人们生活在"无数梦幻般的、使现实审美幻化和非真实的影像之中"。① 因此,"大众在这种梦幻般的仿真世界中不知不觉地接受着新的生活方式,并沉溺于一个实在与影像边界消弭的仿真的消费洪流之中"。②

(三) 日常生活审美化

美国学者尼尔·波兹曼说:"某个文化中交流的媒介对于这个文化精神重心和物质重心的形成有着决定性的影响。"③当今时代,互联网和人工智能的传播模式正改变着大众审美趣味和生活方式,李智伟认为当前社会消费文化在消费观念、消费方式、消费结构等多层面涌现出新的表征,④这些新内容与新表征的核心就是利用多元、个性的符号和增加消费的交往和互动,让每个个体都可以成为信息传播的中心,成为网络热议的焦点,任何人都可以根据自己的需要、兴趣和爱好搜索、选择信息,而不是被迫接受。因此,在消费社会中个体不再是大众中的个体,也不再是平均状态下的分母,而是具有个性的主体。最重要的是在新消费时代下,科学技术已经能够为

---

① Haug, Wolfgang Fritz. *Critique of Commodity Aesthetics*. Oxford: Polity Press, 1986: 52.

② 刘乃歌:《费瑟斯通后现代主义消费文化理论研究》,济南:山东大学,2016 年。

③ [美]尼尔·波兹曼:《娱乐至死》,章艳译,桂林:广西师范大学出版社,2004 年,第 19 页。

④ 李智伟:《新新媒介视野下的新消费主义与共享文化》,《四川戏剧》,2019 年第 5 期,第 185—188 页。

亟须个性化体验的人们提供定制服务。当人们厌烦商场中千篇一律的商品时，线上商城完全可以为消费者提供不同的消费品。在大数据时代下，我们经常可以看到的是在网上购物平台输入自己想要的商品类型，在搜索结果中可以看到成千上万种款式的商品，这些购物平台还可以根据消费者的浏览记录和消费倾向为他们推荐更契合自身审美的商品。消费者从自身出发处于多元的消费空间之下，关注自身的个性和审美。

在新消费主义中，人们对消费追求个性化和自主化，"小众"的商品似乎愈加流行，一些设计感强、个性化十足的衣服、包具等尤其受到年轻人的青睐，"网红风""INS 风""森女系"等互联网上兴起的一些风格更容易带动大众的消费选择，引导人们尊重自我个性，彰显个人风格。那么这是否意味着消费者开始注重商品的使用价值而不再追逐商品的符号价值了呢？事实上并非如此，在新消费社会的空间领域中，符号只是以隐藏的形式出现，以个性化消费为外衣，将符号隐藏在消费主义之中。当人们追求个性化的物品时，个性化本身不就构成了一种符号吗？新消费时代中，物质化生产的丰富性超越了以往任何时代，鲍德里亚认为"现代大众传媒的象征符号生产与传播以及受众的接受间出现了不可避免的断裂层面，这种使两者分割的空间为文化实施提供了可能"。① 诚然，大众媒介充当着消费社会的文化权力，而大部分消费者却并不从事媒介工作。在物品富裕、供过于求的今天，商品生产占据了人们生活的方方面面，而生产的旺盛必然需要消费的拉动。试想，有什么比鼓励个性化消费更能够刺激消费行为呢？同时，多元化的消费场景给予了消费者个性消费的空间，当人们把个性化消费当作消费理念，一切符合自己审美的、感性的商品便都具有了消费的理由。

消费的个性化与消费空间的多元化致力于营造日常生活的审美化。余虹在《审美文化导论》中这样描述："在今天，当我们走过一条条步行街，当我们走进一个个大型超市与购物中心，或者走进写字楼与办公区，我们都会深陷在审美的海洋中……即使我们回到家里，室内装修、家具物件以及电视娱

---

① Badeliyalard Jean. *The Mirror of Production*. St Louish: Telos Press，1975.

乐节目还会继续让你审美,直到你审美疲劳昏昏欲睡。"①当前,无论是服装饰品、三餐零食、家居装修、汽车出行、影视音乐等个人生活领域,还是文化广场、城市绿化、公园景区、购物商场、艺术展览等公共活动场所,审美对象已经遍布人们生活的周围,任何地方都可以成为审美空间,任何物品都具有审美价值。人们生活的物质基础不仅具有使用功能,还具有审美功能,给人以愉悦身心和修身养性的乐趣。

(四) 身体消费重点化

在新消费主义中,无论是个性化消费的凸显,还是日常生活的审美化,实际上都致力于突出关于身体的消费。在鲍德里亚看来,消费社会中人们进行的消费活动主要是物品的符号意义,人们通过物品的符号彰显自己的价值与地位等社会信息。从消费主义到新消费主义,符号消费的突出带来的是身体消费的凸显,人们对物的符号崇拜更多集中在自身身体体验与审美上。潘天波从身体的视角总结了新消费主义的几点特征:一是经济消费成为一种"想象力经济消费",具有想象力设计的产品总是能够成为消费社会中具有吸引力的商品;二是文化消费成为一种想象力的创意消费,各式各样的文创产品,如动漫周边、手办等设计和制作在想象力的基础上得到强化;三是娱乐消费成为身体想象力消费,无论是微博、网游这样的赛博空间场景,还是迪士尼、游乐场等现实空间,实际上都依赖于身体感觉的娱乐。②这三种方向的转变实际上都倾向于以想象力为基础,注重身体的直觉体验与审美感受。他将新消费主义与身体想象相结合,认为身体在新的消费媒介之下走向虚拟空间。由于新消费形式以线上消费为主要渠道,身体对商品的视觉、听觉、味觉以及触觉发生在虚拟场景之中,身体借助想象力完成对商品的理解与认识,因此身体体验成为新消费主义的关键所在,刺激身体欲望,满足感官享受才能获得消费的成功。

---

① 余虹:《审美文化导论》,北京:高等教育出版社,2006 年,第 341 页。
② 潘天波:《微媒介与新消费主义:一种身体的想象》,《现代传播(中国传媒大学学报)》,2019 年第 7 期,第 145—150 页。

　　新消费主义的秘密在于鼓励个性化的消费，似乎只有把自己的全部都置身于消费之中，只有当持续地把自己当作消费对象，才可能获得一种欲望的满足与快乐的感受。现代消费社会是人人追求个性的社会，个性化就是自己所消费的商品不同于其他人，当人们出于对自身身体的保养而进行商品消费时，实际上消费的正是自身。因此，身体不仅成为完成消费行为最重要的中间环节，而且成为最值得关注和挖掘的消费潜力。身体的审美表现与消费主义的结合成为消费社会的必然选择，身体成为消费主义意识形态的宏大叙事。一切消费行为围绕身体进行展开，使身体成为最亮眼的存在是消费主义的目的所在。在新消费主义下，有关身体的消费无处不在。身体消费的种类包罗万象，人们的衣食住行无不是围绕身体的生存和生活所需，除生存所需外，对身体进行修复或改造产生的消费，医疗美容、美妆服饰、健身美体等消费行为构成了身体消费的新方向。

　　从 2019 年"双十一"购物节销售数据来看，排名前五的行业依次是手机数码、家用电器、个护美妆、服装、鞋包，而 2018 年销售排名前五的行业依次是手机数码、家用电器、个护美妆、电脑办公和家具家纺家居。在这前五的行业中，美妆、服饰和鞋包价格并不能与动辄上万的数码产品和家用电器相比，但是占有很大的市场份额，说明消费者对自身身体的关注度较高。蘑菇街作为国内知名的女性购物平台，在 2019 年直播狂欢节开播 1 小时 23 分钟时，已突破 2018 年"双十一"全天的直播成交总额。2019 年"双十一"为蘑菇街的"直播狂欢节"，以"11.11 不用淘，主播帮你挑"为主题，以主播带货的方式，通过官方频道、明星推荐、红人清单、综艺直播等渠道向用户推荐商品，在直播业务的拉动下，截至 11 日中午 12 点，蘑菇街的美妆、女装等核心品类交易总额均实现了快速增长。

　　可以发现，美妆产品超过服装和鞋子等生活必需品，成为消费者青睐的商品类型。新消费主义时代，大众消费更多是在虚拟空间中进行商品交易，无法接触到商品实体，消费者于无形中不得不基于自身的身体想象完成商品的选择与购买。正如潘天波所认为的那样，在虚拟的消费空间中，想象力成为消费环节中的一个真实元素。当身体以想象力层面介入消费社会的生产和消费环节，有关身体的感觉、经验、情感、认知等构成了消费主义的中心环节,于是,身体的参与、审美、体验成为商品生产最需要关注的对象,可以认为,消费主义的本质就是身体中心主义。

新消费主义与消费者个人密切相关,于是关于个人的审美、欲望和兴趣成为消费者的消费原动力。人们在审美或体验的过程中,与其说是在消费商品本身,不如说是在消费商品的符号和品牌故事。在费瑟斯通的著作中提到,有关身体的产业不断更新出场,美妆、保健、服装、餐饮、医疗等行业依靠身体消费成为社会经济发展中的主力,经营者们获得了巨大利益,享受着消费主义带来的财富与机遇,这些无一不验证着身体的重要性。[①] 从物的消费到身体消费的转变,消费有了特殊的价值理念,消费不仅仅是一种经济行为,而且是一种关于身体的欲望,尤其是当下消费者对于身体消费的痴迷,加剧了人们对身体的自恋,并尽可能对身体进行塑造和开发。有学者认为消费社会中的文化就是身体文化,消费文化中的经济是身体经济,而消费社会中的美学是身体美学。[②]

三、新消费文化中的符号仿像

消费社会对消费主义的极力推崇构成了消费文化的独特景观,从进入消费社会开始,生产与消费的矛盾不再是供不应求而是供过于求,生产的物品占据了整个社会。20 世纪中期以来,全球经济发展进入相对平稳的阶段,经济的繁荣发展积累了丰裕的物质财富,而物质财富的积累促进了消费主义的形成,同时消费者对物质财富的追求同样促使经济生产的扩大化发展。鲍德里亚指出,当代资本主义的基本问题不再是"获得最大利润"与"生产的理性化"之间的矛盾,而是潜在的无限生产力与销售产品的必要性之间的矛盾。[③] 在鲍德里亚看来,消费社会中的消费需求实际上受到资本的控制,生产力的发展需要巨大利润的支持,获得利润的途径就必须且只能是消费,而扩大消费的途径就是操纵消费者的需求,刺激消费者的消费欲望,资

①　刘乃歌:《费瑟斯通后现代主义消费文化理论研究》,济南:山东大学,2016 年。

②　陶东风:《消费文化语境中的身体研究热》,《当代文坛》,2007 年第 5 期,第 4—6 页。

③　[法]鲍德里亚:《消费社会》,刘成富、全志钢译,南京:南京大学出版社,2001 年,第 61 页。

本在这样一环接一环的连接中深深隐藏于消费之下。正如上文分析的那样，消费主义的灵魂便是一切形式、一切手段的"消费"，因此，消费社会必须借助广告、电视、网络等传媒方式制造出一种消费的氛围，让消费者在潜移默化中完成消费。

　　大众媒介广阔的信息来源，无限的传播平台，促使消费文化生长和繁衍。在媒介消费主义理念的影响之下，很难有人不被卷入消费社会的浪潮中来，他们通过消费商品表达自己的喜好和意愿，显示自己的身份、地位和修养，以及独特的风格和品味，"消费者通过无可争辩的示范性的生活方式的构建，来彰显自己的特殊优越地位，来煊赫显耀自己"。① 在此基础上，符号成为人们购买商品、选择消费的主要对象。大众传播时代，符号是不可忽视的信息载体，符号能够将信息由具体转化为抽象。费瑟斯通指出，"广告就是能把罗曼蒂克、奇珍异宝、欲望、美、成功、共同体、科学进步与舒适生活等意象附着在肥皂、洗衣机、酒精饮品等各种平庸的消费品之上"。② 人们也逐渐习惯由媒介提供消费的指导，沉迷于对商品符号价值的追求，陷入虚幻的符号消费中不能自拔。

　　在消费社会中，大众传媒善于运用各方面的信息渠道，赋予商品具有吸引力的符号，不断刺激消费者的购买欲望。鲍德里亚认为消费社会中，铁路带来的信息绝对不是它运送的乘客或货物，而是一种对世界的看法或者一种全新的结合状态。与之相同的是，报纸杂志、电影电视、直播自媒体等媒介平台传递的信息也绝不只是人们看到的文字画面或者听到的语言音乐，而是消费社会中的某种观念和认知。大众传媒带给人们的也绝不只是直接能够享受到或使用到的物质性物品，而是物品的符号，而符号作为信息传递中的重要载体，被大众传媒进一步放大利用。当前消费文化与大众传媒的结合，使得符号信息无处不在，无论是电视中醒目的广告，大街上的明星海报，还是电视剧中看似无意植入的商品信息，都在向人们输

---

① Williams. Rosalind. *Dream Words: Mass Consumption in late Nineteeth Century France*. Berkeley：California University Press，1982：107.

② ［英］费瑟斯通：《消费文化与后现代主义》，刘精明译，上海：上海译文出版社，2000年，第21页。

入一种消费的信息。与其说我们是被物包围着,不如说我们是被物的符号包围着。

当我们身处符号的包围圈中时,我们对科技进步、经济发展的感知更多的是来自大众传媒,当我们对不确定的事物游移不定时,大众传媒为我们提供了一丝回答。"人们对新的产品永远充满期待,但又总是犹豫不决,在与自己积淀的历史经验与自身生存条件的碰撞中,广告、电影等媒介产品成为消费者最有说服力的引领者。"①人们相信大众传媒为我们营造的"真实",相信广告宣传的产品就是我们所必需的,因此人们依赖大众传媒,在物质产品、消费文化不断更新的社会变革中,大众传媒在某种程度上为人们提供了消费指南。大众传媒对商品符号意义的确认与放大使消费者总是能够找到自己想要的物品,并借此彰显自身的个人品位或社会阶层。因此,消费社会中人们的许多消费行为实际上已经超越了生存生活意义上的物品消费,而是更加关注符号意义上的消费。消费主义文化中物的符号价值凸显,使得符号消费成为消费主义的代名词。②

在消费社会中,所有物品最重要的价值不再是使用功能和物质属性,而是符号价值——一种由物品带来的社会声誉以及其展现的社会地位与权力。③ 人们消费的目的不再局限于满足实际用途,商品的使用价值被忽略,于是悖论出现了:商品的使用价值看似是真实存在的,但实际上已经成为仿真意义式的存在,也就是说,商品的使用价值隐退于商品的结构价值和符号价值之后,人们消费的似乎是使用价值,而追求的却是符号意义。在鲍德里亚的理论之中,消费社会将会发展成为仿真社会,当消费社会中符号交换占据主流,消费和商品的符号挂钩,而与真实的使用价值不再联系,人们的消费行为就成为仿真消费。鲍德里亚说:"仿真的意思是从此所有的符号相

---

① 邵琪:《欧美社会文化与广告的互动:从规范伦理到享乐主义》,《武汉水利电力大学学报(社会科学版)》,2000 年第 1 期,第 146—147＋152 页。

② 薛蕾、石磊:《新媒介与新消费主义的互动逻辑》,《青年记者》,2019 年第 3 期,第 27—28 页。

③ [美]道格拉斯·凯尔纳、斯蒂文·贝斯特:《后现代理论:批判性的质疑》,张志斌译,北京:中央编译出版社,2011 年,第 127 页。

互交换，但绝不和真实交换。"①当消费者购买一件香奈儿上衣，尽管它洗一次就破损了，尽管生产商家明确告诉消费者这件衣服在设计的时候就没有考虑过清洗，是一次性消耗品，但是消费者还是会购买它。显然，在这里，衣服的价值不在于它的穿着价值，而在于它有仿真意义上的使用价值——显示身份阶层的符号意义。

在《象征交换与死亡》一书中，鲍德里亚将仿像的进程分为三个阶段：仿造、生产和仿真。在仿造阶段，仿造不改变事物的原型，而是在原物的基础上进行延伸，仿造只是改变了原物的外在和形式，但并没有触及其中的结构和关系。鲍德里亚以仿大理石为例，文艺复兴后的资产阶级并没有摆脱对贵族生活方式的渴望，于是通过仿造大理石材料模仿贵族的生活。在这一阶段，符号的能指与所指开始出现分离，仿造物也具有了原物的符号才有的能指意义。在生产阶段，仿造升级为复制。仿造和生产的根本区别在于仿造——第一级的仿像是对自然的模仿，以相似性为原则，仿造品与原型之间存在着无法消除的差异；而生产——第二级仿像以等价为原则，生产是不断重复，原型和摹本之间是等价关系，遵循商品的价值规律。两者之间不存在相似性问题，因为两者之间的差异已经不存在了，如果说仿造使得模仿物与原物尚有区别的话，那么在机械复制时代，他们仅存的差异也消失了，符号的意义只存在于不同物品之间，而系列生产的物品不具备符号的区别意义。到了仿像的第三阶段——仿真，所有仿真的东西看上去和实际没有差别，而实际上却完全不同，如果说仿造和复制都以原物为基础，那么仿真就是对模仿的模仿。在这一阶段，符号脱离了最初的原型而独立存在，甚至原型也已经消失了，整个符号系统可以自主发展生成各种新的意义。在鲍德里亚看来，仿像世界中的各种模式都可以像二进制中的 0 和 1 一样，形成各种组合，因此，模式不是来源于现实，而是来源于仿像。就如同摄影师镜头下的花朵，颜色艳丽，鲜艳欲滴，甚至比真实的花朵更像一朵花，以至于人们认为这就是真实的花。

消费社会中的仿真就是在电视广告和网络信息等大众媒介的作用下，推

---

① ［法］让·鲍德里亚：《象征交换与死亡》，车槿山译，南京：译林出版社，2012 年，第4 页。

动虚拟不断趋向现实。赛博空间作为虚拟世界,却给予人真实的沉浸体验,大众媒介塑造逼真的画面使人们进入仿真的情境之中。可以说,从人们进入仿真的情境开始,也就进入了赛博空间,并享受着其中虚拟的真实。赛博空间构成了最大的仿真世界,不断制造出新的意象、符号和代码,构造出超真实,尤其是当前网络的进一步普及已经深入人们社会生活的各个角落,带给人们新的生活体验与感受,并不断对现实生活产生影响。当前,人们在消费社会和赛博空间之间不断穿梭,并被赛博空间中的种种影像和符号所包围。赛博空间为这种虚拟现实提供了生存的空间,人们的消费行为随时随地接触到的都是各种符号和影像,最终成为一种社会系统,融入人们的日常生活之中,造成了消费社会中人们对于商品符号的无节制追逐。消费社会与赛博空间的联合,使得当前消费与生产愈加分离,消费社会需要更多的仿真符号构建消费主义文化,而与此同时换来的却是真实世界的消解,这便是费瑟斯通所说的"后现代主义消费文化"。在后现代主义消费文化中,人们的需求愈加偏离生产环节而转向消费环节,人们开始追求一种享乐和体验,追求一种虚拟和象征。

当符号负荷着虚假的影像和仿真的意义,商品的固定价值缺席,"无处不在的符号和影像充斥大众的日常生活,模糊了日常生活与影像之间的差别延伸,日常生活审美由此呈现出来"。[1] 人们对物品的关注从使用价值到符号价值,从生活使用性到日常审美性,鲍德里亚关于消费社会的理论深刻揭示了消费社会中符号消费的现象,对符号的追求和迷恋导致人们跌入仿真的世界里,他以前瞻性的理论为我们打开了观察消费社会的符号学视角,并促使我们对消费文化进行现实性思考。

第二节　赛博空间中的女性身体符号

不同于现实空间具有地理和物理意义,赛博空间作为一个人为建立起来的虚拟空间,通过数字技术对时间和空间重新分配和调整,进行扩大、延

---

① 黄瑞钰、刘雪松:《媒介嬗变视域下的日常审美化美学研究》,《湖南广播电视大学学报》,2020 年第 1 期,第 25—29 页。

伸、错位、移置。有学者认为赛博空间开创的是一个新的后地理学和后历史学时代。[①] 言下之意为当人们进入赛博空间之中，身体可以实现物理现实和社会意义上的跨越，甚至超越历史。在身体的旅行中，我们已经看到人类的生存空间总是在不断被开拓、延伸，从古希腊到现代文明，我们对空间的认识和思考一直未曾停歇。然而当下我们却可以说任何一种空间都没有赛博空间的扩张性来得彻底和完全。[②] "电子的虚拟空间自被人们认识起就一直在膨胀，就像真实的宇宙的膨胀一样。"[③] 人们无法感知赛博空间的边界，也无法知晓其存储的容量，它既完全融入人类群体生存的环境之中，又神龙见首不见尾似地隐匿于无边无际的辽阔疆域。人们只能通过使用感受它的存在，通过行为感受它的广阔，通过对话感受它的流动。赛博空间之所以具有强烈的扩张性，在于赛博空间中的点与点、点与面存在着开放共享与无限延伸的特性，致使网络不断扩张，每时每刻新加入的点重新组合，重新扩张……成为一个流动不止的光滑空间。身体作为时间和空间的感知对象，在赛博空间之中获得了全新的体验。

一、光滑流动的赛博空间与身体

"光滑空间"这个概念出自德勒兹与瓜塔里合著的《千高原》一书，他们提出的一系列概念如"千高原""块茎""平滑空间""树""须根""游牧美学"等引起了人们对赛博空间存在特性的隐喻思考。麦永雄认为"千高原""既可指高原，也可指平原，有参差不齐、气象万千之意趣"。[④] 在德勒兹和瓜塔里的论述中，"千高原"呈现为时空错乱的、毫无顺序可循的光滑空间，"空间混杂着光滑与条纹的力量，涵盖政治、历史、文化、艺术、传媒诸多领域，可以根据光滑和条纹的程度加以测度，这是一种地理哲学意义上的游牧美学的特殊表达。光滑空间意味着无中心化的组织结构，无高潮，无终点，处于变化

---

① 耿芳兵：《赛博空间游弋：人如何自由存在》，《学理论》，2016 年第 3 期，第 74—76 页。
② 耿芳兵：《赛博空间游弋：人如何自由存在》，《学理论》，2016 年第 3 期，第 74—76 页。
③ 曹田泉：《从对话方式看数字艺术的本性》，《艺术百家》，2006 年第 7 期，第 177—179＋184 页。
④ 麦永雄：《千高原》，《国外理论动态》，2006 年第 1 期，第 58—59 页。

和生成状态。块茎、火、中亚游牧族的大平原、沙漠、大海、极地冰雪、空气、风景、思想、音乐等，皆属光滑空间；传媒、娱乐工业、资本主义皆可创造新的光滑空间。光滑空间没有长期记忆，没有宏大理论和堂皇叙事，只有微观历史学、微观社会学"。① 光滑空间广阔无垠、无边界，亦无等级分明的制度，与之相对应的条纹空间则是制度化、封闭化、等级化的，人类社会的不断发展，政治、经济、文化等各个领域对空间进行命名、切割和占有，致使人类生活在条纹空间之中，但社会发展的同时也孕育着新的光滑空间。

德勒兹从光滑空间和条纹空间的概念出发指出光滑空间可以穿越条纹空间，光滑空间不断生成延展，条纹空间不断切割穿越，两者不是二元对立的存在，而是可以交融并存的："光滑空间不断转化为条纹空间，条纹空间不断地修正、返回光滑空间。"②光滑空间之所以广阔无垠是因为它通过块茎的链接实现无限延伸。在《千高原》的序言中，德勒兹和瓜塔里指出，"一个块茎无始无终，它总是在中间，在事物中间，是间存在者、间奏曲。树是亲缘关系，但块茎是联盟，独一无二的联盟。树强烈推行动词'to be'，但块茎的架构是连接：'and … and … and'"。③ 他们认为，树根是立足于一处的固定点，而块茎是连接网络，是空间与空间的"间存在"，它无限绵延、"流"向无尽。块茎的这种无限链接性决定了它的特性是开放的、多向的、无中心的和不规则的。"流动"的光滑空间本身强调的就是一种没有边界、空间与空间相连接、不受约束、放任开放且绵延不尽的空间。

德勒兹认为赛博空间属于一种"光滑空间"，任何事物都处于赛博空间中都可以进行光滑流动。赛博空间作为一种网络虚拟空间，"是一种社会文化的'千高原'"，④赛博空间为不同思想交流提供了多元化平台，其中既有

① 转引自麦永雄：《光滑空间与块茎思维：德勒兹的数字媒介诗学》，《文艺研究》，2007年第12期，第75—84＋183—184页。

② Deleuze, Guattari. *A Thousand Plateaus: Capitalism and Schizophrenia*. London：University of Minnesota Press，2000：474－475.

③ 王虹：《生成、流动、平滑空间：皮娜·鲍什舞蹈剧场的"游牧艺术"》，《西南民族大学学报（人文社会科学版）》，2012年第10期，第28—32页。

④ 麦永雄：《光滑空间与块茎思维：德勒兹的数字媒介诗学》，《文艺研究》，2007年第12期，第75—84＋183—184页。

条纹空间，也有光滑空间，但更多的是光滑空间、游牧空间。"由数字媒介建构的赛博空间主要是一种光滑空间，其中充盈着自由流变的游牧美学旨趣。"①赛博空间中没有边际与分野，它以网络技术为基础链接一个个个体的私密空间，如同块茎链接树的须根与须根，各种网站、网游、微博等割据赛博空间中的领域形成条纹空间，但是由于赛博空间的超链接性、多方互联性打破了这些条纹空间的绝对壁垒，在链接中打开的新窗口破除了封闭的空间状态，使主体能够在赛博空间中自由遨游，如同在光滑空间中的平原、沙漠、大海中任意流动，绵延不绝，趋向无尽，类似于陆机笔下的"精骛八极，心游万仞"。

　　赛博空间通过数字技术把人带入其中，给主体以跨越鸿沟的"光滑流动"体验。吕鐥比喻道："鼠标的点击犹如块茎的裂变，从分叉的基质向四面八方衍生，激活多元差异的共生图式，加速符号体系和信息的内爆。"②其中，"游牧主体通过变异、拓展、征服、捕获、分衍而在赛博空间中将视觉想象与触觉身体链接在一起。这种连接使得主体在赛博空间中自我构建一个机能化的主体。而界面对身体的掩护或美化显形又使身体被电子器官化，从而消除现实社会赋予的身份区别和行动限制。在类似万花筒的虚拟漫游中，身份、年龄、性别、种族、主体意识多层次互动不断被有意拼贴或戏仿。更重要的是，赛博空间的块茎模式不但让不同领域的主体越界相遇对话交流，而且使更多相同观点或类似体验的人更有机会聚合在一起以促成现实的改变（新的创意、思想或政治意见）"。③

　　在块茎的链接作用下，主体的身体在赛博空间中处于一种漂浮和流动的状态，并难以拥有一个确定且固定的身份。恰如刘慈欣在《三体》中的主人公汪淼穿着VR装备进入游戏中的"三体世界"时不仅能够切身体验到寒冷、炎热、大风等气候，而且可以切换不同场景，通过游戏中的时间流链接两个不同的空间，主人公也可以切换用户名重新开始。其中，时间流就是链接

---

① 麦永雄：《光滑空间与块茎思维：德勒兹的数字媒介诗学》，《文艺研究》，2007年第12期，第75—84＋183—184页。

② 吕鐥：《论视觉审美中的物性化体验》，南京：南京大学，2013年。

③ 吕鐥：《论视觉审美中的物性化体验》，南京：南京大学，2013年。

一切的块茎。郭子淳认为,如果群体(多个个体)共同进入赛博空间,会产生两种结果,一种是群体的"合化",每个个体都将各自的视域呈现给彼此,实现平滑流动,实现"星群"般的聚集和交融;另一种是群体的"层化",意味着每个个体在赛博空间之中看到的都不一样。① 由于赛博空间的超越时空性,所有的空间都会被切割成多个个体空间。也就是说,个体空间中主体的自由行动不会受到来自他者空间的制约,个体的身体可以在赛博空间中实现光滑流动。

然而,身体作为时间和空间的"基准",在赛博空间中似乎处于缺席的状态,赛博空间的这种平滑流动和对时空的超越,带给主体的影响是深远的。身体实体置身于赛博空间之外,具有隐秘性,代替身体出现在赛博空间中的却是符号。准确来说,赛博空间中平滑流动的身体是"视觉体验和触觉连接"②的符号身体。尽管我们都知道,出现在赛博空间中的参与社交互动的"身体"并非现实中的人,而只是跳动的字节和符号,而控制符号的却又是处于现实社会中的人,两者的具身性和离身性构成了一种复杂的关系,同样符号的形象与现实社会中人的形象更是存在着千丝万缕的联系……这种复杂关系使身体以符号形式出现在赛博空间中,两者不可分割却又相对独立。符号身体处于赛博空间的无限广大之中,具有虚拟性,但同时属于现实身体的一部分,受到现实身体的约束与管理。相对现实身体的客观性和实在性,赛博空间中的符号身体获得了更大程度上的自由与解放。

首先,符号身体消解了现实身体的差异性。所有进入赛博空间中的个体以符号和代码的形式出现,参与者身上的所有特性,无论是先天的性别年龄,抑或是后天的职业特长等全部凝缩在无差别的符号之中。赛博空间中符号的形成不需要特殊门槛,因此也无从判断参与者的社会身份和地位。于是,每个赛博空间的参与者都拥有同样的"门票",在浩瀚无垠的空间中,每个个体的个性都消失殆尽,除了作为具体的符号存在区分度之外,其他并

① 郭子淳:《赛博空间与人的存在转向:"比特视域"的提出、议题与反思》,《现代传播(中国传媒大学学报)》,2019年第3期,第160—164+168页。
② 屈勇:《去角色互动:赛博空间中陌生人互动的研究》,南京:南京大学,2011年。

无差别。就像我们在完全不了解某种文字时看到的两个符号，从形式上看，它们的书写或许不同，但从内容上看，我们却一无所知，不明所含何义。在赛博空间中的每个个体都如同这样的陌生符号，除了把一个个个体区分开来之外，其凝缩的诸多意义完全被消解掉了。

其次，符号身体不仅消除了现实身体自然方面的差异性，而且消除了附着在现实身体之上社会属性的差异性。现实身体在符号化之后不再具有区别意义，进入赛博空间之后，他们身上的社会属性也一并消失了。我们都知道在我们的日常生活中，总是不可避免地存在着社会等级性，例如一家公司有股东、董事、主管、经理和基层员工，每个人各司其职，发挥着重要作用，但是基层员工应服从公司的管理规定，服从上级领导的任务安排，这是无可厚非的事情。所以在社会空间中的个体之间存在着一定的差异性，然而在赛博空间中，我们会发现自己在现实生活中服从或遵守的规定消失了。当然，在赛博空间中的一些领域，如王者荣耀游戏中会把玩家的等级设置为青铜、白银、黄金、铂金、钻石、星耀、最强王者等，但是这一等级设置并不具备约束力，青铜玩家不必为王者玩家服务，王者玩家也并不能限制青铜玩家的游戏行为。

最后，符号身体在赛博空间中为现实身体带来了活动的安全感。主体在赛博空间进行活动和互动的过程中，出现在这里的每个区域中的主体其实是身体的符号，从而使得在现实生活中需要身体出场的活动变成了符号的狂欢。现实生活中主体身体的需要是多种的，衣食住行等无不是主体生存的需要，即使在这样的情况下，主体仍然可能面临着生病、衰老、饥饿、寒冷、伤残等情况。然而在赛博空间中，由于身体与符号分离，身体无须承担种种风险，在这种交往和互动中，符号的身体获得了安全可靠性。这在一定程度上减缓了主体在赛博空间中的心理压力和对陌生场域的恐慌。

赛博空间给予符号身体无限自由，身处其中能够感受到赛博空间的无限开放与无限链接，这种光滑流动的体验对于现实身体来说是确乎存在的。现实身体享受着符号身体带来的平等性和安全性，但与此同时，现实身体的意志对符号身体的流动范围具有一定影响，其主观意识、个人兴趣指引着符号身体的活动轨迹，因此符号身体与现实身体具有了统一性和不可分割性，符号身体在赛博空间中的体验或多或少打上了现实身体的烙印，那么女性身体在消费社会中的规训和被消费的状态在赛博空间中是否继续延续呢？

二、赛博空间中的女性身体符号

出现在赛博空间中的身体无法像现实身体那样具有实体，使声音、容貌、谈吐、学识凝聚于一身，在现实空间中，身体作为一个整体出现在面对面的交往之中，从而可以利用大量的身体语言进行交流和互动，而在赛博空间的人际互动中，现实环境下身体在场的全方位交往，被简化成为一种文字的、图像的、声音的数字化交往。身体被分割为一个又一个的零件在赛博空间中进行活动，这些"零件"可以作为独立的符号进行自由选择与组合，主体可以在赛博空间中的不同领域组合成不同的"身体"。这种被建构起来的符号身体，主体拥有绝对的控制权。尤其是在新消费主义影响下，网络媒介的发达，媒体的宣传引导，信息交流方式的加快变革使得赛博空间成为一个开放且庞大的社会，人类被连接在一起，构建起"命运共同体"。大众利用赛博空间的特性进行自我塑造，女性的身体意识在此环境下逐渐觉醒，比如在网络直播、短视频录制、自拍照片中，女性凭借独具特色的身体景观吸引目光，成为"网红"。互联网技术的进步使得女性身体得到充分展示，女性也积极进行自我身体美化实践。在她们展示身体的过程中，身体的符号价值被无限放大，呈现出公共化、碎片化、审美化和想象化的特征。

（一）公共化的女性身体

人类生存的社会空间可以被分为公共空间和私人空间，相应地，身体可以分为公共身体和私有身体。在传统文化与文明之中，私有身体存在于私人空间之中，其活动范围有限，身体整体上处于一种静止的状态。男性对女性身体的观看则带有窥探的性质。而进入消费社会，身体活动的空间不断扩大，私有身体进入公共空间中，成为可以展示的对象，但此时公共化的身体并不具有全民性。延伸至赛博空间中，身体的公共化程度进一步加深，身体获得了流动体验，任何女性都可以将现实身体上传到网络空间中传播，并渴望取得他人的关注和赞美。

女性身体在消费社会中成为被消费的对象和被规训的符号，这一行为延伸到赛博空间之中，且有愈演愈烈的趋势。每个人都可以展示自己的身体，每个人都可以观看他人的身体。微博中随处可见的九宫格自拍、网红的妆容衣着、明星的精修照片日益成为网民们津津乐道的话题。赛博空间赋予空间光滑流动性，只要个人愿意，身体符号便可以在其中肆意传播。网络将个人身体公开化，将身体展示的个人意愿合法化，将公共道德与个人隐私界限模糊化。在这种身体展示中，窥探个人性变成了一种合理的公共性欣赏，女性把网络空间作为可以自由展示身体的舞台，成为个人性的自主权力和主动行为，身体的私密性被逐渐消解。

(二) 碎片化的女性身体

赛博空间的物质化载体——数字化设备以越来越微小的方式进入人们生活的方方面面，从最初的巨型计算机，到后来的台式电脑再到现在的轻薄笔记本、平板电脑、智能手机、可穿戴电子设备等，都在致力于微小化。硬件设备的微小化目的是为了方便携带，随时随地都可以打开设备进入赛博空间之中，2019 年电影《唐人街探案 2》中的女黑客 KIKO 即使被关进了纽约监狱依然能够通过身上佩戴的项链、手镯（实际上是电子设备）临时组装成一个超微型电脑，甚至有虚拟键盘和投影功能。电子设备的微小化反映了赛博空间对现实空间的入侵和切割，以零碎的时间为切入口，在地铁排队、工作间歇等各种场合带领主体进入赛博空间的微博、微信、微电影、微阅读之中，从而把现实空间中的个体分隔开来，每个人都沉浸在相对独立的空间场域之中。由于赛博空间中时空的碎片化，身体在进入赛博空间之时，也不得不被拆解为多个符号。当人们在现实空间中生存和活动时，身体总是作为一个整体出现，每个个体的声音、面貌、品味、风格等身体的组成部分是浑然一体的，而赛博空间中的身体却是通过各种声音、图像拼凑在一起形成的，这给予了女性身体极大的自由空间。这主要表现在赛博空间的虚拟生存中，女性身体可以随意变换，可以扮演任何角色，可以以完全不同于现实身体的面貌出现。

经过技术的重新选择、组合与拼装，女性身体的"美"得到了充分展示——化妆品突出无暇的面部,服装展示诱人的身躯,哪怕是洗洁精类日用品都要突出白皙修长的手指……以此引导消费者进行消费。在这些商品广告中,女性身体重点突出销售卖点,放大身体的某一部分。当女性在突出身体一部分之时,碎片化的身体就诞生了。而在赛博空间之中,身体的碎片化更为彻底。数字技术对身体的变化和改换实际上正是对自然身体完整性的解构,相对于完整的身体,经过拼装的碎片化身体可能更加完美,美图秀秀、PS、faceu 激萌相机、美颜相机、轻颜相机等各种修图美颜工具使得女性身体距离现实身体越来越远,女性身体被重新组合,仅仅是关于面部美颜的程序就有磨皮、美白、瘦脸、大眼、瘦鼻、小脸、窄脸、瘦颧骨、瘦下颌骨、缩下巴、去法令纹、填充发际线、开眼角、亮眼、去黑眼圈、长鼻、缩人中、变嘴型、白牙等,同时具有补妆效果,种种程序将女性的面部进行拆分修整后重组,拥有完美五官和窈窕身材的“标准型”美女形象被大量制造出来,如同流水线上加工产品那般拍出的照片被网友们戏称为“照骗”。女性身体走向碎片化意味着与真实身体渐行渐远,渐失身体本质而流于符号,最终被拼凑成虚拟的、想象的身体。

碎片化的女性身体意味着不确定与不稳定,2019 年底抖音上流行过一条短视频,其大概内容为一女性把朋友圈设置为三天可见,理由是担心别人发现今天的自拍和昨天的自拍不是同一个人。这一现象恰恰说明经过碎片化的身体不是唯一的,由于这样的身体建立在技术的基础上,呈现为仿真的虚拟身体而失去了固定性,这与新消费主义的理念不谋而合——个体对自身身体形象拥有主动权,可以随着审美趋势不断变化和更新。

(三) 审美化的女性身体

公共化的身体给予女性展示自身身体美的空间,而碎片化的身体给女性提供美化身体的机会,赛博空间中的身体可以依据主体想象重塑自身。现实空间的身体是固定的且是唯一的,而赛博空间中重塑的身体却是不固定的,这导致现实身体在赛博空间中拥有许多“变身”,从某种程度上说明了赛博空间中对于多样性存在的宽容度。赛博空间中缺少现实社会环境中的种种约束力,对于身处其中的主体来说他们更加追求的是一种个人层面的感性愉悦。越来越多"网红脸"出现在人们的视线之中，她们追求大大的眼睛、白皙的皮肤、修长的双腿，这种美化的身体深深地打上了消费文化的烙印，带给人们视觉上的审美观感和消费体验。消费社会的女性身体就是被包装的审美化身体，赛博空间放大了这种审美的身体，同时将审美的标准传递到每一位女性手上。女性选择与审美化身体趋同，通过碎片化的身体拼凑成符号的身体，把符号的身体当作现实的身体。

赫伯特·马尔库塞说："审美之维作为一种对自由社会的量度。一个不再以市场为中介，不再建立在竞争的剥削或恐惧的基础上的人际关系的天地，需要一种感性，这种感性摆脱了不自由社会的压抑性满足，这种感性受制于只有审美想象力才能构织出的现实所拥有的方式和形式。"①人们之所以能够在现实身体不进入赛博空间的条件下，还能沉浸其中的一个重要原因，就是希望能够得到一个完全属于自己的私人领域和一段不受现实力量束缚的轻松时光，沉浸在其中的个体既得不到物质上的馈赠也得不到身体上的满足和享受，但是能得到一种释放感性与自由的体验。

在赛博空间中，碎片化的身体最终带来的是十分直观的欢愉和快感，在这里，主体可以尽情选择自己认为是美的东西进行欣赏或者把玩，可以抛弃那些现实中无法摆脱或不可抗的因素而挑选令自己愉悦的符号。这类似于巴赫金所说的"狂欢"，在这种狂欢式的生活和交往中，不仅给予主体追求全新体验与愉悦的可能性，而且对于主体来说获得了一种自我重塑的机会。由狂欢构成的审美化存在以感性为基础，以感官的审美感受为旨归，正如黄少华所说："感性的经验让人在网络空间的存在富有美感，成为生动和欢乐的存在。"②

（四）想象性的女性身体

由于赛博空间中身体的碎片化性质，人们在其中活动和交际时不得不

---

① ［德］赫伯特·马尔库塞：《审美之维》，李小兵译，桂林：广西师范大学出版社，2001年，第101页。

② 黄少华、陈文江：《重塑自我的游戏：网络空间中的人际交往》，兰州：兰州大学出版社，2002年，第100页。

对对方的身体进行"格式塔"式的完型。现实世界中,身体完整地出现在社会交际的场合中,身体的出场是毫无悬念的,无论是一举一动还是一言一行都是直观且直接的。但是一个碎片化的身体,就像断臂的维纳斯,需要想象去完成对身体的理解。由于没有现实的物理身体作为依托,身份可以隐藏,可以伪装,个体可以摆脱现实世界中的真实身份和身体特征,从而在网络空间中重新塑造一个全新的自我。对于赛博空间中的个体来说,这种重新塑造自我的活动意味着赛博空间中的人们可以更加自由灵活地表现自身和重塑自身,而这一行为活动最关键的地方就在于主体对自我的想象性认同。因此也可以说,赛博空间所塑造的是一个想象性空间,人们塑造的符号身体是一个想象性身体。

这种对自我身体理想化的塑造离不开消费文化对身体产生的压力,正如周宪所言,自然的身体是现实的自我,而社会的身体则是理想的自我,两者之间的距离形成了一种身体的张力。当两者距离很近时,主体的心理趋于平衡,如果两者距离逐渐扩大,就会引起主体心理的焦虑。尤其是当身体有"畸形"或"缺陷"时,两者之间的张力就达到了最大,主体就会出现对身体以及自我的认同危机。[①] 女性通过美颜软件、修图软件重塑身体,实则蕴含了女性对自身身体的美化想象和认同。同时,对于赛博空间中的群体来说,对他者身体的想象也是必不可少的。赛博空间中产生互动和交流的主体之间在现实世界中往往处于彼此分离、互不相识的情境,而在赛博空间中发生关联和互动的过程中难免会对对方的容貌、声音进行想象。可以说,人们在赛博空间中的 ID、头像等身份凭证,实际上只是一个虚拟的符号,凝缩了整个主体的身体,同时通过这个符号可以想象 ID 账号和头像背后的实际存在。因此在赛博空间中,主体以想象而存在,凭想象而交流和互动。消费文化与赛博空间的结合,促使身体的神话成为可以在想象中实现的目标。

由于赛博空间与现实空间的链接与融合,人们在赛博空间对自身身体形象的建构便打上了消费文化的烙印,增添了想象的色彩。赛博空间中符号化的身体大多呈现为理想的身体,女性身体经过改造美化后以完美无瑕

---

① 周宪:《视觉文化的转向》,北京:北京大学出版社,2008 年,第 330 页。

的形态构成了符号身体的景观。赛博空间给予女性身体脱离现实身体的空间，使身体最终呈现为公共化、碎片化、审美化和想象性的身体。然而，赛博空间始终不能脱离现实空间而独立存在，对于女性来说，完美的身体具有致命的诱惑力，这决定了女性对身体理想化的幻想不可能只停留于赛博空间，尤其是在消费社会中，时尚产业、医疗技术为女性身体的包装和改造提供了无限可能，女性对完美身体的渴望有了现实的希望，由此身体开始了消费的符号之旅。

三、后现代消费社会中的女性身体符号实践

赛博空间与消费社会构成了一个"美丽"的包围圈，消费社会对女性身体的驯化使得女性加快了自身身体审美意识的觉醒，把对身体的美化状态投射在赛博空间之中，而赛博空间进一步强化这种审美意识，反过来促成女性身体在消费社会中的身体实践。如果说赛博空间中的女性身体符号化是纯粹的、彻底的，停留在符号的意义层面，那么在消费社会，女性身体不仅成为一种符号神话，而且也在不断完成身体符号消费。尤其是在新消费主义时代，身体对商品符号具有绝对占有性。在消费社会中，身体承载的符号意义大多是通过消费行为实现的，马腾腾在《消费语境下的身体符号研究》一文中指出，在消费社会，身体已经突破了单纯作为躯体、肉体的局限，成为文化、权利、身份、意识形态和种族等的象征，从而具有了符号意义。[①] 人们围绕自身进行消费，把身体与物品相连，身体变成符号化的消费品。基于身体符号的生成逻辑，消费社会中的女性身体消费实践分为差异性符号消费和抽象化符号消费两种类型。

(一) 差异性符号消费

西方哲学史上关于身体的讨论历史悠久，从贬低身体崇尚灵魂的苏格拉底和柏拉图到文艺复兴时期身体获得解放，再到尼采对身体的高度推崇，身体逐渐从幕后走向台前，受到越来越多的关注。尼采之后的胡塞尔、萨

---

① 马腾腾：《消费语境下的身体符号研究》，济南：山东大学，2016 年。

特,尤其是梅洛·庞蒂,他们对身体与灵魂的二元结构进行彻底的解构,梅洛·庞蒂认为身体之中亦有意识,并不仅仅是"血肉"之躯。到了罗兰·巴特、福柯和德里达这里,身体已经成为超越意识的存在,身体是欲望的载体,被投入更多关注。作为一系列社会文化聚合物的身体在进入消费社会后被赋予了新的符号意义和内涵。消费社会得以形成离不开生产过剩这一直接原因,表现为当今社会商品丰富到令人眼花缭乱,我们的生活被商品紧紧包围。当商品种类过多时,其功能意义由于同一性被掩盖而符号意义作为差异性得到显现。罗兰·巴特在《符号学原理》中对符号的"能指"和"所指"进行区分和阐释,身体作为"能指"的是其物质存在,其"所指"就在于身份地位与阶层等的社会学意义。

　　符号之所以有意义最重要的原因是它的差异性,从而与其他符号区分开来,并在社会上形成了约定俗成的意义。同样,身体消费的符号意义是通过差异性显现的。商品符号的差异性构成了商品符号意义的来源,而对于符号意义的追求则显示了人的层级划分和身份区别。鲍德里亚指出,只有当物成为差异性的符号,我们才能够谈论消费。也就是说,身体消费所具有的差异性体现了其作为符号的区分功能,人们对于身体的塑造和装饰选择差异化消费,其实质在于对自身身份的确证与认同。差异性消费构成了消费社会中身体符号的生成逻辑,其本质在于使一个阶层与其他阶层、一个个体与其他个体区分开来。当消费者跨越自身的消费能力承受边界时,实际上包含了对更高层级符号的追求,这种符号的跨越性是身体消费作为符号所独有的。商品作为符号具有固定的符号意义,蕴含着特定的品牌价值,而身体消费符号则往往暗含着对自身身体符号的超越。同时,新消费主义鼓励个性化消费,消费者基于自身的消费逻辑与消费方式选择差异性的商品符号,实际上正是以消费来完成对自身身份的建构。

　　现代社会有更多女性从家庭走入职场,于她们而言,职业身份比家庭身份更能够彰显自我,凸显价值。中国传统社会中"男主外,女主内"的现象从进入21世纪以来不断被打破,当前女性普遍接受教育,获得平等的社会权利,相对于男性,女性更渴望得到社会的认同和认可,因此当她们走入职场也就意味着必须花更多的时间和精力建构自己的社会形象。吉登斯在《现代性与自我认同》一书中指出："在今天,穿着和社会认同并没有完全分离,并且穿着仍然是性别、阶级地位和职业身份的符号工具。"①女性对身体的塑造或改善展现了她们自身的阶层、品位与风格,在身体消费的同时将商品符号化为自身的象征。职场丽人们更愿意花费时间和金钱在身体装扮上,齐美尔说："当女性表现自我、追求个性的满足在别的领域中无法实现时,时尚好像是阀门,为女性找到了这种满足的出口。"②在齐美尔看来,女性更容易在时尚领域找到自己的地位,树立自我形象,建构身份认同。在新消费主义下,个性化消费理念促使身体消费凸显,消费成为人们追求自身价值和身份认同的缩影。

鲍德里亚认为,消费社会差异性符号消费中"差异并不是真正的差异,它们没有给一个人贴上独特的标签,相反它们只是标明了他对某种编码的服从、他对某种变幻价值等级的归并"。③ 商品符号在消费社会中构成一整套符号体系和意义链,只要我们消费了具有某种特定意义的商品,那么我们便拥有了它带来的价值,而这正是消费的吸引力所在。尤其是在互联网新媒介中,女性身体在赛博空间中面临多样化的选择和个性化消费的理念,女性越来越注重通过身体消费建构自己的身体符号,尤其是身体产业的繁荣给她们提供了许多选择的可能性,在选择的过程中,自身的风格个性、性别年龄、社会地位等被建构起来,完成了身体消费的符号化。

(二) 抽象化符号消费

除了差异性消费逻辑,在消费社会中实际上还存在着另一种符号生成方式——对抽象化符号的追逐。消费社会就是一个把抽象符号具体化的过程,成功、富有、美丽、贫穷、丑陋这些抽象的字眼,在消费社会中都可以通过具体的物品得到展示,当我们看到一个身穿 Prada 套装的女性,我们知道她

---

① ［英］安东尼·吉登斯：《现代性与自我认同》,赵旭东、方文译,北京：三联书店,1998 年。

② ［美］瑞文·康奈尔：《男性气质》,柳莉等译,北京：社会科学文献出版社,2003 年。

③ ［法］鲍德里亚：《消费社会》,刘成富、全志刚译,南京：南京大学出版社,2000 年,第84 页。

是时尚的,当我们看到一个开着劳斯莱斯的男人,我们知道他是富有的。消费社会中的身体在拥有具体商品的同时也占有了其背后的抽象符号。鲍德里亚认为在消费社会"要想成为消费对象,物品必须符号化",①其潜台词在于说明物品想要获得消费价值,就必须先取得符号意义,符号意义才是消费的目的所在。在消费社会中,身体"所指"的意义在某种程度上正是通过商品符号性的转渡而得以获取,消费者在消费商品的同时占有了该商品的符号意义,商品所具有的符号性转移到消费者身上而成为标志消费者社会地位或身份的符号。

进入 20 世纪后,身体美学成为美学研究的重要领域之一。身体美学是从美学的角度对身体进行观照,探讨身体价值与美学意义,然而消费时代中身体审美的方向却在悄然发生变化,身体从审美对象成为消费对象。从鲍德里亚说出"美丽之于女性,已经变成了宗教性的绝对命令"②开始,女性身体成为最值得关注的美丽符号。费瑟斯通在《消费文化中的身体》一文中指出,人们对身体的消费包含内在和外在两个层面,前者是指人们对身体健康状况和内在功能的关注,后者则是对自我形象的保持、社会对身体的组织监督以及对身体的审美等层面。③此处,我们主要探讨的是身体外在层面的消费,更多的是对于外貌、身形等直观感官体验的身体消费,这本质上是由消费社会的特点决定的。贝尔在《资本主义文化矛盾》一书中指出,当代文化正在变成一种视觉文化,而不是一种印刷文化,这是千真万确的事实。④ 女性身体消费更多的是通过外在的化妆、服饰等装饰自己的身体,相对于内在,外在的物品似乎更能够凸显自身身体的意义。因此,美丽符号成为女性身体符号最重要的实践目的。

女性身体作为消费社会重点关注的对象,其身体美的建构也成为大众

①［法］鲍德里亚:《物体系》,林志明译,上海:上海人民出版社,2006 年,第 4 页。

②［法］鲍德里亚:《消费社会》,刘成富、全志钢译,南京:南京大学出版社,2001 年,第102 页。

③ 汪民安、陈永国:《后身体:文化、权力和生命政治学》,长春:吉林人民出版社,2003 年。

④［美］丹尼尔·贝尔:《资本主义文化矛盾》,赵一凡等译,北京:三联书店,1989 年,第 156 页。

媒介一直追逐的审美活动。同时，女性身体在消费社会中被赋予了如此之大的消费空间，对服装、香水、化妆品、美食、汽车的消费归根结底是对身体的消费，而更为深刻的层面是对自身身体的改造和修复式消费，比如美容、整形、塑身等。由此，根据身体消费形式的程度可以把女性身体消费分为两种形式。一是装饰性消费。装饰性身体消费实际上是比较容易实现和达到的改造身体的方式，通过服饰的搭配与装点，对身材进行"扬长避短"的调整，从而达到完善身形的效果。韩国著名的美妆博主 pony 拥有数百万粉丝，她的妆容教程常常有百万点赞量，经她推荐的化妆品常常卖断货，充分说明女性化妆已经成为家常便饭。二是再造性身体消费。对于女性来说，美丽就是一个永无止境的目标，身体消费产业不断以潜移默化的方式告诉女性：美丽与年轻就是女性的资本，而这些是可以通过外界干预实现的。事实上的确如此，广告通过持续不断的影响，使女性能够不断进行身体消费，假如化妆品不能够实现美丽的效果，又会有谁去购买呢？各式各样的医美手段，如美白、祛斑、文眉、矫正牙齿、丰胸、削骨、取肋骨、隆鼻、垫下巴等，令人应接不暇，无一不在告诉女性身体可以通过消费变得更加美丽。

鲍德里亚说："在消费的全套装备中，有一种比其他一切都更美丽、更珍贵、更光彩夺目的物品——它比负载了全部内涵的汽车还要负载了更沉重的内涵。这便是身体。"[①]当下，围绕身体的消费已经成为消费产业中的一支重要力量，不但传统的服装、化妆品行业在追逐时尚的潮流中焕发出新生机，而且随着医学技术的进步，整容整形等新兴产业也成为身体消费的新领域。当前，女性身体消费已经成为当代经济发展中的一个快速增长点，以2019 年天猫美妆店铺的粉丝数量作为参考依据，高端化妆品店铺如 Estee Lauder(雅诗兰黛)官方旗舰店粉丝数为 1 106 万人，MAC(魅可)官方旗舰店为 1 061 万人，其他彩妆如欧莱雅官方旗舰店为 907 万人，美宝莲旗舰店为 803 万人，国内近年来彩妆品牌店铺如稚优泉化妆品旗舰店、perfectdiary(完美日记)旗舰店、玛丽黛佳旗舰店，它们的粉丝数也都在 500 万人以上，

① ［法］鲍德里亚：《消费社会》，刘成富、全志钢译，南京：南京大学出版社，2001 年，第 98—99 页。

而店铺中的大多数商品月销售额动辄 10 多万元。女性身体消费已经成为当代女性生活的一项必要支出，从身材、五官到毛发、指甲，越来越精细的消费塑造着女性身体。

无论是装饰性消费还是再造性消费，女性身体的消费实践实际上已经超出了自我认同和身份建构的范畴，走向了消费的狂欢和对美丽符号的无限追逐。"当身体成为社会方方面面的承载物，一场属于消费社会中的身体狂欢也便开始了。"①当代社会中女性身体消费的事实告诉我们：时尚、服装、美容、化妆、瘦身等身体消费产业的目光大都集中在女性身上，各式各样的商业广告不断重复着美丽、性感、苗条、青春等这些与女性身体相关的字眼。无论是身体消费产业还是其他产业，从护肤品、化妆品、日化用品到地产销售、汽车广告、家具厨具等都更青睐美丽女性做代言人。这些广告引导女性应该成为什么样的女性，它们不断传递着一种信息：似乎这些代言人的美丽与魅力是因为她们拥有了该商品，于是商品成为消费者变得美丽的桥梁。汪怀君说"美丽仿佛是女性的神话"，②拥有美丽意味着一帆风顺，光鲜亮丽，成功与富有，而丧失了美丽则意味着处处碰壁，黯然失色，失败与贫穷。美丽原本作为抽象词语，在女性身体符号化的过程中却拥有了直观的表象。根据鲍德里亚的观点，"美貌不是自然效果，也不是道德品质的附加部分，而是像保养灵魂一样保养面部和萧条的女人的最基本的、命令性的身份"。③ 女性与美丽的不解之缘促使女性对自我身体进行不断完善，时尚媒介的更新速度和潮流趋势让女性不断为美丽买单。

女性在竞相追逐美丽符号的同时自身也成为关于美的符号。女性身体消费本身构成了符号化的过程，她们成为美丽的象征和时尚的标签，使自身身体不断契合社会的审美维度。在时尚广告中可以看到大量美女形象，她

① 李菊霞、王埃宪：《法兰克福学派对过度消费的文化反思》，《兰州学刊》，2013 年第 2 期，第 183 页。

② 汪怀君：《符号消费视域内的女性"身体消费"》，《北方论丛》，2013 年第 5 期，第 134—138 页。

③ ［法］鲍德里亚：《消费社会》，刘成富、全志钢译，南京：南京大学出版社，2001 年，第 1 页。

们皮肤白皙、身形窈窕、清纯活泼，无疑代表了这个时代与社会的审美主流。在经济社会领域，金钱如同权力一般能够对身体产生某种规训，"交换原则使身体被视为换取生存的资本和资源，身体被当作交换的筹码甚至是最佳的交换品，身体完成了自身资本化的转型过程"。[①] 广告、秀场、T台、车展、街拍等越来越多的场合需要女性身体的展示，网络直播、短视频、社交平台中女性身体的大量出现，促使女性身体成为商品化了的符号。与此同时，裸露的女性身体一度成为色情的代码，成为男性观众眼中最具诱惑力的符号。因此，我们不禁要担心的是：看似女性对自己身体形象的完善是出于主动选择，但实际上还是无法完全逃脱男权社会的观看尺度。消费社会对女性身体的高度关注，私人身体进入公共领域成为可以展示和被观看的公共身体，女性身体成为一种文化和经济资本，成为可以进行生产和改造的商品和符号。

第三节　女性身体与符号幻象

在当代社会，人们越来越相信自身的品位、社会地位、知识层次等方面需要外在物品来彰显，原本依附于身体的物品变成了身体借由物品来凸显自身。身体必须接受社会消费意识形态（指的是在人们消费活动的基础上形成的一种特殊的信仰、观念和价值体系，代表了消费时代的社会心理特征）[②]的影响和塑造。2020年3月8日，女演员辛芷蕾在微博上发布一条消息：不用香水的女人没有未来，配图为香奈儿香水。随后这句话引起了强烈争议，辛芷蕾道歉道："本来想表达的是，女同胞们活得精致精彩些……"无独有偶的是在2018年京东美妆快递箱上赫然写着：不涂口红的你，和男人有什么区别。两者的相似之处在于女性似乎天生应该为香水、化妆品等物品买单，生活应当"精致"，而对于男性则完全没有这方面的要求。可见，

---

① 王敏：《消费文化语境中小说的身体叙事》，《小说评论》，2008年第5期，第135—139页。

② 李西建：《消费时代的审美问题：兼对"日常生活的审美化"现象的思考》，《贵州师范大学学报（社会科学版）》，2005年第3期，第13—18页。

女性在进行身体消费的过程中,受到消费意识形态的影响,看似主动的消费行为实际上蕴含着被动的理由,女性身体不自觉地进入符号幻象之中,成为被动的符号身体。

一、看与被看: 被消费的女性身体

消费社会是一个图像的社会,无论是纸质媒介的报刊、书籍、杂志,还是电子媒介的广告、电视、电影,无不以吸引眼球的图像作为主流文化。"当今我们正处于一个图像生产流通和消费寄居膨胀的非常时期,处于前所未有的图像资源富裕甚至过剩的时期。"①在这所有的图像之中,身体成为中心焦点,身体不仅仅是存在价值的载体,更是一种消费品,承担了无限的符号意义。正如广告需要代言人,代言人的身体形象打上了商品的符号,与商品形象的定位密不可分。德芙作为一个巧克力品牌,选用的代言人有郭采洁、汤唯、杨颖、邓紫棋、赵丽颖等女明星,甜美的扮相、姣好的身材以及唯美的画面,制造出浪漫的效果。很多女性表示购买德芙巧克力时会把自己替换成广告中的女主角,享受作为女性"应当拥有的"浪漫氛围。美的身体在互联网社会中得到充分塑造和展示,身体被消费品所包围并成为极具诱惑力的商品化了的身体,身体图像引起人们强烈的消费欲望,其符号价值也被无限放大。

"我们的时代是一个迷恋青春、健康以及身体之美的时代,电视与电影这两个统治性的媒体反复地暗示:柔软优雅的身体、极具魅力的脸上带着酒窝的笑是通向幸福的钥匙,也是幸福的本质。"②殊不知,女性的身体消费在追求"柔软优雅的身体、极具魅力的脸"的同时成为一个被关注的对象。消费社会与图像时代的结合,促使身体走向暴露,继而引发对身体情色的延伸。许多影视作品中女演员的服装和妆容成为女性观众竞相效仿的对象,而对于男性来说裸露的女性身体才是他们关注的焦点,近年来,影视作品中

① 周宪:《视觉文化的转向》,北京:北京大学出版社,2008年,第7页。

② 陶东风:《消费文化语境中的身体美学》,《马克思主义与现实》,2010年第2期,第27—34页。

不乏一些女性身体裸露的镜头，而这些场景大多数情况下是没必要出现的。杂志方面以《男人装》为例，这个男性杂志经常选用女性作为封面女郎，这些女性往往衣着暴露，突出自己的身材，姿势充满性暗示。无论是以身材火辣著称的柳岩和杨幂，还是以清纯闻名的刘诗诗、赵丽颖，她们为该杂志拍摄的照片一经公布，立马引起人们的热议。女性杂志中，国内排名前十的《瑞丽》《时尚芭莎》等以女性身体作为卖点，选用年轻女明星作为模特，以教授女性美容化妆和身材管理为主题，引导女性群体的审美和消费方式。在尺度夸张的丰胸广告中，模特在镜头前媚笑，抬眼，露出饱满的乳房，留给人无限遐想的空间。

现代社会性别规训下的女性是美丽性感、温柔娇弱的，女性身体被媒体编码成了"性"的符号，裸露的身体代表着性感和诱惑，是欲望的象征。20世纪90年代开始的"身体写作"，以林白、陈染为代表，专注于女性作家本身的内心感受和身体语言；进入21世纪后，以卫慧和棉棉为代表，她们更为大胆与开放，将女性身体完全暴露在笔下，她们更注重的是身体体验和性描写；而后的木子美等人则更为夸张，赤裸裸地将性描写作为重点叙述对象，木子美《遗情书》中的性描写最为突出，不仅将关于女性身体的私密表露无遗，而且把女性对性的渴望、追求和焦虑诉诸笔端，该书第一次出版就发行了10万册，关于女性身体的讨论难免不成为一个关注焦点。从木子美的身体写作中，能够充分感受到她对于女性身体的深度挖掘和极度迷恋，但是如此这般的性描写在某种程度上也走向了情色的方向。

当前，随着手机中换脸、一键脱衣、Keep塑型以及网络性爱消费应用软件等的出现，使得女性即便在碎片化的时间内也可完成一定的身体消费或消费他人的身体。网络直播中主播与观众的关系处于"看"和"被看"之中，主播作为直播场域中唯一可以被看的对象，观众获得了凝视的权利。在一些网络女主播的直播间中可以看到的是弹幕中充斥着观众对女主播身体各个部位的评论，或直白或隐晦的表达出性挑逗的意味，他们还会对女主播的"表演"提出各种要求，诸如换装等，而其中一些女主播会满足观众的无理要求，将身体呈现和裸露得更多，从而导致"网络女主播"这一身份一度成为淫秽与色情的代名词。消费社会和赛博空间的结合促使女性身体处于"被看"

的目光之下,尤其是伴随着女性身体的解放,女性身体成为男性观看的欲望对象。

鲍德里亚说:"性欲是消费社会中最重要的事情。它将所有让人看和听的事物都涂上了性的颜料。一切给人消费的东西都染上了性暴露癖。同时,性也被人消费着。"①在消费语境之下,女性身体也在发生着功用性的转变,身体在此环境中与理性和文化渐行渐远,而被功用和利益缠绕。消费市场为女性身体提供了一系列身体消费品,通过广告、杂志等为女性提供了身体审美标准。我们可以看到的是女性身体被拆解为一个又一个"零件",每一个"零件"都可以通过针对性的美容产品、化妆品、整容手术进行改造。身体不再是一个完全的整体,而是一个经由各个"零件"拼合而成的非自然整体,成为赛博格。

列斐伏尔将消费文化视为男性中心主义和女性身体主义,在文化权力之下女性身体和性成为符合社会规范的现象,最终致使女性身体消费的对象是"身体",而女性身体本身却成为被消费的对象。劳拉·穆尔维指出,在一个视觉位置不平等的世界中,"看"的快感分裂为主动的男性和被动的女性,起决定作用的是男性的目光,男性把这种目光投射在被物化的女性身体之上。② 身体开始"作为感觉审美欣赏及创造性的自我塑造的场所。在消费文化中,人们对身体的迷恋致使女性身体暴露化和色情化,女性的身体成为消费的主要对象,诱惑的红唇,高耸的乳房和性感的臀部,都是消费的性符号。从女性主义的角度来看,这种暴露的女性身体无外乎是为了迎合男性的审美欲望,外露的身体暗示着'性'的诱惑,带有色情的色彩。于是,在新消费主义之下的个性与主动似乎成为一种悖论:身体作为消费品之一,成为'可以享受的东西'同时也成为'快乐的工具'",③一方面女性沉浸在享

---

① [法]鲍德里亚:《消费社会》,刘成富、全志钢译,南京:南京大学出版社,2001 年,第125 页。

② [美]理查德·舒斯特曼:《实用主义美学》,鹏锋译,北京:商务印书馆,2002 年,第354 页。

③ [美]赫伯特·马克库塞:《爱欲与文明》,黄勇、薛民译,上海:上海译文出版社,2012 年。

受自由与美丽的世界中，另一方面又自觉或不自觉地成为男性欣赏的对象。

二、自由与束缚：新消费主义下女性身体的悖论

新消费主义突出的是个性消费，身体是展现人的存在的重要载体，关于身体自身的欲望和发展成为核心所在，这一点与传统文化中身体的需求截然不同。宋代程朱理学"存天理、灭人欲""饿死事小，失节事大"的价值观念随着自由解放思想的深入人心逐渐退出历史舞台，追求身体的享乐和自由成为大众表现自我个性的重要方式。不再把"守节"奉为圭臬，而是把"乐活"作为价值追求。可以说，女性身体获得了某种解放，自身获得了独立的价值。然而事实上女性身体在消费文化中已经不仅仅属于自身，还属于社会，属于消费的商品，女性身体的美"似乎已经不再是由于其包含的社会因素，而仅仅只是来自其自身；在特定情况下，女性的美，她的身体轮廓、曲线、器官搭配、表情等，似乎具有了不可捉摸的神奇性，是一种纯粹状态中的女性。此时，女人只是如同物品一般成为观看者的视觉玩物"。① 女性之美要接受社会的审视，如果不符合消费文化所建构的身体审美标准，那么对一些女性来说可能是致命的打击。

《不能承受之重——女性主义、西方文化与身体》一书中描绘了这样一幅画面：这位年轻女孩站在镜子前，她实际已经摆脱了肥胖，因为她已经吃了几周不含脂肪的食物，并且已经实现了她的目标——身高5英尺4英寸，体重115磅——按照医生的表格，这就是她应该具备的体重。但该死的，她看上去还是又矮又胖。她无法让自己不去想《红磨坊》的插曲《橘子酱女郎》的视频。克里斯蒂娜·阿奎莱拉、平克、莱尔·金和马雅都以自己完美的方式演绎了它：每一条曲线都是流畅和圆滑的，瘦而性感，无可挑剔。这个女孩开始恨自己并感到羞耻。视频继续播放，演唱者的身体像磁铁般吸引了她的眼睛，她感觉自己爱上她们了。但嫉妒撕扯她的胃，足以让她病倒，她永远不会像她们，不管减掉多少重量。看看她的那个肚子，看到它是如何醒

---

① 朱大可、张闳：《21世纪中国文化地图》（第三卷），长春：吉林人民出版社，2003年，第67页。

目了吗？这些东西——它们事实上在摇摆。她的臀部长相恐怖，她是个肥胖、粗大、像面团一样的女孩。① 这位年轻的女孩厌恶自己的身体，因为它与那些视频上的女郎仍然相距甚远，即使她的身体是健康的。

　　根据该书作者的调查，在 2001 年，超过 21 万 5 千名女性购买过胸部植入物，隆胸也是青少年最常见的外科手术之一。② 这些对身体极度不满意和改造身体的女性追求的是一种非正常式的身体，然而在他们看来这些行为却是正常的，就像那位美容外科医生所说的那样："模特和艺人当然做隆胸手术，但你每天看到的女人才是典型患者：你的邻居，你的同事，甚至可能是你自己。"③相较过去而言，现在的女性对身体投入的关注更多，她们花更长的时间、更多的金钱管理身体和约束身体，这种管理和约束是用永无止境的精致和细节堆砌而成的。她们主动进行身体消费，不辞辛苦地走进健身房挥汗如雨，买了一支又一支口红，换了一条又一条裙子，似乎已经获得了追求美的自由与解放，然而身体消费的意义何在呢？法国媒体批判家布尔迪厄指出，这种身体本身的解放依然受到男性的控制。女性身体作为"性"的符号——欲望的象征，依然处于被动地位，作为身体的所指，"性"的符号代表着欲望，显著的性别差异使得女性在男性意识形态的主导下成为男性目光下"性"的欲望和表达。

　　2018 年的国内综艺节目《天使之路》以选拔维密超模为目的，模特选手们在每期的节目中都会穿着性感的服装完成照片拍摄，在镜头前展现出最迷人的一面，摄影师和指导嘉宾告诉选手们怎样去突出自己的身姿，展现美丽的面容，以男性的视角指导女模特们怎么抓住观众的眼球，展示作为维密天使应当有的甜美笑容。在这档节目里，女模特的身体是为了展示女性内衣，然而她们性感的身躯却是为了吸引男性的目光。同样，2019 年选秀节

①　[美]苏珊·鲍尔多：《不能承受之重：女性主义、西方文化与身体》，綦亮、赵育春译，南京：江苏人民出版社，2009 年，第 2 页。

②　[美]苏珊·鲍尔多：《不能承受之重：女性主义、西方文化与身体》，綦亮、赵育春译，南京：江苏人民出版社，2009 年，第 5 页。

③　[美]苏珊·鲍尔多：《不能承受之重：女性主义、西方文化与身体》，綦亮、赵育春译，南京：江苏人民出版社，2009 年，第 5 页。

目《创造 101》火爆一时，同时有上百位年轻女孩儿参加这档节目，节目中的杨超越被称为"锦鲤"，虽然她唱歌、跳舞等实力并不强，但凭借着出众长相一直进入节目最后，并以第三名的成绩顺利出道。而另外一组成员由于双腿不够纤细被网友戏称为"金华火腿组"。根据猫眼调查，《创造 101》作为一档女团选秀节目，其中男性观众却占到了 43％。当她们对着镜头甜笑，眨眼，展现迷人的曲线时，实际上成为一种被凝视的对象。劳拉·穆尔维认为："男性主体是媒介文本的观者，而女性则是被观看的客体，'看'与'被看'是话语权力实施的第一步。"①媒介为观看者提供了可以消费的产品，就像《创造 101》中的年轻女孩儿们，在舞台上拼命展现跳舞的身姿、动人的歌喉以及甜美的笑容，使自己充满吸引力和诱惑力，她们的身体成为节目最大的看点。

对于女性来说，对美容、塑形、潮流服饰的自主选择看似是解放了自我的身体。在物质极大丰富的消费社会，女性可以自由选择自己喜好的商品，自主改造对身体不满意的地方，从而完成对自我身份的建构。然而从生产到消费这一过程是相当复杂的，物品的丰富性掩盖了消费行为的被动性。任何一家商场中的货物琳琅满目，看似为消费者提供了极大的选择空间，事实却是生产者掌握着主动权，他们拥有对消费符号的解释权。可以说，女性身体消费的过程就是被符号规训的过程，通过不同的消费符号实现自我认同与自我定位。因此分析她们的消费心理或者说消费逻辑对于认识不同的身体消费符号建构是有必要和意义的，按照当下女性消费者的消费心理，可以将其分为三种消费逻辑。②

取悦"观众"式消费。美丽、窈窕、妩媚这些社会对女性身体的期望在女性这里变成了自我要求。因此，女性可以在寒冷的冬季只穿一条单裤与短裙，也可以在炎热的夏季穿着长袖防止晒黑；可以穿着令脚趾变形的高跟鞋健步如飞，也可以饿得头晕眼花只为实现苗条倩影。在她们的消费逻辑中，

---

① 转引自金元浦、陶东风：《阐释中国的焦虑：转型时代的文化解读》，北京：中国广播电视出版社，1999 年，第 50 页。

② 严格来说应该还有第四种消费逻辑，即"自我认同式"消费，但这一消费逻辑并不是女性消费者独有的，因此在此只讨论其他三种。

臃肿肥胖是得不到爱慕与关注的,只有窈窕灵动才会更加自信。消费社会不断刺激、创造、引导新的消费方式、消费领域,符号体系也据此建构,物质商品的消费是有一定限度的,但是身体消费似乎是永无止境的。身体在此驱使下,主动接受"美"的产业对自身的"塑造",健身、整容、美容等一系列消费领域都在告诉女性美的标准是什么,这一标准成为标志性符号。在外界声音的喧嚣之下,女性身体被规训并顺从男性审美,主动将身体置于"被看"的位置。女性在追求自身美的同时已经接受了自己成为别人眼中"物"的转变,然而不可否认的是一些女性是乐意于自己"被看"的,否则这种"美"的意义何在? 正如拉什所说:"我们这些人就如演员和观众,生活在镜子的包围中。"①演员失去了观众,表演的意义将不复存在,而只要有观众存在,演员就必须时时注意自身的容貌体态。于是,"今天的女性消费,我们不难看出它不仅仅是自己的消费,更涉及男性对女性身体的一种根深蒂固的支配欲的表现"。② 不同于传统社会的是消费社会中的男性不再明确而强制地表达出他们对女性的支配与审视,而是隐藏在消费商品背后接受女性身体的主动展示。

追求"标准"式消费。陶东风在《消费文化语境中的身体美学》一文中把百货商店比作镜子之城,③我们的身体行走其中,不自觉地将自身身体与镜中的身体对比,于是人们不断对自我身体进行严格监督。虽然消费领域鼓励个性化消费,但是对于身体,美总是具有一套特定的"标准"。由于女性的身体已经从私人领域走向公共领域,将自己的身体与大众传媒中所宣扬的"标准"身体进行比较,加大了女性身体的自我意识和敏感程度。大众传媒和网络技术的发达将理想中的美的标准递送到每一位女性手上,镜子、体重秤以及他人的眼光成为女性判断自己与标准差距的工具。于是她们不断寻找自己与标准的差距,想尽办法让自己看起来更符合大众审美。就如同美

---

① Christopher Lasch. *The Culture of Narcissism*. New York: Wamer Books,1979:122

② 曾照军:《女性身体消费的镜像》,《鸡西大学学报》,2011 年第 2 期,第 53—54 页

③ 陶东风:《消费文化语境中的身体美学》,《马克思主义与现实》,2010 年第 2 期,第27—34 页。

颜相机下的女性，"智能美颜"后的每一位女性都是大眼睛，白皮肤，尖下巴，这种美颜方式从不考虑个人个性，因为经过智能美颜后的脸才被认为是标准的美，而很多女性似乎乐于将"照骗"当作自己真实的样子。

比较"炫耀"式消费。炫耀式消费实际上并不能完全算作是女性消费者独有的消费逻辑，然而在女性这里更为突出。凡勃仑在《有闲阶级论》中认为，女性消费在"有闲阶级"的炫耀性消费中占据着重要的位置，而奢侈性浪费更是体现身份地位的方式，[①]消费社会中女性对奢侈品的追求与热爱超越了以往任何时代，一些奢侈品与宫廷皇室关系密切，HERMES（爱马仕）、BURBEERY（巴宝莉）、GUCCI（古奇）、CHANEL（香奈儿）等奢侈品牌都是欧洲王室的心头所爱，时至今日，英国女王和王妃的穿戴还被人们津津乐道，竞相购买同款。女性身体消费，既是炫耀自己的地位与财富，同时也是对自己美丽的自信。可以说符号消费实际上就是一种攀比炫耀式消费，符号的意义产生于差异性，这种差异性必然导致比较。[②] 她们在消费中自我满足、自我愉悦。另外，女性的炫耀式消费仍然包含有炫耀自己身体的成分，而不仅仅是彰显身份，她们追求潮流，把握时尚，紧紧跟随当下被认为是美的东西。当身体拥有最新款的衣服、鞋子，最流行的妆容、发型，符合大众审美标准，就可以让身体本身成为炫耀的资本。

无论是取悦"观众"、追求"标准"，还是比较"炫耀"，实际上都说明了女性身体在当下消费社会和赛博空间之中的符号呈现。赛博空间赋予了女性展示身体的巨大空间，每一个视频直播平台、每一条 volg（video bolg 的缩写，即视频博客）中，女性或美丽或性感或可爱的身材、脸庞都能够成为观众——尤其是男性观众津津乐道的话题。当女主播在镜头前化着精致的妆容，穿着个性的衣服，借助美颜镜头呈现出独特的女性魅力时，她们的目的是显而易见的，观众就是她们取悦的对象，观众的赞美与打赏就是她们开心的源泉。2019 年，一条网络热搜"每个女生都想成为欧阳娜娜"成为微博上热议的事件，欧阳娜娜以甜美的长相、白皙的皮肤和窈窕的身材成为娱乐圈

---

① ［美］凡勃伦：《有闲阶级论》，蔡受白译，北京：商务印书馆，1964 年，第 73 页。
② ［美］凡勃伦：《有闲阶级论》，蔡受白译，北京：商务印书馆，1964 年，第 73 页。

中的新秀,尤其是因为会拉大提琴被冠以"天才少女"之名,使她成为许多年轻女孩艳羡的对象。当她在 volg 中展示个人的服装穿搭、日常妆容时,许多女性会以此为标准。赛博空间给女性提供了更多展示身体的平台,同时,也给予女性身体互相比较的广阔空间,朋友圈的"晒文化",小红书上的"竞豪奢"成为女性炫耀自己美丽富足的新世界,在得到关注和夸赞的那一刻,炫耀与虚荣的满足也达到了极致。

女性的身体或作为对男权社会的妥协,或作为具有独立精神对抗男权话语的符号,实际上都难免被消费的命运,无论是否出于自愿,女性身体都被置于"看"的位置。但是从现阶段的情况来看,更多的女性深陷消费符号的泥潭,赛博空间不断给予女性身体以消费的空间和对象,制造符号的狂欢与镜像,女性身体愈加被规训为男性视角下的身体形象,由于规训方式的隐秘性,以致大多数女性主动而自觉地改造和装扮自己。正如布迪厄所说"人们选择化妆、整容等身体技术与其说是对社会审美文化的一种被动屈从,不如说是一种主动的顺应"。① 而这恰恰是女性主义最担心的。人们可以利用身体改造技术将自然的身体重塑为技术的身体,可以通过赛博空间将身体转化为象征的符号,无论是技术的身体还是符号的身体,目标是务必使之符合消费社会的时尚标准或某种社会阶层的表达。显然,在消费社会中,女性身体不再是单纯意义上的身体,而是消费品,是时尚和符号。"的确,今天的历史是身体处在消费主义社会关系的历史,是身体被纳入消费计划与消费目的的历史,是身体受到欣赏、赞美和把玩的历史。因此在消费主义的逻辑体系下,身体作为社会符号和意识形态的载体便受到了全民的追捧和崇拜。"②

三、真实与超真实:赛博空间中女性身体的呈现

美国心理学家马斯洛的需求层次理论将人的需求分为五类:生理、安全、社交、尊重和自我实现,女性审视自我身体的过程不仅是出于社交需求,

---

① [法]布迪厄等:《实践与反思:反思社会学导引》,李猛、李康译,北京:中央编译出版社,1998 年。

② 黄艳兰、李敏刚:《消费语境下身体美学理论与实践的悖论》,《宝鸡文理学院学报(社会科学版)》,2006 年第 6 期,第 80—83 页。

而且含有对自身的自我认同需求，当身体之间的张力增大时便容易产生对身体的焦虑。除了以上五个层次的需求之外马斯洛还增加了求知需求和审美需求。其实在消费社会中，人们对符号身体的追求建立在一整套社交礼仪基础之上，参加婚礼、宴会、公司年会要求穿着礼服，佩戴首饰，妆容得体，肢体语言优雅，如果不懂得这些社交礼仪则被认为是不礼貌的，于是人们对身体越发重视，以赢得他人对自己的认可和尊重，同时也彰显了自己的身份地位；身体审美需求产生的消费不只是满足生存需要，而是获得某种认同。赛博空间中的身体满足了女性对美的愿望和理想自我的认同，但这种虚拟的身体使得符号超越了真实身体的存在，成为超现实的身体。

鲍德里亚将仿像的历史分为三个阶段，从对自然的仿造，到系列生产，再到模式生成，仿像与真实之间的关系愈发疏远。在仿像的第三阶段——仿真，符号已经获取了独立存在的价值，并且能够自成体系。然而鲍德里亚所建构的符号秩序表明，仿真并不是符号的最终目标，也不是仿像的最高级形式，仿像还存在着更高层级的形式——拟真，以及拟真所创造出的"超真实世界"。鲍德里亚认为仿像的前三个阶段终将使仿真走向超真实世界，在超真实世界中，符号取代了实物，虚假取代了真实。

实际上，仿真主要存在赛博空间之中，在后现代主义消费文化中，我们已经被符号所包围。在赛博空间这个"超真实世界"中，符号已经取得了绝对的控制权。鲍德里亚以迪士尼乐园为例对"超真实世界"进行描述，迪士尼乐园是以美国文化为原型建造起来的，体现着美国社会的生活方式和价值观念，但是在迪士尼乐园中取消了美国社会的矛盾。鲍德里亚把虚拟的迪士尼看作是优先于真实美国社会的存在，人们沉浸于这种虚拟的真实之中，也就是"超真实"。① 在这里，真实与超真实的界限已经模糊不在，换句话说，真实已经被消解了。模拟不再是对真实的复制，而是从第三阶段的仿真开始最终成为"仿真的仿像"。例如护肤产品中推崇的"陶瓷肌""奶油肌"，实际中"零毛孔"的肌肤是不存在的，这本身构成了一个虚拟的假象，但

---

① Jean Baudrillard. *Simulacres and simulation*. Ann. Arbor：The University of Michigan Press，1994：12.

是更多的女性却以此为皮肤护理的终极目标。也就是说,在这一阶段,符号获得了真正的"狂欢",由符号建构的世界已经取代了真实世界,生活在其中的人们非但不会产生任何不适感,反而对这个世界深信不疑。

"超真实"身体使得女性身体成为万千瞩目的对象,对身体的关注超越了以往任何时代,身体消费产业下的仿像满是极具诱惑力的身体,女性被身体符号包围,对肤白貌美、细腰长腿等符号毫无抵抗力,展开对仿像身体的不停追逐。仿像身体的出现制造了女性追求身体美的最高标准,这种仿真与仿像身体的存在是一种符号控制权力,让沉浸于身体迷恋的消费者追求和效仿其他女性的身体,给人一种乌托邦式的幻想。身体借助视觉图像呈现在人们面前,尤其是模特明星们的身体样板的视觉化,麻醉了消费者的神经,作为身体消费的主体在符号的诱惑下被动地接受这一身体模式,成为"符号之境中的幽灵"。[1]赛博空间的发展,让我们生活在"仿真"世界里,超真实的图像视觉刺激使得美丽面庞、性感身材无处不在,成为女性关注的焦点。

女性身体审美意识在赛博空间中得到提升,与此同时,女性身体却走向表面化和媚俗化,身体消费产业所使用的身体改造技术使得女性身体得到规训而距离期待身体越来越近。当赛博空间中出现一个又一个完美身体图像——无论这个身体是虚拟的还是经过拆分重组的,总之它成为一个理想化的身体,刺激女性对自身身体进行改造。当女性为达到完美身体而进行化妆、整容时,身体已经成为商品。女性在网络平台上展现自己的身体,成为美丽的象征,但同时也带来了许多问题。完美的女性身体形象占据了消费社会的各个角落,这种完美的身体成为女性的标准,不仅女性以此作为自身身体的目标,而且成为男性眼中被看的对象。当美丽、性感、可爱这些符号被赋予女性的身体之上,女性实际上取得了与男性不同的性别位置,成为被关注和被凝视的符号。

列斐伏尔认为,消费社会中女性身体被社会文化所制约和规范,女性不得不按照消费的规则约束自己,女性身体与科学技术的结合,使得女性身体

---

[1] 〔法〕鲍德里亚:《象征交换与死亡》,车槿山译,南京:译林出版社,2012年,第70页。

在社会生活中不断承受压力。在人们关注身体欲望，主张身体解放的同时，女性身体却被当作消费社会的一种资本和景观，被纳入符号体系，而科学技术的发展总是超前于我们的道德判断，并以快速度卷入身体塑造中去，当器官移植、整容手术变得越来越普遍，对于科学可以在多大程度上能够重塑身体的道德判断，也早已落后于技术的发展，对于"身体是什么"的意识也变得飘忽不定。赛博空间作为一个公共空间与私人领域共存的社会，女性的身体走向开放化和欲望化显然违背了赛博空间"身体解放"的初衷，那么如何构建一个道德的、伦理的身体成为当今人们应该思考的问题。

第四章
道德的身体
——赛博空间中的身体伦理思考

赛博空间极大地丰富了人们的生活方式,拓展了人们的生活环境,但同时由于赛博空间中身体的"不在场",也引发了一系列的伦理道德问题。生活空间的延伸和改变,在某种程度上脱离了现实空间的可靠性,人们的真实身份得以隐匿,一方面,主体可以尽情选择符合自我认同的身份;另一方面,现实空间与赛博空间并行且相对独立存在,导致主体身份可能产生异化。现实社会中受到道德、法律的约束,而在赛博空间提高了人们的自由程度,但同时不得不考虑的一个问题就是现实身体在赛博空间中的缺席在某种程度上降低了人们的道德责任感,我们无法辨认其中自由流动的符号,人们的身份变得扑朔迷离。然而赛博空间中的身体只是隐匿于符号之下,或者说延伸成为离身化的赛博格,因此从现实身体和符号身体分离与融合的角度出发,对赛博技术引发的身体伦理问题进行探讨非常必要。

后现代文化研究视角从身体的多元性、情境性和开放性出发,赋予了赛博伦理全新的内涵。以身体视角介入,需要重新考虑赛博空间的几个问题,例如虚拟和现实之间的张力,自由和责任的双向平衡,全球化和地方化的和谐统一。虚拟身体虽然突破了现实局限,但是自由与责任不能因为空间的转移而失去平衡。全球互联的地球村由于种族文化的多元性而产生的各种各样的伦理问题,我们也难以用一个统一的标准来规范。传统生命伦理学在新的境况面前陷入困境,如何理解身体本身,个人身体和社会身体的关系,特别是赛博技术与女性身体,成为值得深思的问题。

第一节　技术、后现代女性主义对传统
伦理学的批判和突破

随着现代生物/生命科学、医疗技术和人工智能的发展，作用在人体之上的器官移植、变性手术、整容手术，甚至是影响人体生命的克隆技术、辅助生殖技术和安乐死等技术纷纷出现，人类有更大的选择空间去改造身体和掌控生命。与此同时，这些多元化的选择和更广阔的空间拓宽了人们生存与生活的道路，原本确定的身体正在变得越来越不确定，生命和身体的自然性渐渐消退，伦理实践的边界也变得越来越模糊。从实践层面上来说，科技发展带来的身体的不确定性产生诸多伦理难题，个人身份的模糊、伦理界限的消失、女性主义对身体界限的突破等问题是传统生命伦理学所无法涵盖的，技术与女性主义实践产生的问题，使我们不得不思考传统生命伦理学的空白之处。

一、传统生命伦理学的困境

美国生物学者范·潘塞勒·波特在《生命伦理学：通往未来的桥梁》一书中最早提出生命伦理学这一概念，他认为"生命伦理学是利用生命科学以改善人类生命质量的事业，同时有助于我们确定目标，更好地理解人和世界的本质，因此它是关于合理生存的科学，有助于人们对幸福和创造性的生命做出更合乎理性的选择"。[①] 与之后生命伦理学关注的人文精神不同，这一定义更倾向于科学对生命伦理的思考，之后美国学者莱克将生命伦理学定义为"生命科学和卫生保健领域中人类行为的系统研究，用道德价值和原则检测此范围内人的行为"。[②] 显然，莱克更加倾向于道德伦理对科学的关注，以此为转向，当前学者对于生命伦理学的建构更注重的是道德层面的考

---

① 郭永松：《生命科学技术与社会文化：生命伦理学探究》，杭州：浙江大学出版社，2009年，第45页。

② 郭永松：《生命科学技术与社会文化：生命伦理学探究》，杭州：浙江大学出版社，2009年，第45页。

量,如王前和杨惠民认为生命伦理学"主要研究与生命相关的伦理问题,它既是对生命科学与人类道德观念的关系的反思,也是人对自身生命价值的审视"。① 在此基础上,生命伦理学发展成为一种具有理论原则的学科,张海燕认为"生命伦理学就是对生命问题的道德哲学解释,是根据道德价值和原则对生命科学技术和卫生保健政策进行系统性的研究,它是涉及有关人和其他生命体生存状态和生命终极问题的学科群"。②

　　生命伦理学起源于生物科学技术与道德理性的碰撞,从一开始科学对生命的观照到当前道德对技术的反思,它所涉及的范围已经不仅仅限于生命学的范畴,而是与医学、社会学、生物学、哲学等多方相关。生命伦理学的建立和发展是基于现代生物医学技术在伦理道德价值层面引起的诸多问题及其思考,它从伦理价值角度出发,为解决技术带来的伦理问题提供了指导和反思。目前对于生命伦理学的原则理论,实际上并没有一个完全确定的说法,比较经典的有汤姆·比彻姆和詹姆士·邱卓思提出的"四原则"说:尊重自主原则、不伤害原则、有利原则、公正原则。③ 此外,还有学者概括为行善原则、自主原则、不伤害原则和公正原则。④ 也有学者总结为科学理性与哲学理性相统一的原则、以人为本的原则、尊重生命的原则和集体主义的原则。⑤ 在这些原则之中,无一例外体现了对人的生命权利的关注,以人为本、尊重生命构成了生命伦理学的核心范畴。

　　当前,医疗技术的发展使人们对自身的生命和死亡有了更大的自由权,生存和生活拥有了更加多元的选择权,然而克隆技术、安乐死、试管婴儿、基因编辑等生物医学技术引发的伦理难题却日益复杂。例如患有严重疾病胎儿的生命问题,很多人会认为胎儿虽然尚未出生但具有人的属性,应当救

---

① 王前、杨惠民:《科技伦理案例解析》,北京:高等教育出版社,2009 年,207 页。
② 张海燕:《现代生物技术对生命伦理的挑战》,苏州:苏州大学,2010 年。
③ Beauchamp Tom. Land, De Grazia David. *Principle and princilism//George Khushf. Handbook of Bioethics.* New York: Kluwer Academic Publishers, 2004: 57.
④ 李涛:《人类辅助生殖技术的伦理问题及对策研究》,锦州:渤海大学,2019 年。
⑤ 张海燕:《现代生物技术对生命伦理的挑战》,苏州:苏州大学,2010 年。

治,所以人为干预流产是严重的道德问题,与此同时也有一部分人认为可以预见救治效果并不好,出生后胎儿的生活是痛苦的,那么如何面对生命与生活质量之间的抉择? 生命伦理学尊重生命的原则在这里显然有些单薄。面对新增的医学技术带来的生命伦理难题,生命伦理学恐怕难以给出一个完美的解释。美国学者恩格尔哈特在《生命伦理学基础》一书中讨论了一系列的伦理问题,诸如健康与疾病、死亡、堕胎、婴儿权利等等医疗道德问题。[①]他揭示了当代社会在面对这些道德问题时引发的多元化情境。在当代科学技术发展进程中,身体提出的新问题和新现象不断冲击着生命伦理学的普适性原则。

　　生命伦理学的原则强调尊重个体的生命和利益,其核心在于把人看作与他人分离的个体,以保障独立个体的权利为出发点和目的,增进个人的权利、利益以及确保个人获得公平的医疗资源,但是这种强调个体的过程也将自己与他人分离,形成了"元"自我——处于二元对立状态下分离的自我,然而现实并不存在这种脱离社会的绝对自我。生命伦理学对个体的强调是把这个个体视为一种绝对存在,实际上每一个人都是绝对个体,认为由此建立的原则、理论具有普遍适用性,然而现实社会中存在的却是具体情境下的个体。

　　由于生命伦理学建立在二元论基础上,追求普遍性原则,弱化对身体感受和具体情境的回应,实际上并没有走出笛卡尔普遍理性原则的窠臼,对身体的伦理意义处于失察状态,生命伦理学的原则在面对具体问题时表现出失能、失效、失范的境地。[②] 从二元论的角度出发,任何思想、物质包括知识本身,都可以被看作是自我-他者、身体-心灵、自然-人为以及诸如此类的范畴之间的区分。人类生命在这种二元论结构之下也被理解为是固定的——身体与心灵的结合,身体在人类-动物、自然-人为、男性-女性等二元结构中被建立起来。自笛卡尔以来,身体和心灵就处于不同的存在区域,并相信

---

① [美] H.T.恩格尔哈特:《生命伦理学基础》,范瑞平译,北京:北京大学出版社,2006 年。
② 仲璟怡、刘虹:《医学伦理学的新视角:身体伦理学》,《医学与哲学》,2019 年 40 卷第 22 期,第 12—14 页。

"身体的感知能力无足轻重,它轻而易举地就能向盲目的错误高速滑行。相反,只有心灵的能力才能揭开知识和真理的秘密"。①长期以来,二元对立之下的身体处于非中心地带,无论是康德的感性与理性,黑格尔的绝对精神都将身体置于心灵之下。同时他们认为身体需要被约束和管辖,这种约束管理需要一套确定的标准,建立一个理想模型或者说典范。在此基础上建立起来的生命伦理体系推崇确定的、固定的、不变的意义,追求一种理性的、绝对公正的、具有普遍意义的道德尺度,并从根本上否定了不确定性、易变性和暂时性。

　　但是在后现代主义看来,身体不再是普遍意义上无本质差别的存在,而是多元化和特殊性的存在,这从本质上冲击着传统的生命伦理学。传统的生命伦理学较为狭窄地对身体进行严格的健康与疾病的区分并进行回应,它不考虑身体是否是真实或者虚拟,也并没有考虑到身体的流动性。当代技术给这一身体认知带来了巨大的挑战。赛博空间中身体的不在场在一定程度上消解了身心二元对立的界线,身体的确定性不复往昔,以统一价值理念为基点的传统道德体系面临崩溃。尤其是赛博格的出现使得非人类的因素进入"身体",也就是说传统二元对立之中身体的自然性变成了自然-人为的混合存在,且身体自然与人为的界限变得非常模糊,根本无法用健康-疾病、正常-不正常、人工-自然、正确-错误的绝对标准去衡量。

　　2005年,加拿大学者玛格瑞特·许尔德瑞克和罗仙妮·麦基丘克指出"我们提供的不是关于身体的生命伦理学,而是'身体伦理学'"。②由此,"身体伦理学"的概念正式被提出,与生命伦理学追求的人体生命的宏大叙事不同,身体伦理学强调身体的具身性,关注个体的身体感受。"身体感受是身体存在的核心标志,是身体哲学的核心范畴。"③个体的身体感受是独特的、无法替代的,显然,生命伦理学建构的诸多原则不能给予这种个体身体感受

---

　　① 汪民安:《尼采与身体》,北京:北京大学出版社,2008年,第259页。

　　② Shildrick Magrit, Mykitiuk Roxanne. *Ethics of the body: Postconventional challenge*. Cambridge, Ma: MIT Press, 2005: 204.

　　③ 仲璟怡、刘虹:《医学伦理学的新视角:身体伦理学》,《医学与哲学》,2019年40卷第22期,第12—14页。

更多观照。身体伦理学的提出对生命伦理学来说不仅是对个体性观照的补充，还是对生命伦理学普遍性原则的挑战，从而让人们对身体在现代生物医学技术下的伦理道德问题进行更深入的思考。

二、生物医学技术对传统伦理学界限的突破

20 世纪 60 年代开始，器官移植手术、机器植入人体技术、变性手术、辅助生殖技术以及整容技术等生物医疗技术突飞猛进，这些新的生物/生命技术的出现让人们对自身身体有了新的思考。在大脑中植入芯片，在心脏中放入起搏器，在身体中装入呼吸机，使本来缺乏一定生存能力的人得以继续生存，身体的完整性遭受质疑；男人可以变性成为女人，女人也同样可以变性成为男人，性别的界限开始模糊；通过高科技手段让未婚女性或不孕不育人群有了生育孩子的可能，生命的自然性受到挑战。在我们的认知之中，男性与生育似乎相隔天堑，但是在当代医学技术的发展之下，男性怀孕不再是不可能的事情：托马斯·比提在 20 多岁时接受了变性手术，2008 年他通过"人工授精手术"怀孕，并顺利产下女儿苏珊·朱丽叶，2009 年他再次向外界宣布自己通过人工授精的方式怀有第二胎。男性怀孕的事件突破了人工-自然、男人-女人的传统伦理学范畴，是一种对人的自然性的冲击。这些问题从实践角度对传统伦理学提出了疑问。生物医学技术的本质目的是人类更好的生活，使人们从疾病的状态中走向健康，但是事实上一些医学技术已经突破了健康-疾病的界限，突破了生命伦理学的基本原则，成为在道德上具有争议的问题。

一是能动性问题——对自主性原则的突破。自主能力的获得离不开个人的主动意识和对外界事物的感知能力，一个人必须拥有一定的生活阅历，才能够对自我生活进行管理、理解和探索，基于这种自我意识和自我反思的理性判断，有了自主性原则的内容。当技术对这种能力进行突破或者说消解的话，个体就不再拥有独立的意识。例如在人体的大脑中植入某种芯片，这种芯片能够唤醒人体的某种功能，激起某种欲望，加强某种特长，当我们用这种方式操纵人们的行为时，我们就是在严重地侵犯他们的自主性，原本需要练习才能获得的技能只需要一张芯片就能解决，人生的意义和价值又

将何在？同样值得思考的是，当前的基因技术可以帮助人们"制造"出基因编辑婴儿，每个人应该独享的基因权利遭到破坏，过度夸大基因的作用而不顾婴儿后天自主能动的学习能力和生活能力，这种对"完美基因"的追求势必引起人们对人类生长发育的认知。

二是安全性问题——对不伤害原则的突破。不可否认的是生物医学技术在诞生之初是为了救死扶伤，减少患病带来的痛苦，然而在医学技术进步和发展的过程中，对技术的过度依赖造成了一定程度的危害。例如当前的剖宫产手术作为一种不得已而采用的分娩方式，当产妇分娩出现难产现象，或者胎儿出现危险症状时，剖宫产手术能够大大降低生产时产妇和婴儿的死亡率。但是对于剖宫产手术出现的并发症却不能不令人注意，根据临床资料，剖宫产手术后产后出血率、盆腔和切开感染率以及肺栓塞率比自然分娩高，对于婴儿来说，发生高胆红素血症的风险加大，另外有研究发现，经由剖宫产手术出生的婴儿，在儿童期和成年期，患神经系统疾病的概率要高于顺产的胎儿。[1][2]　2007 年，世界卫生组织在医学权威杂志《柳叶刀》上发表研究报告，中国的剖宫产率为 46.2%，属全球最高，并且其中 11.7% 的手术是在完全没有医学指征的情况下进行的。[3]　在今天，更多的孕妇采取剖宫产的方式进行生产，以此来减轻生产阵痛，甚至当作选择"良辰吉日"的方法，哪怕是具备自然分娩的条件。当剖宫产手术从应急治疗技术转变为一种被滥用的手段时，显然背离了医学技术的最初目的，与此同时给家庭、社会以及医疗体系带来了新的负担和负面影响。

三是利益性问题——对有利原则的突破。对利益的追逐是消费社会的天性，在利益最大化面前，哪怕会对身体造成严重伤害也让很多人趋之若鹜。在东野圭吾的小说《美丽的凶器》中那位令人印象深刻的高个子女运动

---

[1]　胡兰英：《剖宫产术对母儿的影响及干预措施》，《中国医药导刊》，2012 年 14 卷第 7 期，第 1282—1283＋1285 页。

[2]　郭建：《现代医学技术的异化及其哲学反思》，合肥：中国科学技术大学，2017 年。

[3]　Pisake Lumbiganon, Malinee Laopaiboon, A Metin Gulmezoglu. Method of Delivery and Pregnancy Outcomes in Asia: the WHO Global Survey on Maternal and Perinatal Health 2007 - 08. *The Lancet*, 2010(3)：490 - 499.

员,通过人为干预流产的方式获取更强大的体魄与力量。以被迫流产的方式获得更为强壮的身体,间接伤害生命的方式是人为干预自然,这是有悖人伦的。在更多的整容手术中,许多女性为了追求美选择整容而并非为了健康而接受手术,相反,她们甘愿承担失败的风险,甚至是生命危险(成为疾病的身体),也要改变自己的身体。2016 年,有媒体报道一名 17 岁的女学生在打了 10 天排卵针后从身体中取出 21 个卵子,之后得到了一万元左右的"卖卵费",而整个排卵、取卵过程都是在地下诊所进行的,完全没有正规医学技术的指导。更令人恐慌的是在取卵之后,这位女学生患上了卵巢过度刺激综合征,造成严重的内出血,甚至危及生命。当生命科学技术不能有利于人类生命,反而被利益所驱使对生命和身体造成严重危害时,当两者博弈的天平向金钱利益倾斜时,那么,不得不重新思考该项技术的伦理边界。

四是公平性问题——对公正原则的突破。如果医疗技术能够修复人体天生的缺陷,改变人们在自然状态的不平等,那么技术就不会构成对平等或正义的威胁。以体育竞技中的运动员为例,体育比赛原本的目的是为了提升人类的运动素质,如果只是为了获得奖牌而服用违禁药品,即使取得了优异成绩,也并不能认为是人类身体机能的突破。当前,人们对于子代基因的关注形成了一个社会热点,由于人们对"完美基因"和"最佳婴儿"的追求,不少地方诞生了"名人精子/卵子库"和"博士精子/卵子库"等基因库,这些基因库只收取高智商、高学历或高颜值男性/女性的精子/卵子,不少家庭期望通过"名人"或"博士"的基因生育聪明、漂亮的下一代。这一行为把人分为"优等"和"劣等",严重违背了"生而平等"的生育公平和伦理准则。

基因编辑婴儿事件之所以引起社会的广泛讨论,不仅仅是因为人们对于基因编辑技术安全性和可靠性的质疑,更重要的是人们普遍认为这种人工选择的"人"的自主能动性消失了。一对来自广东的父母决定通过基因编辑技术增强孩子的身体素质,实际上是一种单向考虑,他们为孩子的成长预设了一个前提,然而这只是基因工程技术的冰山一角,更令人担忧的是这项技术倘若在未出生的婴儿身体中编写出更多的程序,这个婴儿是否还能称为"人类"呢? 生命伦理学要求医学保健不仅不能伤害人,而且还需要保证并促进人的健康,但医学技术的滥用不仅危害人体健康,而且在一定程度上造成心理的扭曲，这无疑是违反伦理道德的。医学技术的发展带来身体的诸种问题是传统生命伦理学无法回答的。事实上，现代医学技术干预身体、改造身体的行为已经成为愈加普遍的现象，基因治疗技术、辅助生殖技术、克隆技术、器官移植技术等每一项看似伟大的医学技术都隐含着已经发生的或者尚未可知的安全性问题及伦理性问题，对生命自然性和能动性的解构使得身体问题愈加成为生命伦理学应当思考和关注的对象。

三、后女性主义对传统伦理学的批判

在生物医学技术引发的诸多生命伦理问题中存在着许多与女性密切相关的问题，鲁琳在《后现代视域下的女性生命伦理研究》一文中列举了几个方面：一是理论建构，生命伦理学中应当引入性别视角；二是生殖伦理，女性在生育中的特殊地位决定了生殖技术与女性的密切关系；三是生育控制，避孕、人工流产、优生等问题涉及女性享有的选择权、生殖权和健康权等重要权利；四是性伦理，女性堕胎等属于生命伦理学研究的热点问题；五是美容伦理，女性是医疗美容的主要对象，美容整容是否符合伦理法规，也是应当思考的一个道德伦理问题。[①] 诚然，作为一种学术研究视角，女性主义对于生命伦理学的诸多问题进行了审视。由于代孕技术、人工流产、生育控制等辅助生殖技术作为与女性密切相关的现代医学技术，直接关涉女性的生命和身体，女性主义以女性主体为出发点和核心，重视女性权利和女性利益问题。20 世纪 60 年代，现代生育观念开始形成，女性生殖权利在人工流产立法中被提出。[②]在美国，女性主义者致力于实现人工流产合法化，要求废除限制人工流产权利的法律。1968 年，全国妇女组织正式通过《权利法案》，要求立法以保护女性在工作中不受性别歧视，提倡女性有平等的、不受种族隔离限制的教育权等，赋予女性自主控制其生育、工作和受教育的权利。[③]

[①] 鲁琳：《后现代视域下的女性生命伦理研究》，南京：东南大学，2006 年。

[②] 胡林英：《什么是生命伦理学：从历史发展的视角》，《生命科学》，2012 年第 11 期，第 1226 页。

[③] National Organization for Women. National Organization for Women(N.O.W.)Bill of Rights，1968.

自 20 世纪 60 年代以来,女性主义就对身体研究高度关注,一批女性主义学者试图从女性主义的视角出发关注社会研究领域,并逐步形成了一种独特的研究视角和实践模式。而在传统生命伦理学对待具体的生命或身体道德伦理问题中表现出乏力的后现代社会,女性主义不仅从女性参与实践层面,而且从普遍性到特殊性的理论层面对生命伦理学提出批判。当传统的生命伦理学在面对现代技术发展显得无力之时,女性主义为伦理学的研究提供了一种独特的学术视角,以期能够为生命伦理问题的解决寻找一条女性主义道路。

传统生命伦理学强调建立抽象的普适性原则以便为生物医学技术引发的道德伦理问题提供解决办法和指导意义,如果不顾处在具体的、特殊的社会背景、社会关系以及社会阶层中的主体,只是根据普遍原则便对其行为做出道德伦理判断实际上并不合理。从根本上来说,在当下多种族、多文化、多空间的社会、历史和情境中无法建立起一个有具体详细内容的、所有人一致同意的道德伦理准则,由此,生命伦理学建立的一套原则实际上无法在现实社会中发挥指导作用。女性主义正是对实际情况中涉及伦理问题的具体情境进行分析判断,关心特定情境中特定主体的需求,对情境化知识和理论进行关注和建构。罗斯玛丽·童说:"妇女的道德强调具体的情境、关系网和关怀,人与人之间的交流,不伤害他人,以及反应性。"[1]从女性主义本身出发,应该考虑到患者在发生伦理问题时的具体情境,也应该注意到传统伦理学在面对人工流产、代孕等问题上不完全适应和匹配的现象。

女性主义在生命伦理学研究中的一个重要特征是注重情境分析。女性对特殊领域的关注,对个人遭遇的观照使得女性主义理论在多元的社会和历史情境中成为最有力量和说服力的。曹秀娟认为女性主义理论的兴起正是意识到了男性和女性对于叙事话语权的掌握处于不平等的地位。当前,男性对话语权的掌握占据着绝对优势,女性主义必须对此做出回应,建构起一套基于女性身体和女性经验的本体论、认识论。毫无疑问,女性主义的这

---

① Rosemarie Tong. *Feminist Approaches to Bioethics: Theoretical Reflections and Practical Applications*. Boulder：Westview Press, 1997：96.

些理论挑战了男权主义话语的绝对地位,而这种挑战正是通过对特殊事件的关注展开的。①例如人工流产问题,对于一些非女性主义者来说,大部分女性怀孕是有意性行为的结果(除了强暴和不情愿的性行为之外),选择人工流产实际上是对自身以及胎儿生命不负责任的行为,甚至有人认为流产是一种对胎儿的谋杀行为。但是对于女性主义学者来说,对女性流产的禁锢实际会引起更大的危害。例如过度生育对女性身体健康的损害,触犯了女性身体免受伤害的权利。一些美国黑人女性主义学者认为,目前美国的流产法并不适用于黑人女性,她们大多数处于贫困和不健康的生活状态之中,而这些条件限制了她们对自己生育权利的选择。据一些女性组织的调查研究②,美国黑人女性流产比例几乎是白人女性的 2 倍,大多数女性选择流产的原因是没有经济能力抚育子女。除了流产之外还有弃婴事件也值得思考,2016 年,东莞市第一人民法院受理了一起弃婴案件,婴儿母亲(女方)意外怀孕后,男方要求堕胎未果,遂抛弃女方,女方生下婴儿后因担心、恐惧和无力抚养等问题遗弃婴儿。经审理认为,婴儿母亲这一行为构成故意杀人罪。在该起案件中,婴儿母亲因涉世未深,孤立无援,法律意识较差,社会认知能力不足等问题造成了婴儿生命的终结,实际上这样的情况在新闻媒体报道中并非罕见,因此当我们在对婴儿母亲进行道德谴责的同时也应当考虑女性所处的具体情境,并给予一定的教导和人文关怀。

在女性主义看来,对具体情境、具体感受和具体需求的关注和强调,与身体伦理学的内涵和意义不谋而合。学者周丽昀认为"身体伦理学的出现,很大程度上归因于女性主义的理论和行动。作为自己被轻视的回应,女性主义者建立了本体论、认识论尤其是伦理学可以选择的模型"。③ 女性主义这种关注具体情境的研究方法,不仅有力批判了生命伦理学的普遍价值,而

① 曹秀娟:《身体伦理学对生命伦理学的批判与重构》,上海:上海大学,2011 年。

② 肖巍:《生命伦理学的几个热门话题:女性主义视角》,《中国医学伦理学》,2001 年第 2 期,第 53—55 页。

③ 周丽昀:《身体伦理学:生命伦理学的后现代视域》,《学术月刊》,2009 年 41 卷第 6期,第 45—51 页。

且为身体伦理学的建构提供了理论思路。身体伦理学的出现与快速发展实际上反映了当代社会对生物医学技术进步的担忧。身体伦理学消解了传统生命伦理学中的普遍性原则，身体不再是一种对象，而是生命本身。诚如周丽昀所言，"身体伦理学"之所以引起越来越多学者们的关注，是因为它强调身体的物质性，身体是可以感知的，是主体成为自我的首要条件。由于身心二元对立界限的消解，传统意义上确定的、固定的意识逐渐崩溃，关于身体的改造和变换越来越成为可能。身体伦理学基于身体的物质性和感知性，对二元对立的伦理学进行批判和反思，关注身体体验和文化差异，对生命伦理学的传统范式进行前提反思与理论重构。

第二节　赛博空间引发的女性身体问题

随着经济全球化、信息普及化和消费主义的日益兴盛，对于女性而言，不管是否乐于接受，在消费社会中，女性的身体都在遭受着来自自我或他人的无形或有形的审视与判断。人们期待或理想中的女性是温柔的、妩媚的、多情的、美丽的、性感的、可爱的、纯洁的、善良的、乖巧的，甚至是隐忍的、服从的、听话的，这些构成了所谓的"女性特征"，然而凡此种种特征"通常不过是一种满足男人真实或假想的期待的形式"。[①] 在数字化传播泛滥的今天，身体作为被观照的重点对象，已经不仅仅是现实的存在，而且还是被塑造的存在和想象的存在，同时也是欲望表达的存在。但是对于女性自身来说，身处赛博空间之中，一方面获得了情感和心理上的沉浸，另一方面身体的体验与感觉又那么不切实际，女性身体的离身化经验使她们对自我身体不断质疑，对于自我身份的认同与异化成为日益突出的问题。

一、女性身体在自我认同与异化之间的游走

赛博空间的虚拟技术使人们享有一种"类真实"的交互体验，以实现人

① ［法］皮埃尔·布尔迪厄：《男性统治》，刘晖译，深圳：海天出版社，2002 年，第90 页。

们在现实社会中难以实现的身份认同和自我满足,人际交往相较于现实社会具有更多的交互性、虚拟性和不确定性。赛博空间为女性提供了重新选择身份的机会,当女性在现实空间中面临话语权缺失、身体语言难以表达、女性经验无处诉说的困境时,女性是否会对自身性别身份产生厌恶? 当女性身体主动接受赛博空间中技术权力和媒介权力的规训时,其身体的独立性和自主性是否遭到破坏? 当女性在赛博空间中自由组合身份建构形象时,她所认同的是真实的身体还是虚拟的身体? 对这些问题的深刻理解实际上是对女性群体当前处境的现实性思考,而这些问题的答案将揭示女性身体面临的实践难题与理论困境。

(一) 赛博空间中女性身体的自我认同

从苏格拉底提出"认识你自己"开始,后代学者不断以"自我"为出发点探索社会在经济、政治、文化等诸多领域的变迁,换句话说,历史即人的认识史。认识自我的过程其实就是达成对自我身份的认同,是以"我"为圆心展开对世界的观察。认同是人们感知世界的方式,是人们生存和发展的经验来源之一,它涉及社会文化的意义建构,表现出对自我行为、他者行为的目的确认和意义表达。认同一直都是人探索自我的目的所在,是人文科学的重要命题之一。斯特赖克提出"认同是人们关于自身的标定,它与人们在社会结构中的地位及在其中扮演的角色紧密相连"。[1] 现今社会是一个信息爆炸的社会,我们每天都从各种媒体设备获知各种信息,从而建构起我们的世界观,但是随着技术媒介的快速发展,我们所建构的观念体系也日益呈现出碎片化、仿像性以及差异性。这些使得技术自身不断地"改变我们思考的方式、我们的性取向、社区的形态及我们的自我认同",[2]当不同观念、思想在此空间交汇、碰撞,认同危机也随之而来。现实中的"我"进入虚拟空间,变成"虚拟我",那么,脱离了现实存在的身体而依靠着虚构的身份和身体的

---

① 转引自[美]乔纳森·H. 特纳:《社会学理论的结构》,邱泽奇、张茂元等译,北京:华夏出版社,2006 年,第 39 页。

② [美]雪莉·特克:《虚拟化身:网路世代的身份认同》,谭天、吴佳真译,台北:远流出版事业股份有限公司,1998 年,第 3 页。

"主体人"，是怎样达成了"身份认同"的呢？

在技术的身体和符号的身体中，我们可以看到女性身体在赛博空间的冲击之下，自身身体与拟像身体之间张力不断扩大，女性对自身身份和身体产生的认同焦虑致使女性在赛博空间中对身体进行符号化身体建构。这种被建构的身份在虚拟空间之中获得了快捷自由的言语方式和交往平台，打破了地域等诸多界限，人们可以很容易在此之中与陌生人达成情感上的交流，许多现实生活中难以启齿的话语可以很轻易地在这种暂时的联系中倾吐出来，并希望以一种猎奇式的体验获得陌生人的认同，或者窥伺素未谋面的网友的生活。而在这过程中，人的主体性实际上是有所缺失的，"影像不再能让人想象现实，因为它就是现实。影像也不再能让人幻想实在的东西，因为它就是其虚拟的实在"。① 虚拟技术的发展，赛博空间的普及使得"客体、个人和情境都成为一种虚拟的'制成品'（ready-made）"。② 人们无法根据自我、他人、情境等既有知识确定自身的存在，继而陷入了这一荒诞的身份危机之中。

拉康在其"镜像阶段"理论中提出婴儿是通过凝视镜子中的"像"确认自我存在的。事实上，个体在成长过程中总是通过各种认同确认自我的存在和价值。日本学者福原泰平基于弗洛伊德和拉康的研究指出："镜像阶段是自己第一次将自身称为'我'的阶段，即还不会说话、无力控制其运动的完全由本源的欲望所支配的婴儿面对镜子时，高兴地将映在镜子中的自己成熟的整体形象理解为自己本身的状态。"③当女性进入赛博空间，身体所呈现出来的结果往往是我们心里最渴求或是最满意自身的标准，于是自我身份认同陷入了一种尴尬的境地：自我身份认同首先要确定"自我"的存在，并且要在日常生活与社会文化中得以持续被创造和被阐释，但是在赛博空间之中，这显然是难以实现的。在赛博空间中我们认同的是"虚拟的我"而非"真实的我"，虚拟空间可以仿像现实，但永远成为不了现实本身。人们虽然

---

① ［法］让·博德里亚尔：《完美的罪行》，王为民译，北京：商务印书馆，2000 年，第 8 页。

② ［法］让·博德里亚尔：《完美的罪行》，王为民译，北京：商务印书馆，2000 年，第 31 页。

③ ［日］福原泰平：《拉康-镜像阶段》，王小峰、李濯凡译，石家庄：河北教育出版社，2002 年，第 42 页。

可以在赛博空间中寻求到现实的补偿,摆脱现实所遭遇的困境,但也会让人迷失在虚拟世界而无法自拔,在自我认同的过程中模糊了真实与虚拟的边界。

巴赫金谈论诗学的时候说:"狂欢化消除了任何的封闭性,消除了相互间的轻蔑,把遥远的东西拉近,使分离的东西聚合。"①与之并行的是,它削弱了主体与现实的联系,使主体沉溺于无意义空间,个体对自我的感知也越来越弱,现实世界的"我"的身份被日益忽视,而虚拟的"我"又可以以多种身份、多种形态出现。也就是说,即使是虚拟的"我"也是被割裂开的,"我"甚至不是一个"完整的我",我们好像无处不在,却又无法自证存在。

在赛博空间之中,网络身份利用文字和图像、符号等一系列信息描述主体,因为自我认同对象的模糊,所以在虚拟身份建构的过程中必然带有虚假性。虚拟的赛博空间中居住着虚假的赛博公民,他者难以作为自我认同的凭证,那么,怎么去认识自我,达成自我认同? 吉登斯认为:"自我认同是个人依据其个人经历所形成的,作为反思性理解的自我。认同在这里仍设定了超越时空的连续性:自我认同就是这种作为行动者的反思解释的连续性。成为一个'人',而不仅仅是一个反思行动者,还必须具有有关个人的概念。"②人们需要依靠民族、种族、信仰等传统因素确认自我的存在,从而确定群体的所在,这即是对于自我身份的认同。然而,在日新月异的赛博空间中,自我无法通过群体达到认同,只能将标准投射到自身并借由本身重新建构起认同的模式。

赛博空间中的"我"是摆脱了现实世界种种束缚、挣脱现实生活种种限制之后建构起来的"理想"的"我",它不再是经由现实身体得以确认的主体,而是用程序、代码等数字化技术建立起来的"虚拟"人物。它往往是现实的补偿,是无选择的"我"的"自主选择",他们可以借着虚拟的网络身份在这个虚拟的空间进行交流,自由地表达自我,从他人的回应之中得到现实之中难

---

① 〔俄〕巴赫金:《陀思妥耶夫斯基诗学问题》,刘虎译,北京:中央编译出版社,2010年,第190页。

② 〔英〕安东尼·吉登斯:《现代性与自我认同》,赵旭东、方文译,北京:生活·读书·新知三联书店,1998年,第58页。

以获得的回应，以此建构"自我"。但是，虚拟空间建立起来的交往关系并不是长久性的，仅仅是瞬时性的，只是借以表达自我的媒介方式之一。"人们一方面借着网路的隔离，隐匿部分或全部真实世界的身份，在网路上重新塑造一个或多个自我……另一方面，网路也使得人们可以跨越时间、地域及生理上的辖制，与虚拟社区中的其他人共同投入这个探索自我认同的游戏，强化这个过程的效果，以及对个人心理的影响。"[①]李辉也在《网络虚拟交往中的自我认同危机》中指出：虚拟交往之所以能够导致自我认同危机，主要是由虚拟和现实的矛盾引发的。[②] 当我们选择在虚拟空间之中满足现实难以企及的愿望时，也从侧面表现出虚拟空间对于现实的消解与反叛，这样就形成了矛盾："身体-身份"的对立与统一。

情况一是"身体-身份"是统一的，现实的交往行为通常是建立在这一基础之上的，身体既是现实的"我"存在的标志，也是"我"与"他者"进行交往的凭证，而"身份"在现实中的固定就致使"交往"情境的规范化与对象的明确化。梅洛·庞蒂指出："身体的空间性不是如同外部物体的空间性或'空间感觉'的空间性那样的一种位置的空间性，而是一种处境的空间性。"[③]身体在某个特定时刻总是处于某个特定空间，在这个特定时刻特定空间中身份是确定的，而正是因为身份与身体的统一，现实的交往才具有真实性与可信性。

情况二是"身体-身份"的分离，即两者并不是居于同一层面或同一空间，赛博空间中的公民就属于这一情况，身体游离于两个空间之中，在不同的空间中拥有不同的身份，基于这种情况，他们才享有更多的自由。现实社会的种种就不能对虚拟空间中的交往形成限制和拘束，但是主体人群也因此而被分离成一座座孤立的岛，他们虽能交往，但不能达成现实中才有的接触。网络使得人们以社区式的形态被分离开来，使得人际交往的范围从现实中所熟

---

① ［美］雪莉·特克：《虚拟化身：网路世代的身份认同》，谭天、吴佳真译，台北：远流出版事业股份有限公司，1998 年，第 3—4 页。

② 李辉：《网络虚拟交往中的自我认同危机》，《社会科学》，2004 年第 6 期，第 84—88 页。

③ ［法］梅洛-庞蒂：《知觉现象学》，姜志辉译，北京：商务印书馆，2001 年，第 137—138 页。

悉的人扩展为各种各样的人,甚至是名人等现实中难以接触的人群,但是这种基于虚拟网络的交往本身就是海市蜃楼,是经不起现实社会的考验的。

科恩指出:"在现实生活中,主客体的特征是交织在一起的。同一个人在不同的关系中和随着情况的不同,可能是主体,又可能是客体。"①主体与客体的位置关系总是随着具体情境而发生转移变化,重要的不是关系两端的人,而是赋予主客体位置的具体情境。网络使得人们拥有更多话语空间的同时,也让人们失去了对现实的绝对沉浸,他们越来越投入互联网的狂欢式交际之中,而不再贴近现实生活,主体人渐渐失去了赖以生存的现实生活土壤。赛博空间中的"主体"因为只有"身份",也就成为没有深度的、不确定的"虚拟自我","人格"自然不存在这一"虚拟主体"之中,由于虚拟主体与现实主体之间逐渐脱节,主体对自我的感知也愈发模糊,现实被逐渐边缘化,身份的认同也就陷入了困境。"我是谁? 我们是谁? 这些关涉我们个人身份与文化身份的令人反思的问题……,它们从未像在我们的后现代文化中这样被如此紧迫地提出来。"②

通过对认同理论的分析,可以明确的是当虚拟与现实逐渐融合,离身化的经验成为具身化的体验,女性越来越分不清虚拟身体和现实身体的关系。女性在赛博空间中对虚拟身体的认同实际上暗含了对现实身体的诸多不满,前者的认同度越高,后者的不满度越强,当两者之间的张力愈大,女性将会对虚拟身体投入更多的关注,而现实身体将面临自我异化的危机。

(二) 赛博空间中女性身体的自我异化

马克·波斯特认为"技术革新最关键的并不是信息交换频率的增加,而是造成了身份建构方式以及文化更广泛而全面的变化"。③ 互联网时代的

---

① [苏] 科恩:《自我论》,佟景韩等译,北京:生活·读书·新知三联书店,1986 年,第47 页。

② [荷] 约斯·德·穆尔:《赛博空间的奥德赛:走向虚拟本体论与人类学》,麦永雄译,桂林:广西师范大学出版社,2007 年,第 159 页。

③ [美] 马克·波斯特.《第二媒介时代》,范静晔译,南京:南京大学出版社,2000 年,第34 页。

到来，使得人类世界几千年来的既定规则发生了改变，在这个由互联网构建的空间，人们以网络媒介为依据，靠代码创建身份，不必遵循现实世界的种种规则，主体可以在其中再现现实中的活动，甚至完成在现实中难以达成的行为，微博、微信、QQ 等平台搭建的虚拟空间，显然就是对传统交往方式的颠覆。人们似乎可以在此空间中为所欲为，但是事实确是如此吗？人们进入赛博空间中没有受到束缚吗？福柯所说的"全景式监狱"不正是互联网时代赛博公民生存空间的真实写照吗？

"一般而言：身份认同分为两种，一种是固定认同，一旦建立起来就基本固定不变，比如对自己国籍和民族身份的认同；另一种是叙述认同，大多需要靠主体的叙述再现自我，并在不断流动的建构与斡旋中方能形成。"[①]人们进入赛博空间之后，需要对身份进行再选择，即重新选择一种在赛博空间活动的身份角色，我们可以重新选择自己的肤色、种族、阶级等，并对自己的外貌进行再加工，进而用这个虚拟化的身份在空间中生活，同时它也会导致自我现实身份认同感有所偏离，赛博公民的文化取向、价值观念、行为准则等的不同，均会导致赛博空间中的自我发生异化。

异化的表现之一就是身份的多样化导致的自我认识的背离。"计算机不再只和计算机有关，它决定我们的生存。"[②]虚拟空间中的主体活动衍生出新的生活状态，在当今时代，实在很难将虚拟与现实剥离开，无处不在的广告宣传，手机、电脑的普遍使用，网络游戏、聊天社区的大众化，都让人们沉浸在虚拟空间之中，而不同的社交区间，人们所选择的身份必然是不同的，现实生活中的学生可以在赛博空间中伪装为成功的中年人士，蓬头垢面的阿姨亦可以变身为光鲜亮丽的都市丽人，"乔碧萝"事件就是如此。一位名叫"乔碧萝"的网络主播在直播时，不慎露出了真面目，与之前在网络上包装出来的面貌大相径庭，网友直呼"萝莉"变"大妈"。正是因为在进入赛博空间时，现实的人要在此空间活动，就必须拥有一个身份，这个身份可以跟

---

① 廖炳惠：《文学与批评研究的通用词汇编》，南京：江苏教育出版社，2006 年，第 421—425 页。

② ［美］尼古拉·尼葛洛庞蒂：《数字化生存》，胡泳、范海燕译，海口：海南出版社，1997 年，第 3 页。

随社群与需求的不同任意切换，并且在很大程度上，人们可以不用对赛博空间中的身份选择担负责任，"多重自我形象表现为个体在社会互动中对自我生存状况的反思性、思考和对自我生命价值的深度探求"。① 当"多重自我"对"自我生存状况"进行反思时，必然思考自身多重身份的合一性、多重生活的归一性和多重空间的叠合性。但是人们运用科学技术生活在虚拟空间，并不代表就能够很好地、正确地认识到现实与虚拟之间的关系，毕竟我们进入赛博空间是基于当下"我"对自己的需求的审视，我们选择身份的时候也是基于此时的心理需要。这样一来，人们就难以在多种身份之中寻找自我，从而就导致对自我身份的怀疑以及对自我认同的迷失。

在赛博空间之中，笛卡尔所提出的精神与灵魂的二元论终于得以实现，在虚拟世界中，人们的肉体难以甚至无法进入，虚拟空间实现了把灵魂从现实的肉体中解放出来，从而使人们的灵魂可以暂得安歇，赛博空间也成为人们新的灵魂的栖息地。然而，随着仿像性发展成为拟真性，我们有网上银行、网上政府、网上商店、网上社群，似乎一切都可以在网上呈现，现实与虚拟的壁垒也日益被打破。"在虚拟现实中，问题不在于创造出来的世界是否和现实世界一样真实，而在于创造出来的世界是否真实到让你不再怀疑。"②人们逐渐难以从虚拟空间中回归现实，"虚拟现实可能导致一种前所未有的情境：真实实在与虚拟实在之间的界限模糊化，不依赖于原型的虚拟现实成为一种自我指涉实体，虚拟现实成为一种超真实存在"。③ 本身就带有避世性的虚拟空间在屏蔽了现实诸多不顺心之后，开始展现出比现实世界更让人舒心的一面，所以，现实公民很容易沉溺其中成为"赛博公民"，并花大量的时间和精力沉浸其中，经营自己在赛博空间中的关系和身份。在现实社会，我们可以凭借身份确定自己和彼此的存在，"一个人的身份特征往往代表着此人或者是这类人的身份，因此身份的在场，往往代表某种身

① 姚上海、罗高峰：《结构化理论视角下的自我认同研究》，《学术论坛》，2011年第3期，第3页。

② Jean Baudrillard. *Simulacra and Simulation*. Ann Arbor：University of Michigan Press，1994：6.

③ 曾国屏等：《赛博空间的哲学探索》，北京：清华大学出版社，2002年，第121—125页。

份的确定"。但是赛博空间之中的"身份"本身就是虚拟的存在，何以"虚拟"
来确定"存在"？在现实生活中存在感不强、对生活参与感不强的人，进入赛
博空间，可以靠着后天性选择，得到自己所希望的"身份卡"，他们可以在某
社群中得到存在感与参与感，并且很容易沉浸其中，难以自拔。比如，长期
沉醉于网络游戏的人，他们往往将网络游戏作为自己心灵的栖息地，并在其
中制造出自己很优秀的假象，以此寻求快感与满足感，长此以往，对现实世界
变得冷漠，不愿从虚拟空间之中抽离；受形象仿真影响的人们，长期观看广告，
视觉上经常受到来自网络游戏中的人物角色的影响，这些形象往往在人型的
基础上加以夸大，却受到了许多人的追捧，现在大行其道的真人版芭比娃娃
就是此情形下的产物；还有人凭借网上的只言片语就疯狂迷恋上一个人，他
们在虚拟中寻求到自己的"精神伴侣"，并把这种情绪带到现实之中，企图在现
实中找到这个"虚拟"出来的人。综上可以知道，在仿像/拟真性普遍存在的
赛博空间之中，所能见的"自我""他者"皆是虚构，而虚构与现实的壁垒也逐渐
消失，那么，就此发展下去，何处是"现实"？何种身份可以确定彼此？

最重要的是，身体被逐渐物化，这一点在女性身上尤为突出。人们进入
赛博空间很大程度上是希望找到一片自由的栖息地，这就要求赛博空间是
自由的、私密的，是可以隐匿赛博公民的现实身份的，让人可以找到宣泄的
出口，弥补现实中的种种不如意：在现实生活中"隐形"的人甚至可以成为
某一社群的领军人物，现实中郁郁不得志的人可以在赛博空间中志得意满。
可以发现，这种虚拟空间的认同方式实质上是依赖于后现代社会所提出的
"去中心化"的思想，从而体现出一种更加多样化、个性化的交流和认同方
式。事实上，在赛博空间中，没有所谓的中心，所有人只要你想就可以成为
某个社群的主体，即是说，在这里，没有主客体之分，每一个人都可以成为自
己行为方式和交流圈子的中心。在信息爆炸时代，谁更吸人眼球，谁就能拥
有更多关注，就可以成为"中心"甚至从中获利。"女性在网络中被如何描
述，首先受到市场经济的影响。"①在经济第一的消费社会，媒介权力在经济

---

① 曾长秋、李斌：《性别与传播：网络媒体中"被看"的女性形象》，《文化与传媒》，2015
年第3期，第189页。

利益推动下愈加把女性身体推至风口浪尖，并以此吸引观众的注意力。

要知道，虚拟的网络关系打破了原有的以血缘、地缘为基准的关系网，而日益发展的快捷交通方式更是使得人群可以最大限度地自由流动，人们相对来说更加容易从原有的关系中解脱出来，获得较大程度上的自由，但实质上人们也还是受传统固有印象的影响。在消费文化盛行的今天，我们所依赖的"自主选择"实际上有赖于大众在消费文化影响下的符号认同，在此基础上建立的个人身份认同自然就带着消费社会所负有的惯有逻辑。比如说网络广告中，芳香扑鼻的香水、性感妖娆的身材、优雅体面的服装等，在有意识和无意识之中都成为我们进入赛博空间所想要选择的。赛博空间的独特之处还在于它将现实世界中较为隐晦的、不明确的意义转变为明示的、明确的意义指标，人们可以选择、可以改造、可以自由发挥，但在惯有逻辑之下，在两性对峙中，女性依然处于"被观看"的地位，这种被审视甚至来得更为直接，各种网络游戏之中性感妖娆的女性形象，网上商店依然会选取更加美丽动人的女性作为宣传的噱头，这种身体的物化还体现在自身身体便捷的可塑性，只需要动动手指头，改改数据。女性的身体/身份一旦进入赛博空间，就已经被数据化和物化了，并且女性自身也会参与进来，对虚拟身份代表的身体评头论足，在某种层面上，女性本身就充当了"物化"的帮手。斯泰西·吉尔斯就对此指出："如果女性主义具备探索赛博空间的潜能，它就必须紧密跟随变化中的社会现实和生活状况，因为通信技术和技术科学对我们的现实生活正产生巨大的影响。"[①]女性主义如果想要在赛博空间中获得独立意识的话语地位，就必须站在数字技术的基础之上与性别主义展开斗争，而在这样的目标之下，赛博女性主义还有很长的一段路要走。

二、女性身体在个人性与公共化之间的撕裂

哈贝马斯认为："有些时候，公共领域说到底就是公众舆论领域，它和公

---

① Stacy Gills. *Neither Cyborg Nor Goddess: The Possibilities of Cyber-feminism*. Stacy Gills，Gillian Howie and Rebecca Munford edited. *Third Wave Feminism: A Critical Exploration* (*the expanded second*). Pal-grave，2007.

共权力机关直接相抗衡。"①公共领域作为和私人领域相对的一个区域,它不像私人领域那样自由舒服,尤其是在公共舆论的压力之下,人们常常需要对自己的行为做出规诫,因此古人有言"君子慎独",也就是说即使是在独处的情况下也应当保持高洁的操守。公共领域中因为有公众舆论这一天然的"监视器",人们在进行某种行为或活动时,往往会考虑到此种行为的结果,因而在现实世界中,人们就会受到各种束缚。但是在赛博空间中,基于它的抽象和虚拟,人们在此展开的行动并不像现实中的互动一样,具有身体的可感受性。个体进入赛博空间之后,就获得了另外一种身份,得到了在现实之中难以得到的体验,这种体验和可能的表现在于它可以不受各种来自外界的期望和现实世界的强制规范。互联网技术既可以让个体隔离,也可以将这些来自天南海北的个体连接在一起;既可以让个体获得相对私密的空间,同时也会导致身体的"全民观看",这种矛盾的能力让身体在"个人性"与"公共性"之中辗转切换。换句话说,他的"虚拟身体"可能不是他的个人财产,人人都可对他的虚拟身体进行"再创造",身体的"个人性"进一步受到破坏,表现为更多层面上的"公共性"。

　　"匿名特性既让人变得更为坦白,又诱惑人进行刻意的伪装。"②虚拟的赛博空间为展现自我提供了自由而真实的平台,但事实是,这里展现出来的"我"是现实中的"我"所希望的形象,并非真实的"本我"。当我们进入虚拟时,需要对自己的身份进行选择,"现实由于它的种种缺陷或局限性,正在成为虚拟现实的淘汰品"。③ 人类趋利避害的本能促使所选择的"身体载体"——身份是经过美化的,这样一来,个人性就被削弱了,也就是说,身体在这一空间中成为一个"被观望"的物品。

（一）身体：在场还是缺席？

　　居伊·德波提出:"当代文化正在变成一种视觉文化,而不是一种印刷

　　① ［德］尤根·哈贝马斯:《公共领域的结构转型》,曹卫东等译,上海:学林出版社,1999 年,第 2 页。

　　② 茅亚萍:《浅析网络的匿名传播》,《当代传播》,2003 年第 6 期,第 59—61 页。

　　③ 李河:《得乐园·失乐园 网络与文明的传说》,北京:中国人民大学出版社,1997 年,第 173 页。

文化,这是千真万确的事实。"①并且认为当代社会是"以影像为中介"②的,在科学技术高度发达的今天,人们使用视觉远多于听觉,而长期处于失语状态的"身体",也在虚拟空间中找到了话语权。因为在视觉时代,身体本身就是视觉得以存在的根本,而视觉也是感知身体的一种方式,就是说,身体可以在消费时代、在虚拟空间借助符号、图像、网络等形成一种新型的景观文化。在赛博空间中,人们的身体可以摆脱现实的束缚,从而仅靠虚拟技术就可进入一个全新的空间,并根据自己的喜好和需要重新建构一个"虚拟身体",使得每个无"真实身体"的个体可以进行自由活动。然而,在赛博空间中,尽管无真实身体的进入,但网络表情包、虚拟人物、网络主播等大量身体意象都频繁出现在大众视野之中,身体的景观化趋势已然呈现,在此时此刻,我们很难断言,赛博空间中的"身体"是处于"在场"还是"缺席"。在虚拟技术之下,人们可以在被创造出来的仿真环境之中与虚拟人物进行交往活动,使自己的思想意识完全沉浸其中。因为赛博空间中的可获得性,使得人们越来越愿意沉浸于虚拟环境之中,以脱离现实。这就使得"意识与身体是否可以分离"的问题再一次出现在研究者的视线中。

"监视器屏幕的这一边是牛顿式的物理空间,而那一边则是赛博空间。"③在大众看来,人们一旦进入虚拟空间,就是暂时抛下了现实身体,一定意义上讲,现实身体的意义不会出现在虚拟空间之中。巴洛在《赛博空间独立宣言》中也说道:"我们的成员没有躯体,因此,与你们不同,我们不能通过物质强制来获得秩序。"这就说明了在赛博空间中,现实身体是有其局限性的,它既无法超越物理空间的阻隔进入虚拟空间,也无法在虚拟空间中生存,身体实际上是"缺席"的。我们尽管可以在不同的时空与对方进行交流,但这一活动的展开首先就必须舍弃我们在现实生活中的肉体,把自己的意识投放在虚拟空间的"身体"中。也就是说,在赛博空间中,一旦双方想要去

---

①［美］丹尼尔·贝尔:《资本主义文化矛盾》,赵一凡等译,北京:生活·读书·新知三联书店,1989年,第156页。

②［法］居伊·德波:《景观社会》,王昭风译,南京:南京大学出版社,2006年,第3页。

③［美］马克·波斯特:《第二媒介时代》,范静哗译,南京:南京大学出版社,2000年,第25页。

触碰对象，这种由技术搭建起来的身体就会如同泡沫一般幻灭，所以，交流、交往、互动的双方的肉体实际上是相互缺席的。但是，尽管身体无法进入虚拟空间，即便它只能停留在物理空间，它也在努力适应虚拟空间的特征，并将自己用一种方式融合进去，用自己的物理身体通过手指、语音等手段控制赛博空间中的"虚拟身体"，所以，在赛博空间中，"身体"并不是"缺席"，而是利用技术实现了现实空间的扩展，以达到"缺席"的身体的技术性"在场"。

　　技术可以使得人们用数字化身来复现现实中的个体，营造出一种"在场"的错觉。"做到缺席又在场的无身体接触，这一梦想不仅是激发大众话语的关键条件之一，而且是激发技术发明的关键条件之一。"①技术发展的目的和原因一直在于超越时间和空间，将不可能变为有可能，在这样的发展之下，原先的"不真实"的虚拟也逐渐变得仿真化，甚至"超真实"虚拟和现实也就不再对立，在这个意义上，虚拟不是对现实的背离，而是现实在另一空间的延伸、扩展。鲍德里亚认为："现实试图通过将其解释为一种虚假的表象来吸收模拟，而虚拟则将现实本身作为一种拟像包围在整个体系之中。"②"虚拟现实技术是一种可以创建和体验虚拟世界的计算机仿真系统，它利用计算机生成一种模拟环境，是一种多源信息融合的，交互式的三维动态视景和实体行为的系统仿真，它可使用户沉浸在该环境。"③虚拟技术的交互性、沉浸性和仿真性往往使得人们在其中可以得到"身临其境"的感受，它从视觉、听觉、触觉等各个方面着手，将现实世界的感受扩展到虚拟空间，力求为主体提供真实的体验，让他们认为自己是虚拟空间中的一部分，而不是一个外来者，为全新的、人为创造的身体存在提供可能性和必然性。因此，也有学者提出，我们在研究赛博空间时必须关注虚拟空间中的"非真实"的身体，"真实"与"非真实"的界限也恰恰在对"非真实"身体的关注中呈现出来。比如《银翼杀手》中的复制人，它们虽然是机器，但在行事、生活上与

---

　　① [美] 约翰·杜翰姆·彼得斯：《对空言说：传播的观念史》，邓建国译，上海：上海译文出版社，2017年，第 152 页。

　　② Jean Baudrillard. *Simulacra and Simulation*. Ann Arbor：University of Michigan Press，1994：6.

　　③ 李振华：《虚拟现实技术基础》，北京：清华大学出版社，2017年，第 3 页。

真实的人一般无二,它们甚至有着人类的情感,"人的特性"在机器上有所体现,便不再是"特性"了,在电影最后德卡在真实与虚拟的交错中爱上了复制人/机器人瑞秋,瑞秋不知道自己仅仅是个机器人,但德卡认为自己像个复制人/机器人了。这就引起了人们的思索:我们应如何界定真正的人类?

莱恩格尔德认为,赛博空间是"人们通过使用计算机媒介通信技术,文字、人际关系、数据、财富和权利都能在其中得到显现的概念性空间"。① 虚拟空间中的身体"是主体意识以数字化编码方式整合客体表现出的可感受的对象化的存在",②借助数字技术,主体可以在虚拟空间之中拥有一个化身,这个化身是根据主体的肉身进行摹写和改造的,其目的是代替缺席的肉体出现在虚拟空间中,维持交往的正常进行。并且这个化身可以依靠数字技术对自己进行反复修改,塑造出更为理想的"自我",这样一来,"虚拟化身"与"真实肉体"就完成了在数字技术之下的"隔空在场"。"作为一种再现产物,身体的媒介性在场取代了以往的仪式性在场。"③身体与媒介往往是相互联系的,微信中"面对面建群""摇一摇"等社交功能都是基于身体的某一部位展开的,表情包里的内容大多也是以"身体"为内容,短视频几乎也是以"身体"或者身体的某一本领为噱头。在赛博空间中,媒介性在场即是符号的在场,数字技术将"肉体"用各种数据转化为可视的符号,并试图将所有的场景再现在虚拟空间之中,形成一个"符号"的世界,它打破了身份、种族、阶级、地域的限制,而汇聚在虚拟空间之中,符号想要获得意义,就必须在意识与社会的交互中达成一致,以获得社会、文化所赋予的现实意义,赛博空间的存在就为这些符号提供了新的意义产生场域。

在虚拟的网络时代,主体在其中的身份/身体建构,事实上是"肉体的缺席",并非传统意义上的"身体缺席",而所谓的"缺席"是指存在的缺失状态,

---

① James Beniger. *Who Shall Controle Cyberspace? Communication and Cyberspace: Social Interaction Environment*. New York: Hampton, 1996: 50.

② 张如良:《对"意象现实"的哲学反思》,《自然辩证法研究》,2008 年第 5 期,第 22—25 页。

③ [德] 汉斯·贝尔廷:《脸的历史》,史竞舟译,北京:北京大学出版社,2017 年,第 250 页。

"在场"则是此时依旧存在的自我意识的展现。"如果说虚拟现实是真实现实在空间上的一种物理延展，它平行于我们生活的现实世界，那么虚拟主体则是虚拟现实中的一个拥有自己思想的'小人'(little people)。"①虚拟主体是一种理想的乌托邦身体，它超越了现实条件的限制，摆脱了肉体的束缚，但仅仅生存在虚拟空间之中，它以纯粹的数据和图像在空间中生存和生活。值得注意的是，虚拟主体与现实肉体始终处于一种"断开"的状态，赛博空间中的虚拟化身取代肉体，仅仅是在虚拟空间之中，而不能上升到现实物理空间，一旦个体想要触碰对方真实而有温度的肉体，这种虚拟化的"在场"就会消失，又重新引发了人们对于赛博空间中"身体缺席"的焦虑。

（二）隐私曝光

2016 年 2 月 17 日，苹果公司首席执行官蒂姆·库克发表了一封公开信，表示苹果公司拒绝为联邦调查局破解一部由恐怖分子使用过的手机，在信中，他写道："我们相信，只有在大家冷静下来，仔细考虑这一举动将造成的重大影响后，才可能保证每个人的最大利益……我们担心政府这种要求会破坏所崇尚的自由和政府意欲保护的民主。"库克坚信个人隐私是与自由、与民主相联系的。但是随着计算机和网络的发展，我们为了寻求更加自由的空间让自己投身于赛博空间中，却是在主动将自己的信息和生活展示给别人。

大数据时代的到来，赛博空间的建立，人们的生活方式、交往方式、思维方式都发生了改变，在提供便捷生活之余，也引发了隐私曝光问题。网络研究专家理查德·斯皮内洛认为："隐私似乎特别难以与互联网和电子商务并存。"②在虚拟的世界中，几乎每个个体都成为没有隐私的"透明人"，网络技术将太多人带进了大众视野，让他们成为被观察的一员。"截至 2019 年 6 月，我国网民规模达 8.54 亿人，较 2018 年底增长 2 598 万人，互联网普及率

---

① Chris Houliez, Edward Gamble. Dwelling in Second Life? A Phenomenological Evaluation of Online Virtual Worlds. *Virtual Reality*，2013：263 - 278.

② ［美］理查德·斯皮内洛：《铁笼，还是乌托邦：网络空间的道德与法律》，李伦等译，北京：北京大学出版社，2005 年，第 133 页。

达 61.2％,较 2018 年底提升 1.6 个百分点;我国手机网民规模达 8.47 亿人,较 2018 年底增长 2 984 万人,网民使用手机上网的比例达 99.1％,较 2018 年底提升 0.5 个百分点。"当今时代,随着信息技术的普及,不管是 QQ、微信、微博等社交软件,还是抖音、快手、火山小视频等短视频软件,几乎没有人不在"围观""吃瓜",这些都或多或少涉及我们的隐私。社交媒体将现实空间扩展到虚拟网络世界之中,在赛博空间为人们觅得一处世外桃源之际,也拓展了公共空间的外延,而私人的隐蔽空间却被迫缩小;现实与虚拟的界限越来越模糊,而公共空间与私人空间的界限也在逐渐消失。在网络世界,实在很难区分何处是公共空间,何处是私人空间。

每个人都希望做真正的自己,而追求自由和渴求摆脱束缚的我们进入赛博空间,却借助了一种最公开化的形式来表达最隐秘的自我,在这样的理想之所,人们自由地表达观点,肆意地表现自我,积极地表述情感,大家既是信息的源头,也是信息的接收器,同时还充当了新的传播者。"有真实的袒露,才会有真实的相遇。"①因此哪怕是在不必展示真实身份的赛博空间,大家特别是女性可以借助虚拟空间的匿名性,尽可能地争取到宽松的话语空间,也正因为匿名性,人们才会无忌讳地去做真实的自己,在角色选择上,在话语表达上,在言论立场上,都会表现出比现实世界中的"自我"更加真实的"我"的本性,他们可以不借助现实生活中的"标签"而在虚拟的赛博空间中表达自我,不需要承担自己所要担负的责任,也不需要担心自己的行为会造成什么后果。也正因为这种"虚实结合"的特征,人们才可以在赛博空间中开辟出一个自己的"理想国",他们既可以安全地躲在自己的世界,也可以敞开怀抱,与虚拟世界的虚拟人物进行人际互动。

使用微信的用户,上至 60 后,下至 00 后,涵盖了各个年龄层。人们可以随时分享自己的生活,但位置信息、生活状态也在无意之中被曝光;"记录美好生活"的抖音,实际上是以曝光自己的生活为代价来吸引陌生人的关注;在微博之中抒发自己的情感和表露自己的态度,实际上也透露了自己的价值取向,更何况,近年来,粉丝通过偶像的照片找到偶像所在地的事件不

① 王怡红:《人与人的相遇》,北京:人民出版社,2003 年,第 174 页。

在少数。窥探与被窥探，一直都存在于看似自由的赛博空间之中。计算机和网络加速了个人信息的暴露与反向收集，个人空间极有可能成为公共空间。个人信息会被存储在网络后台，当我们享受着赛博空间中的商店、银行，在赛博空间发表言论和启动搜索功能时，我们的用户信息和搜索记录会被同时记录下来，用以大数据分析，并在随后的活动中，由赛博空间中的数字技术提供更切合心意的服务。马克·波斯特在《第二媒介时代》[①]中认为，互联网对个体隐私的影响是巨大的，每个人都可以对自身的身份进行编码，成为文字，但同时别人也可以对自己的身份进行解码。注意他所使用的编码和解码的比喻，表面上来看，我们对自己的身份进行修改隐匿，而实际上技术的手段终将被另外一种技术破解：地图可以导航，但也可以被跟踪定位；微博可以记录生活，也可以被他人人肉搜索；朋友圈可以分享家人照片，也可以被他人使用甚至进行诈骗犯罪……在这样的情况之下，迈尔·舍恩伯格所提出的"被遗忘权"[②]被否决，因为，即使我们删除了自己用户端上的记录，但数据早已被上传到后台，这也就是福柯所说的"全景敞视监狱"——福柯认为充斥着技术的现代社会，实际上像是一个监狱监管者，它处于上帝视角，监视着活跃在这个技术社会的我们，在这样的监管下，公共领域与私人领域的界限已被模糊掉，个人的隐私在赛博空间的狂欢之中成为公开的"秘密"。

（三）身体的跨域展示

巴洛在《赛博空间独立宣言》中说道："我们正在创造一个世界：在那里，所有的人都可加入，不存在因种族、经济实力、武力或出生地点生产的特权或偏见。我们正在创造一个世界，在那里，任何人，在任何地方，都可以表达他们的信仰而不用害怕被强迫保持沉默或顺从，不论这种信仰是多么的奇特。你们关于财产、表达、身份、迁徙的法律概念及其情境对我们均不适

---

①［美］马克·波斯特：《第二媒介时代》，范静哗译，南京：南京大学出版社，2000年，第48页。

② 欧盟将"被遗忘权"定义为："数据主体有权要求数据控制者永久删除有关数据主体的个人数据，有权被互联网所遗忘，除非数据的保留有合法的理由。"

用。所有的这些概念都基于物质实体,而我们这里并不存在物质实体。"德国诗人荷尔德林也在诗句中写道:"人诗意地栖居。"在赛博空间之中,由于其自由性和无限性,它迅速成长为人们生存的第二空间,"诗意地栖居"由此也成为众多赛博公民的愿望。

互联网以符号构建出一个数字化的虚拟世界,虚拟交往也成为当代公民交流的主要方式,在这个世界中,尽管一切都是虚构,但是"主体"的进入,使得"虚构"拥有了"真实"的色彩。我们可以在这个空间中购物、交友、办公、游玩等,一切在现实实现的事情几乎都可以在此空间中完成,并且它更加突破了时空的限制。人们的肉体当然无法真正进入赛博空间之中,那么在赛博空间的"我"事实上只是一个由数据搭建起来的、被现实中的"我"赋予意义的符号。在《哲学科学全书纲要》一书中,黑格尔指出:"人不再生活在一个单纯的物理宇宙之中,而是生活在一个符号宇宙之中。"[1]网络使人类真实生存环境与物理空间在另一个虚拟空间之中得到延伸和重构,使"身体"在空间更替中实现了跨域展示。

赛博公民的多种身份、虚拟身份与现实身份的不对应性等都会导致反常。在赛博空间中,男人可以扮演女人,成人可以扮演小孩,而坏人同样也可以伪装成好人。"虽然您收到了我的简历,但如果不浏览我的微博的话,你还是不可能了解真实的我。"[2]我们很难通过虚拟空间中被建构出来的"身份"对一个人做出评判,因为社交媒体的不同,虚拟空间中的"身份"就会有所差异,一个在微信中为学习而烦恼的学生,可能在某个游戏世界中是一个大神,或者在"抖音"中是个主播,现实的确定角色到了赛博空间可能会发生异化,原因在于身份在现实与虚拟的交互中早已实现了跨域。"我们可以在自己的在线身份创建和操作过程中扮演一个积极的角色……虚拟的现实世界已经赋予术语'整容'崭新的含义。在线自我表现是去躯体化的,并且

---

① [德]黑格尔:《哲学科学全书纲要》,薛华译,上海:上海人民出版社,2002年,第276页。

② [加]马修·弗雷泽、[印]苏米特拉·杜塔:《社交网络改变世界》,谈冠华、郭小花译,北京:中国人民大学出版社,2013年,第29页。

不必与他人进行即时的直接眼神接触。"①而"去躯体化""去中心化"恰恰就是人们在赛博空间极度自由的原因。

人们之所以在现实之中倍感束缚，是因为"身体"的存在让人们的责任感和道德感大幅提升，而在赛博空间中，因为"我"的出场是由"符号"代替的，"我"的言语和行为也是由"符号"来表现的，符号本身是不受道德和责任约束的，身体"跨域"呈现的后果也因此呈现出来。网络直播就是如此，在网络直播中，画面是以图像符号为形式展现在大众面前，而观看直播的人也是以符号化的网名出现在直播间，似乎我们一旦进入直播间，我们就沦为了没有生命和意识的符号，但是这些符号化的画面正在通过我们的眼睛传播到现实中，赠送的礼物也可以在现实之中变现，我们对于直播内容的偏向也会反映出现实的"我"的想法。换句话说，我们在线上的活动最终会反馈到现实中来，网上商店的商品和利益最终都会在现实中出现，网上政府的决议都会落实到现实社会，因为"身体"和"身份"在这一刻共同实现了跨域表现。凯瑟琳·海勒提出身体并不是消失了，而是出现了某种"特殊的主体性"，②这种特殊的主体性既有物质性，又有非物质性，是两者的交叉和融合，也就是说，在赛博空间之中，"肉体"并不是消失了，而被隐匿起来了。

在信息爆炸时代，眼花缭乱的图像信息使得人对于视觉快感的追求愈发强烈，虚拟现实作为一种视觉性的符号传递，它是利用数字技术在现实时空之外的空间，创造出新的乐园，它又不是完全的虚假，而是在现实的基础之上，在自由的空间之中汇入主体的意识，能动地建立起来的"超现实"体验。通过主观意识的嵌入、身体的场外观看，将肉身的特征、身体的感知能力、思维意识带入其中，形成了一种在场的感觉，达到身体的"跨域"表现，又可被表述为跨越空间的展示。

身体的跨域展示还可表现为跨越时间，虚拟技术一直试图构建"第二自然时空"，以全新的沉浸式的交流方式，建立起一种跨越时空限制的身体交

① [加]马修·弗雷泽、[印]苏米特拉·杜塔：《社交网络改变世界》，谈冠华、郭小花译，北京：中国人民大学出版社，2013年，第36页。

② [美]凯瑟琳·海勒：《我们何以成为后人类：文学、信息科学和控制论中的虚拟身体》，刘宇清译，北京：北京大学出版社，2017年，第258—259页。

流。网络使得世界各地的人们可以轻松地突破时空的限制,"虚拟实在时空为人类营造了一个既是物理又是心理的空间,它的本质应该是'人类想象力付诸实施的感觉间'"。① 人们在这个空间的交互行为由于不具备实体性和可感知性,不能脱离自己所依赖的虚拟空间而存在于现实世界中,不具有可触摸性与可察觉性,因而在这样一个数字化的世界中,交际行为也就成为一种虚拟行为,现实行为主体可以根据自己的实际情况和理想需要,选择自己认为合适的时间以及在赛博空间中降落的地点,它排除了现实世界中人际交流会遇见的障碍,解决了种种因素的困扰,达成了身体的"跨域展示"。

(四) 身体的色情化

随着新媒介的发展,以数字技术为核心的赛博空间逐渐成为人类生存的"第二空间",这个空间具有无限可能性,整体呈现出开放性、自由性特征,因主体"肉体"的难以进入和意识的参与,又表现出虚拟性、符号化、互动性等特征。它可以超越时空的限制,消除地域界限,将不同身份、文化背景、思维方式的人群联系起来,因而赛博文化总体上又呈现出多元化特征。既然有传统的电视电影,就会有迎合"猎奇"心理的新型文化,如"快手"小视频、"斗鱼"直播等,极致的自由和全民的参与使得人人都可以成为"观看"的焦点。

在当下的消费时代,"我们的政治、宗教、新闻、体育和商业都心甘情愿地成为娱乐的附庸,毫无怨言,甚至无声无息,其结果使我们成了一个娱乐至死的物种"。② 政治、经济、文化等早已与网络技术相联系,并且在众多媒体的参与下,大众不由自主地就参与进"全民狂欢"的行列,"娱乐至死"也成为当下年轻人自我标榜的宣传语。在数字技术影响的现在,赛博空间中的身心关系也表现出"我在线我存在"的特征,那么,这个在虚拟空间之中被建构起来的"形象",在消费文化的推动下,渐渐拥有了不同的意味,当人们进

---

① 李湘德、钱振勤:《"虚拟现实"与现实》,《自然辩证法研究》,1999 年第 9 期,第 13—16 页。

② [美]尼尔·波兹曼:《娱乐至死》,章艳译,桂林:广西师范大学出版社,2004 年,第 3 页。

入赛博空间，目光所及之处都是对"完美身体"的宣传和肯定。法国哲学家梅洛·庞蒂大胆指出："世界的问题，可以始于身体的问题。""在现实世界中，人们表现自我；而在虚拟世界中，人们创造自己。"①在赛博空间这样一个"无偿"的自由空间之中，注意力成为大家竞相争取的对象，"眼球经济"由此兴起，"点击率"成为判断价值高低的标准。在这样的标准下，出现铺天盖地的整容整形广告，碎片化小视频中对身体的展示，社交媒体上对于身体塑形的小心得。为了在赛博空间与现实世界之中实现市场价值，"身体"俨然成为赛博空间中的"视线焦点"。

金元浦在《消费美丽：时代的文化症候》中写道，当下人们对于女性身体的追求近乎残酷，"苗条的焦虑"与"苗条的暴政"一起登场。②"身体正在被工业化、消费化，在消费社会里图像传播的盛况使色情成为该体系中的话语符号，被推销的美丽正变成一种制度，一种霸权。"③在缺乏严厉监管的自由空间中，人们对于身体的塑造和表现显得格外随意，精致的五官、白皙的皮肤、完美的身材成为赛博空间之中"焦点"的"标准配置"，而这些"标准"的获得在数字技术下，如 photoshop、美图秀秀、B612 等，显得格外容易。女性本可以或者本应该在这一片新的领域中寻求自己的话语权，却在消费文化、大众传媒、传统观点的"围攻"下，逐渐沦为被"玩赏"的对象。近年十分流行的视频直播中，大部分主播为女性，她们通过图像、视频分享日常生活或者是个人才艺，A4 腰、蚂蚁腰、锁骨放硬币、锁骨养金鱼、反手摸肚脐都是在此过程中逐渐衍生出来的。激烈的竞争和可变现的收入使得每个人都竭尽全力吸引注意力，其中不乏以自己的"身体"作为"噱头"的现象，半隐半现的身体皮肤、红唇乌发的直播封面都代表着身体成为女性的代言人，在观看和想象的过程中，它也成为欲望表达的对象。

约翰·伯格曾提出"男性观看，女性被看"的言论，它表示在身体表现中，女性总是处于被动的地位，男性观看的视线总是带有某种不可言说的意

---

① ［加］马修·弗雷泽、［印］苏米特拉·杜塔：《社交网络改变世界》，谈冠华、郭小花译，北京：中国人民大学出版社，2013 年，第 46 页。

② 金元浦：《消费美丽：时代的文化症候》，《粤海风》，2005 年第 4 期，第 57—63 页。

③ 彭逸林：《真实，人文的宿命》，重庆：重庆出版社，2005 年，第 112—116 页。

味。"性欲是消费社会的'头等大事'。"①很明显,"色情"往往是与女性相联系的,而女性在赛博空间的符号——大红唇、丰乳肥臀、纤纤细腰在被符号化之后,就成为"性"的符号。这种符号意义表现在赛博空间之中,就是直播中的礼物、社交媒体中的点赞转发、性感图片的点击率等。

欲望、色情本应是隐晦的、不与外人所道的,但在"隐蔽"的虚拟空间之中,它的禁忌性被打破,变得可以肆无忌惮地被言说和被表现。甚至在虚拟技术的加持下,人们可以和自己最喜欢的明星共处一室,她只看着你,也只听你说话。2016 年,全球最大的色情网站 Pornhub 表示,公司将与成人娱乐内容提供商 BaDoinkVR 合作在网站上推出虚拟现实内容版块,且这一版块的内容将向网站的访客(6 000 万人/天)免费开放。VR 是利用计算机及传感器技术所创造的一种人机交互的手段,提供几近真实的视觉、听觉、触觉,使使用者有身临其境之感。基于 VR 技术所给予使用者的几近真实的体验,国外媒体大胆指出 VR 色情视频可能成为用户下一个热门的体验。Mashable 网站编辑雷蒙德·王最近在 CES 上体验了色情视频,他写了一篇文章谈论体验的感觉:"印有 Naughty America 标题的画面消失之后,我发现自己已经身处卧室之中。跪在我面前的是一个女性色情明星,她用挑逗的话来诱惑我。我向下一看,出现一个肌肉发达的家伙。当然,那不是我,我却以为那就是我。我有些困惑。这是谁的身体? 随后我意识到这个家伙不是我。色情女星带进来另一个女性朋友,随后我意识到另一件事,她们都没有穿衣服,她们正在与 VR 中的家伙亲热,也就是我,整个场面变成了'三人行'。虽然我清醒地意识到这两位色情女星实际上是不存在的,那个身体也不是真正的我,我仍然认为这些是真的。"显然,技术的发展与网络的普及,为人们宣泄自己的欲望提供了一种新的方式,这种方式在难以规范的赛博空间中,极易引起人们的跟风。

从上述例子中可以发现,在视觉媒体和赛博技术高度发达的今天,人性的欲望和幻想被极大地激发出来,赛博空间为人们提供了摆脱约束的活动

---

① [法]让·鲍德里亚:《消费社会》,刘成富等译,南京:南京大学出版社,2001 年,第137 页。

场所。在现实生活中羞于提及的"性"在这里可以变得堂而皇之，网络空间的虚拟性和自由性在一些有心人眼中，无疑成为一种新的宣泄通道，借助技术肆意表情达意，沟通交流。欲望甚至是性，向来是不被大众所宣扬的，是被隐蔽起来的，它是男女之间的私事，但在赛博空间中，它甚至可以发展成为一种经济，一种夺人眼球和满足欲望的工具，女性及女性所处的平台为了得到更多关注，将在不自觉间主动展示自己身体的性感和魅惑，于是在这一经济中处于"被看"和"被消费"地位的赛博女性又面临着被言说、被建构的尴尬处境。

第三节　赛博空间中女性身体
问题的伦理思考

　　站在时空交汇层面反观历史，过往是不停演进更迭的时空发展形态，碾压过众人的体验与悲欢，"不废江河万古流"，而科技更是成为历史车轮滚滚向前的加速器，推进历史进程。赛博空间作为新型的空间形态正改变着现代人的"生活方式"，人类的物质生活和精神生活都在虚拟化的状态下发生激变。正如荷兰学者约斯·德·穆尔在《赛博空间的奥德赛——走向虚拟本体论与人类学》一书中所预见的，"正是电脑把人带进了赛博空间，并且最终促使人类改变了自身"。[①] 人类正在通过自我转变以适应赛博空间的到来，自然会引发赛博世界中主体所面临的伦理问题。其实赛博空间带给人类身体的伦理性问题早就受到了学界的广泛关注，并且诞生了大量理论著作。在关于赛博空间伦理的众多著述中，《赛博空间中的伦理学》比较具有代表性，以计算机为载体和媒介的交流可能导致的道德问题是值得深思和考虑的，交往环境的不同对于交往活动产生不同程度的影响，作者从伦理学的角度分析了空间的变化与社会行为活动的关系。在《赛博准则：赛博空间中的道德与法律》中，作者审视了数字网络的广泛应用导致的社会道德问

---

　　① ［荷兰］约斯·德·穆尔：《赛博空间的奥德赛：走向虚拟本体论与人类学》.麦永雄译，桂林：广西师范大学出版社，2007年，第7页。

题,他的主要关注点在于言论自由、知识产权、隐私安全等,对赛博空间中产生的一些问题进行道德分析,并试图建立一种道德标准。《赛博空间伦理学》则主要对赛博空间的管理方面进行讨论,作者认为目前现实社会中人们所遵从的道德与法律等传统伦理方式无法完全适用于赛博空间带来的新问题,赛博空间要求在公平和自由的基础上建立新的伦理准则。这些学术著作尽管观点不一,但究其根本都在指明赛博空间与人类伦理的危机,都在探究危机的解决之道。

　　赛博空间借助科技带给生活的改变孕育了伦理危机,科技与伦理间的矛盾是日渐突出的,而女性因性别特性更加深刻感受到了这一变化,并深受其影响。首先,面对科技带来的赛博空间的入侵,技术构建的虚拟空间与现实空间的撕裂,对女性自身适应性提出了全新要求,而且技术权力所引发的女性赛博未来发展轨迹也不得不被思考。其次,赛博空间的虚拟身份多元化与现实身份的隔阂使女性身体意识的伦理问题得到更多关注,自由的空间状态也呼吁着责任意识的规范与重整。最后,赛博空间对距离界限的溶解导致信息和社交的全球化提早到来,与之相对应的女性网络参与和网络机会的全球化差异日渐突出,审美理念也相应会出现趋同化,女性互联程度差异日渐被重视,全球化与本土化交错背景下女性的选择依然不可忽视。

一、虚拟与现实

　　赛博空间的虚拟性是其固有的本质属性,而虚拟性又源于对现实的模拟和还原,赛博空间可谓是融合虚拟与现实的产物,是虚拟状态下被改造的现实空间。虚拟空间和现实空间的关系,无论是对抗与交融,还是改进与还原,都不能完全概括两者间的关系,也很难清晰厘定出两者的界限。伴随着科技发展,虚拟现实日渐走进人类的生活,科技进步带给女性最大的福利就是技术权力正在催生女权主义向更深层面推进,女性的话语权和信息获取与发布等权利日渐得以实现。造就这一变化的根本原因是女性作为性别特征的身体状态正在被统一化外衣下的网民身份所取代,虚拟身份正代替女性性别标志活跃于赛博世界。女性赛博的未来正悄然来临,裹挟着现实科技与权利催化的革新,攫取着空间与时代蕴藏的养料,所向披靡,一路向前。

关于将赛博空间作为新型网络虚拟空间与现实空间之间的关系的问题已在本书的第一章中做过详细探讨，虚拟空间与现实空间之间的差异和竞争也已有所涉及。赛博空间历来被认为是超空间的代表，超空间所表现出的对于现实空间的超越就体现在虚拟对现实的超越，虚拟空间借助虚拟技术对现实束缚的挣脱，这种超越和挣脱并非被认为一定要超越现实空间，而仅仅是虚拟空间的表现形式是超空间的罢了，两类空间优劣并存，也难分伯仲。当然也有学者认为网络空间结构对地理空间具有超越性，贝蒂眼中的网络空间应该是"一种无法被直接感知的新的空间，一种可能比物理空间更重要的空间，一种建构于传统地理空间结构基础之上却又不同于传统地理空间结构的空间"。[1]

现实空间中的部分组成因素诚然在被虚拟空间所取代，这种取代的形式也往往表现为对现实空间不足的弥补和相关特征的取代，但真正利用虚拟取缔现实怕是难以实现的，毕竟身体的现实属性是无法改变的，虚拟空间只能尽可能满足人类肌体的相应需求却非全部，在虚拟与现实的对抗中，虚拟的确有些方面占据了上风，但不能真正取代现实。其实伴随虚拟空间诞生的还有人的异化，现实并未发生改变，身体也未被取代，虚拟空间主体的参与不同于现实空间的身体的介入，而是依托于身份投入其中，在虚拟空间的主体虽然依旧是人类，却是与现实空间人类相区别的特殊构成。

赛博空间应当被还原为人与技术的结合，"一方面，由于后工业时代中技术环境的自然化及自然环境的技术化趋势，人迫切需要一种与技术结合一体的、重构了人的生物学存在和情感动力的生活体验；另一方面，从现代文化到后现代文化，从现代社会到后现代社会的变迁赋予了人在信息时代中构建个人叙事的需要，从而需要一种能不断重新界定身份的技术环境——即网络空间"。[2] 因此，虚拟空间与现实空间的关系还是要归结到作为主体的人的身上，虚拟空间是基于现实空间的发展，是针对现实空间某些

---

[1] Batty Micheal. The Geography of Cyberspace. *Environment and Planning B: Planning and Design*. 1993, 20(6): 615-616.

[2] 张果：《网络空间论》，武汉：华中科技大学，2013 年。

部分的分化与再放大,以此成就了吸引主体感官的新空间样式。但是无论是现实的本质,还是虚拟的本质,其共性都是终将指向人的本质,且为人类服务。虚拟和现实都不能脱离人类而独存,即便人类未置身,但是两者都将交汇于人类本体。诚如陈相光所言:"虚拟本质是人的现实本质分化发展的结果,人的现实本质和人的虚拟本质共同构成人的本质。"①虚拟空间和现实空间都是人类生产、生活的场域,经由人类创造和改造,服务人类需求,所以必然反映人类的本质。虚拟的全部张力和价值都归结于此,其评判标准也不能脱离对人类本质的反映。以往的研究往往只是针对赛博空间带给主体体验的重要意义,而忽视了网络与主体之间存在交互影响的问题,那就是网络空间中虚拟实践的本质,也就是人类的实践本质。皮海兵认为:"网络虚拟实践一方面表现为主体对网络的深刻体验,另一方面表现为网络与主体之间的互相建构。"②人类在赛博世界中不是仅仅沉溺于感官体验的获得,而是利用全新方式参与虚拟性实践,这才是赛博空间所实现的主体价值意义和人类本质属性的回归与彰显。

　　现实空间是基于身体在此现实环境所联结构成的界域,环境带给主体的体验是基于已有界域内的客体带给主体的感受,因此现实空间会受到距离、物质和时间的限制,这种限制带给主体的体验往往是纯粹而真实的,而且是构建在真实环境之上的。基于此,虚拟空间构建过程进行的是对现实空间的模拟和主体感官的还原,但是这种模拟不是通常意义上简单的模仿,而是添加了流动的形式,是有别于现实的。现实和虚拟的关系正努力摆脱对抗,想方设法地融合,并试图借助新兴的技术手段努力将虚拟转化到现实之中,以构建更加适宜人类生存和发展的环境,带给人类最为舒适的环境体验。网络空间的虚拟实在性是对其现实和虚拟关系的概括,美国学者迈克尔·海姆就曾在其专著《从界面到网络空间:虚拟实在的形而上学》中对赛博空间进行了形而上学的虚拟实在性分析。他指出,网络空间应当是"数字

① 陈相光:《人的虚拟本质与网络生活指导论:兼论虚拟本质与现实本质的关系辨证》,《兰州学刊》,2011年第8期,第84—88页。
② 皮海兵:《网络虚拟实践的本质》,《吉首大学学报(社会科学版)》,2011年第3期,第25—28页。

信息与人类知觉的结合部，文明的'基质'，在这个网络空间中，银行交换货币（信用），而搜索信息的用户则在虚拟空间中存储和再现的数据层中航行。网络空间的建筑物也许比实体的建筑物更具多维性，也会反映出不同的实存规律"。① 这句话很抽象，其实意在说明赛博空间的数据式搭建方式，这种数据和信息的组合的多样性所呈现出的空间形态也是多样的，尽管其具有多样的特性，但无法变更的是虚拟与现实的结合，是技术和感官的交汇。

　　伴随着科学技术的高速发展，赛博空间逐渐吸纳了普罗大众，虚拟和现实融合的问题日益凸显，两者间良性互动的问题日益摆在人类面前。纵观人类自身的发展过程，其实质就是对自然的改造，促进其为我所用的发展进程，同样也在改进技术，努力营造舒适化的生存环境和空间。虚拟空间的特征以及虚拟与现实的统一问题早有学者进行了相关探究，傅治平认为"由于文化的核心是'人'，是人类在'自然的人化'过程中不断认识、创造、积累的产物，网络的虚拟虽然为人类创造了一个更大的认知、选择、创造的空间，实现了不可能的可能，其最终的归宿还是要将虚拟社会中的获得移植嫁接到现实社会中，从而影响和改造现实社会，实现现实与虚拟的统一"。② 他提出的解决措施是科学且合理的，并具备操作性，虚拟空间的归宿的确应当回归到现实社会，利用虚拟空间完善和改变现实空间是达成两者共生与繁荣的不二选择。我们不能忽略网络空间所营造的更加开放多元的环境的重要价值，也不能忽视其带来的危机，但总体而言赛博空间利大于弊的结论是可以认同的，这也为虚拟和现实统一的问题指明了方向。

　　反向观之，科学和技术本身的发展催生了上层社会进步发展，但是它带来的最直接的改变是直观的科技层面的变革，体现在科技本身的改进。科技的发展也在改变女性在赛博世界的主体意识和感官获取，赛博女性的未来将会伴随着女性期冀已久的真正的公平与自由，赛博女性的未来在于解构传统性别观念，真正赋予女性全新身份和崭新的生存状态。科学和技术

---

① ［美］迈克尔·海姆：《从界面到网络空间：虚拟实在的形而上学》，金吾伦、刘钢译，上海：上海科技教育出版社，2000 年，第 89 页。

② 傅治平：《自由互动的虚拟现实》，《北京邮电大学学报（社会科学版）》，2005 年第 1 期，第 6 页。

的每一次变革似乎都会和女性意识觉醒、女性解放联结起来,最典型的就是两次工业革命,机器取代人力的结果是男权社会的式微,女性渐渐走出家门,走向工厂,成为参与社会生产的一份子,可以与男人一样通过劳动来实现自身价值。伴随着现代科技革命,网络世界的经济发展使得女性更加受益,能通过电脑和手机等终端电子产品就足不出户地参与到工作中。可见,男性和女性在社会生产中的性别差异正在被科技逐渐消解,赛博女性未来在社会生产实践环节的公平地位将被科技维护,这是女性作为具有劳动属性的人类本质的体现和自我价值实现的重要途径。赛博女性可以借助科技发展更好地将自身性别和力量的缺憾隐匿起来,既是自我保护也是自我实现。当大量线上办公设备应运而生,性别与区域对于女性工作的影响便在日渐消亡,取而代之的是真正无差别和无性别歧视的工作机会的均衡。

赛博空间虚拟与现实、技术与未来的关系也在提醒我们尽早根据其特点制定合理发展方向,不要让赛博虚拟成为法外之地,任由网络犯罪和"暗网"侵害。已有研究者提出:"我们应该且必须从技术开发、政策制定、法律完善、舆论宣传、文化教育等各方面积极加强现实与虚拟的良性互动,合理建设更加开放、共享的公共空间,依法保护代表安全、隐私的私人空间,并且在虚拟社区的趋同性与独立个体的多元性之间保持正态张力。"①实现好虚拟与现实的良性互动,方能让赛博空间良好发展,在正途中行远。科技进步势不可挡,合理部署虚拟空间的科技发展计划,赛博女性的未来发展定然如人类所愿。

二、自由与责任

既然赛博空间中的虚拟性如此重要,女性在赛博世界的自由度是可想而知的,女性自由伴随着科技发展已达到前所未有的高度。前文已然探讨,女性在赛博空间中可以不再以性别化身体出现,而以某种特定的身份而存在,这一身份所呈现的虚拟多元性是值得探讨的。与现实社会一样,女性的身份在赛博空间也是多元的,不同关系和环境背景下的身份也是改变着的,

① 张果:《网络空间论》,武汉:华中科技大学,2013 年。

不同的是赛博女性的自由度越高，与之对应的限制就越少，虚拟和现实身份的异化与差别带来了更多的伦理问题。人际交往随之产生新的问题，黄少华认为，普通大众可以"充分利用网络的匿名和连接功能，扩展自己的人际交往，充分地在陌生人面前展示自己"。① 社交从线下转入线上，从现实转向虚拟，从被限制转向自由无束缚，改变越大，新问题就越多，例如人际交往过程中身份变化所产生的自我异化与分裂，由虚拟多元身份和现实身份对立所产生的伦理问题，自由意识的绝对尊崇与责任和道德间的撕裂，等等。网络空间伦理对现实社会伦理关系所产生的影响是不容忽视的，"网络空间伦理改变了现实社会中的伦理关系。每个进入网络空间的个人都具有自己建立在自己理性之上的伦理判断和标准。每个人之间的标准和判断可能存在着矛盾和对立，由此产生网络空间的无序和混乱"。②网络空间不像现实空间那样具有明确的法律约束性，在人类社会形成的长期历史中，一些约定俗成的观念、意识形态以及道德观念已经深深地扎根于人们的潜意识之中，由于不同地区不同民族形成的多元文化又使得这些问题变得复杂化。从此种意义上来说，赛博空间作为全球共享的空间世界，其中的伦理关系和问题既有传统物理空间中那样复杂多元的形态，又会出现一些新的问题。

赛博空间被有些研究者视为陌生空间，也是因为赛博空间的身份交往带来的隐匿性。赛博空间世界中的赛博社区是非实名的，用户透过屏幕便可以参与线上活动，彼此间仅仅借助网络身份就可以进行交流沟通，谁也无法知晓对方网络身份背后的真实身份，也不可能窥探到对方的真实信息，私密性的增强带给交往便捷的同时，也带来了麻烦。赛博世界的主体参与性较强，却没有必要的限制，这就会导致固有现实人格的缺失和混乱，伦理道德、法律规则的真空世界带来了早些年的网络混乱。黑客作为赛博世界的蒙面犯罪者是带头违背规则的典例，黑客伦理观念研究也早有学者进行过，

---

① 黄少华：《论网络空间的人际交往》，《社会科学研究》，2002 年第 4 期，第 93—97 页。
② 郑淑媛：《试论网络空间伦理与现实伦理的关系》，《渤海大学学报（哲学社会科学版）》，2005 年第 2 期，第 35 页。

莱维曾经对黑客伦理观念进行条理分析,他总结为六点:第一,进入计算机应是非限制性的,并且只需要绝对服从于手指的命令,而非伦理规范。第二,全部的信息都应是共享和免费的。第三,要敢于怀疑和质疑权威。第四,黑客的评判标准应该是并仅仅是其高超的技术水平。第五,任何人都能在计算机上创造自己认同的艺术和美。第六,计算机一定可以将生活改变得更加美好。[①] 这种黑客观念是盛行在网络世界的,赛博公民往往会秉持此类观念,而忽视了必要的限制和应当承担的责任,换言之,赛博世界并非无法之地,也应当具有一定的法律规范约束和道德伦理要求。

网民往往忽略掉赛博世界的规矩意识,往往自认为可以在赛博空间享有极大的自由,甚至可以为所欲为。施瓦茨曾经就网民进入网络世界的目的作出探究,他认为:"网民进入互联网最主要的目的,并不仅仅是为了寻找信息,更主要的是为了寻找符合自己想象中的他人,以便与之进行互动。"[②]想象之中的他人在现实世界是难以相遇的,因此会在网络世界中寻找。网恋就是一个例子,越来越多网民不敢在现实世界谈恋爱,于是转向网络空间找寻理想中的真挚爱情,越来越多的人沉溺于与屏幕谈恋爱,与想象谈恋爱,但往往回归现实恋爱就会产生失落感。况且虚拟身份的网恋又产生了虚拟信息和虚假身份的诈骗问题,即便许多赛博公民意识到了这一问题,但往往在进入赛博世界后就会忘记这些顾虑,转向进入网络世界的目的的实现,因为赛博世界常常可以使身处其中之人忘记现实世界的束缚,女性更能在虚拟环境中体会到自由的氛围。因为现实的"人际交往活动的空间、活动的方式等都要受到来自物质世界规律的约束,依附于特定的物理实体或特定的时空位置",[③]而网络世界恰恰解决了这些问题,为主体带来了绝对的平等和自由。

自由问题是网民所关注的,也是让他们痴迷的存在,许多网民甚至觉得网络世界最大的便捷即为自由的真正来临。任莉莎指出,"在以自由为特征

①　严耕、陆俊:《网络悖论》,长沙:国防科技大学出版社,1998 年,第 66 页。

②　翟本端:《教育与社会:迎接资讯时代的教育社会学反省》,台北:扬智文化事业股份有限公司,2000 年,第 18 页。

③　童星:《网络与社会交往》,贵阳:贵州人民出版社,2002 年,第 45 页。

的网络社会,自由的价值受到网络人的极度推崇"。① 究竟何为自由？这是我们一直在探究的一个问题,以塞亚·伯林曾经将自由理解为三个关键词：自觉、自主和自控,并在文章中进行了细致地展开和描述,自由就是"个人希望成为他自己的主人。我希望我的生活和决定是依赖于我自己的,而不是依赖于任何外在的力量。我希望成为我自己的,而不是他人的意志、行为的工具。我希望是一个主体,而不是客体,我希望被理性,被我自己的有意识的目的而不是被外因所驱动。我希望……做出决定,而不是被决定,自我导向而不是按照外在的自然而行动"。② 自由在现实世界备受推崇,在赛博空间同样受到关注和重视。傅治平曾在《自由互动的虚拟现实》一文中指出："在虚拟现实里,特别强调自由与个性,大大弱化了权威观念、主流意识。有一句耳熟能详的流行语就说明了这一点,'谁知道你是一条狗''网'无英雄,遂使竖子成名,只要你能叫、会叫,哪怕是一条狗,也会在网络上造成巨大的震荡。"③网络世界为了博取公众视野,吸引大众眼球,一切规则和道德都会被抛弃,取而代之的是流量和关注度的崛起,是对自由的绝对向往和对平等的绝对推崇。然而当赛博世界摧毁了全体赛博公民的底线,我们实在难以想象赛博世界的混乱应当如何解决,赛博世界的发展将走向怎样的轨道。

网络空间的自由和平等就是网络世界的伦理原则,就是网络公民所公认的准则和要求,而这一要求近乎毫无要求。自由和平等是文明社会的要求,是人类走向进步的必要条件,但是这种理念不能被曲解,也不应该被过度解读。文明固然是普罗大众的根本诉求,但是文明的尺度不应当掌握在众人手中,众人所具有的主体差异性必然会造成标准的不一,其产生的混乱后果是我们无法想象的。郑淑媛曾指出："网络空间伦理的原则应该是自由、平等以及在自由平等基础之上的公正。公正首先体现了自由和平等,它尊重进入网络空间中的每一个主体的自由和平等；其次,公正保证每一个进

---

① 任莉莎：《论网络社会的自由与秩序》,《电子科技大学学报（社科版）》,2002年第4期,第68页。

② [英] 以塞亚·伯林：《自由论》,胡传胜译,南京：译林出版社,2003年,第8页。

③ 傅治平：《自由互动的虚拟现实》,《北京邮电大学学报（社会科学版）》,2005年第1期,第7页。

入网络空间的主体的自由和平等。"①该论述对网络空间的伦理价值做出了定义，指出网络空间的伦理标准既需要被体现、被奉行，也需要真真切切的实现。尽管网络世界的自由产生了一系列问题，但是我们不可否认其带来的巨大进步，因此，在网络规范管理和理性引导下的赛博世界的自由才是可以被保证的相对的自由，而非为所欲为的自由。

　　然而，当我们跳出虚拟世界的圈子，再进一步深入思考网络赛博的自由和平等时会发现，这种自由和平等只是属于网络公民的，甚至只能归属于部分赛博人。我们不能保证所有人都可以接受并顺利进入赛博空间，对高科技的接受还是有门槛的，许多中老年人和文化水平较低的人，或者技术条件难以实现的地区居民是不具备进入赛博世界的水平和条件的，因此赛博的自由与平等的伦理规则是难以惠及他们的。与此同时，进入赛博世界的人也难以实现真正的平等和自由。首先，从进入赛博空间这一起点开始，时至今日仍然有一部分人会因为年龄、地区、经济、智力等种种身体因素或社会因素而没有进入赛博空间的"入门券"；其次，即使进入赛博空间之中也并不意味着平等和自由，知识权力、性别权力仍然存在，女性身体再度成为赛博空间中的特殊现象，成为男性追逐的、猎艳的对象。关于赛博女性在赛博空间权利缺失的问题是我们不得不关注的，赛博女性身份在网络世界被刻意模糊化，许多现实女性在赛博世界往往将自己包装为男性，惧怕女性身份曝光会带来许多现实问题。生活中许多女性在网络游戏、网络社交、网络消费中往往化名为男性，在选择性别时故意将性别标注为男性，这种现象既是女性的自我保护，也说明网络世界依然存在性别歧视的问题。而且赛博世界的女性往往会被性感化甚至色情化，女性身体在网络世界被过度化消费的事件时有发生，放眼网络世界中的女性形象，她们往往会被人为地与性感、欲望联系在一起，网络直播很大程度是对女性美貌的消费，将女性身体作为消费的热点。而且，网络世界影响下的女性审美意识日渐缺失，日渐附庸于男性审美标准。网络世界的自由没有带来女性审美的多元，反而造就了千

---

　　① 郑淑媛：《试论网络空间伦理与现实伦理的关系》，《渤海大学学报（哲学社会科学版）》，2005年第2期，第36页。

篇一律的女性面容和风格，而且这种风格很大程度上还是为了迎合男性审美。所以，赛博世界的伦理问题，尤其是女性的不平等待遇亟须关注和解决。

赛博世界的自由特征带来的混乱正在被各国以技术监管和立法保障的方式予以解决，进入赛博空间的我们在成为赛博公民的同时也应该自觉承担应有的责任，呵护赛博空间的一片净土，还网络世界以风清气正。同时，赛博女性在网络世界平等性的缺失，多元身份与现实单一身份引发的失落，伦理道德观念的日渐缺失等问题还是亟待解决的，尽管日渐凸显的相关问题正引发有识之士的关注，但解决之道阻且长。

三、全球化与地方化

纵观世界史的发展，全球化经过了漫长的演进历程，经由新航路开辟、第一次工业革命、第二次工业革命和第二次世界大战后的科技革命等历史事件，全球化历程不断深入发展，地球村正悄然形成。随着科学技术革命和互联网时代的到来，赛博空间实现了信息获取与交往方式的改变，距离界限被消解的时代已经正式到来，信息获取和传递变得更加便利，网络交际的地区界限也已经荡然无存。距离的消解带来的是网络世界全球化的真正到来，"借助于电子，我们不仅可以扩展我们全球性的中枢神经系统，而且可以立即将每一种人类经验都关联起来……这就是新的全球村"。①赛博空间之所以具备全球化特征，主要在于其空间范围中具有一定的社会属性，赛博公民可以在网络世界尽享社会权力。即便网民"确实依然生活在地方里，但是，由于我们社会的功能与权力是在流动空间里组织，其逻辑的结构性支配根本地改变了地方的意义与动态"。② 也就是说，虽然我们生活在地方，而实际上流动于赛博空间，而这种流动使固有的交际界限被取代，地方的意义和动态可以被改变，因此女性社会权利借助网络技术传递，可以最大限度地

① Martin Dodge. *Mapping Cyberspace*. New York：Routledge Press，2000：48.
② 黄少华：《论网络空间的社会特性》，《兰州大学学报（社科版）》，2003 年第 5 期，第 62 页。

得到实现,足不出户地获得个体权利和实现价值,轻而易举地参与到全球化浪潮中。现代女性可以借助网络经济形态,在任何一个购物平台轻松做店主,足不出户地参与社会经济交往,通过网络和终端设施交互,促成女性经济权力的实现。

权力的保障和实现是女性所期待的,同样也为社会和文明的进一步发展提供了动力,女性参与赛博社会的过程实际就是在进入交际的全球化。张之沧认为"自从网络社会出现之后,领土性的社团与地理学上所界定的社团相比,就开始变得越来越小"。①诚然,网络世界改变了地理空间和场所团体,群体观念自由组建,网民可以自由参与其中。网络为各种爱好圈子提供了便捷的组建条件,贴吧、软件等形式给予网民各式各样的团体结构,各种各样的爱好圈、粉丝团形成了小团体、微领域等。这些小圈子中的个体不限地域、国别与民族,甚至没有共同的文化背景与相似的历史意识,他们只是在某一个微小的领域达成了暂时的一致。女性群体在赛博空间中又是较为独特的群体,女性一方面借助网络隐藏自身性别,弥补性别在社会和交往中的缺陷;另一方面也在借助便捷技术,实现经济、政治、文化权力和性别意识的新崛起。女性得以在网络全球化进程中实现群体价值理念、审美观念、性别意识、权力方式等方面的转型,更加开放、自由地接受信息,实现自身转变。时代新女性正一点点改变世界对女性的固有认知,女性借助赛博世界逐步实现了身份转型和权力获取,全球化的网络环境的确带给女性新的转变。

全球女性都应当获得进入网络环境的机会,平等享有网络发展带来的红利。然而这只是一种美好的设想,全球区域经济不平衡的问题日益突显,各国之间经济发展差距尚大,各国间经济发展不平衡也导致各国网络接入和网民数量的不平衡,许多经济落后地区还不能接入良好的网络,网民数量相对较少。女性的网络参与和网络机会存在全球化差异,经济落后地区的女性依旧无法应用网络,在没有互联网接入的地区女性依旧无法投身赛博世界。即使是有互联网接入的地区,因文明开化程度的不同,女性的网络话

① 张之沧:《"赛博空间"释义》,《洛阳师范学院学报》,2004 年第 3 期,第 24 页。

语权依然存在地区差异，女性互联程度存在较大差异。女性的地域化也因为全球化浪潮而逐渐失去原有的文化属性，地域性特色被消解后，千篇一律的女性话语意识和审美意识掩盖了多样性和地域性的女性文化色彩。

女性互联程度的差异也阻碍了赛博空间全球化的发展，伴随着世界经济发展和文明程度加深，女性互联程度可以不断加强，世界网络发展全球化也可以早日推进。

世界文化本就是多元性的，文化的民族性和地域性差异构成了文化的百花园。经济全球化一方面促进网络全球化，另一方面也导致文化趋同性渐强。在前一章中，已经分析过女性身体在消费社会中出现了追求"标准"身体的现象，尤其是在赛博空间环境之中，拟像的符号构造出超真实世界，女性身体被虚假的符号所诱惑，对虚假的身体不断追逐，李朔梅曾在文中指出："商品经济影响下，美丽已成为商品产业，女性审美已出现商业化的倾向。流行杂志、报纸、电视广告等传媒不断宣扬经济与科技合力打造的美女形象，诱导女性进入美容、整容等消费领域。"[1]这只是一个方面，女性审美观念的趋同实际也是世界文化多样性被解构的典例。文化自身具有区域性的特征，不同地域文化的差异是世界文化多元化的重要原因，但网络和经济全球化致使文化趋同，打破了文化的多元格局。尤其是女性具有较强的盲从性，伴随全球化语境构建深化，女性如何保有文化独立是值得深入探究的。李朔梅在文章中对这一现象进行分析，并认为当今最大的问题表现为如下三点："经济利益刺激下，女性审美出现商业化；盲从身体自我，女性审美又陷入'他者'性；一味追求外表美丽，女性审美步入世俗化。"[2]所以，我们既要看到网络发展全球化，赛博空间促进女性话语权力的实现；同样也不能忽视文化尤其是女性意识多元化的消逝。

综上，我们主要在探究赛博空间的种种变革所带来的伦理问题，尤其是带给女性群体怎样的伦理冲突。后现代主义学者所涉及的大量后现代方法

---

[1] 李朔梅：《全球化语境下如何构建女性审美价值观》，《安徽文学》，2014 年第 8 期，第 61 页。

[2] 李朔梅：《全球化语境下如何构建女性审美价值观》，《安徽文学》，2014 年第 8 期，第 62 页。

着重探究的仍然是赛博空间与现实空间区别带给女性的撕裂,女性如何实现科学与伦理、身体与道德、欲望与现实等对立关系的平衡。这些二元对立集中于赛博世界,带给女性的矛盾感却是多元的。女性在面对诸多伦理问题时应当正视这些矛盾,把握矛盾的尺度,善于反思与抉择。技术带给伦理的冲击需要女性自身寻求解决之道,当然也有学者认为科技是先进的,而伦理是滞后的,两者之间的矛盾必然存在。为何两者之间的矛盾具有必然性呢?我们可以援引沈铭贤的观点进行分析,他指出其中的原因有三点:一是伦理与科学的评价标准不同,科学的评价标准是创新和真实,而伦理的评价标准在于是否有利;二是伦理的相对滞后是一种必要的保守机制和免疫机制,是对社会和道德稳定的一种保护;三是这种矛盾是科学文化与人文文化的分裂的表现。[1]正是这种矛盾的撕裂,导致赛博世界中的女性具有较为突出的挣扎感,需要时刻在这种矛盾中纠结、反思与成长。然而我们不应当认为伦理具有滞后性而主动放弃对女性身体问题的思考,相反,当女性身体问题已经出现时,我们必须对科技发展有所回应,而不是任其愈演愈烈。

　　一方面,我们应当承认网络发展具有不可忽视的进步性,它带给我们便捷的生活方式和开放多元的环境,但另一方面也应当警惕它所存在的不利影响,网络接入的不平衡加大了区域间、个体间的差异现象,文化霸权在赛博空间中仍然有存在的可能,法制的缺失致使自由的无节制泛滥等都值得我们注意。而这些问题产生最重要的原因在于赛博空间与现实空间的关系无法得到和解,赛博空间究竟应当作为现实空间的延伸而必须接受现实社会各种意识形态的介入,还是可以彻底作为独立存在的空间形态?事实上,当前我们看到的是赛博空间已经无法脱离现实,但因其虚拟现实性、光滑流动性等诸多特性,使得现实社会中的道德、伦理和法制在其中的表现甚是乏力。

　　袁祖社曾指出网络未来发展方向:参与、合作、交往、互利和共享,[2]这

---

　　① 沈铭贤:《把握科技与伦理的平衡:和干细胞专家讨论几个问题》,《科学与社会》,2013 年第 1 期,第 46—53 页。

　　② 袁祖社:《"多元共生"理念统合下的"互利共赢"与"价值共享"与实践目标诉求》,《天津社会科学》,2004 年第 5 期,第 28—32 页。

也是现代文明最重要的几个特征。诚如他所言,网络世界的发展需要自由意识的指导,同时不可以忽视社会公共利益。我们期待的赛博空间是自由参与、友好合作、平等交往、互利共享的,个人不仅要在私人领域获得自由发展,也要进入公共领域积极参与公共事务,勇于承担社会责任,只有这样,公共利益大于个人利益之后,才会得到人们的关注与重视,人们共享的资源才会越来越丰富,社会发展的文明程度越来越高。因此,我们需要的是一种适用于赛博空间的伦理秩序,只有这样,女性身体问题才有可能得到真正重视并予以改善、解决。伴随着 5G 技术日渐成熟,全新的万物互联时代正在到来,全球化网络体系的形成需要全体赛博网民的参与,女性投身其中更是衡量网络发展阶段的重要指标。随着经济和技术的发展,赛博女性应更加重视自身权力的获取和实现,同时应当思考如何在全球化浪潮中保持女性话语权,让赛博空间真正成为全世界女性共同构建的社区。

结语：
"在路上"的技术、赛博格身体与伦理

现代技术日新月异，生物、仿生和无机生命工程的蓬勃发展不断刷新我们对生命的基本认知，赛博空间也从网络还不发达普及的 1.0 版本走向如今的虚拟、现实逐渐融为一体的赛博 2.0 时代，未来的技术身体是有机体？无机体？是精神上传到赛博空间中的一堆信息符号，还是智力和情感可以像 U 盘一样即插即用拼接式的"身形"乐高积木？不管是哪一种变化，都将与建构和理解女性身体息息相关。虽然我们很难预测其结局，但我以为，正是因为我们还"在路上"，所以才要试图去理一理当下因赛博技术发展而引发的与女性身体有关，或者来源于身体的问题，因为最好的时机可能就是现在，"不要等到它所体现的思想列车平稳下来之后，再用炸药去改变"。①这些问题一如既往的含混复杂且尖锐，本书所论及的部分可能只是窥斑见豹，冰山一角，但以身体为界面，对女性与现代技术，消费以及由此而来的伦理问题的相关研究做一个阶段性的梳理和展望，也许是在我们无法得到明确答案的时候能做的一件最有价值的事情。

一、关注女性身体和空间的关系

赛博空间的出现是对我们身体赖以生存的物理空间的一次再造与创新，把包括身体在内的所有事物发展纳入一个新的循环系统，这一虚拟现实

① Bill Nichols. *Electronic Culture: Technology and Visual Representation*. New York：Aperture，1996：121.

的人类空间从来不是封闭的，它从改变身体的生存环境、生存方式开始，逐步促发思维的改变，渐进式的反向影响和改造，将更多的赛博元素注入身体与现实社会。约斯·德·穆尔曾说："不仅人类世界的一部分转变成为虚拟环境，而且我们日常生活的世界同时也日益与虚拟空间和虚拟时间交织在一起。换言之，'移居赛博空间'与一种（通常是难以觉察的）'赛博空间对日常生活的殖民化'携手并行。"①不难发现，现实在很多方面亦开始"模仿"赛博空间，两者之间变成一种双向的影响，例如赛博空间中流行的虚拟二次元形象在现实中被很多青年男女争先效仿，女性推崇的"陶瓷肌""奶油肌"很大程度上也是受到虚拟技术推出的"完美假象"的诱惑，而真人 CS 游戏更是吸收了网络 CS 的大量元素。这意味着在现实生活的方方面面，身体会情不自禁地采用一种受过赛博空间影响的价值观念和行为习惯。随着技术的发展，这种反向的切入和混合将使真实和虚拟难以区分，尽管人类的身体永远不能脱离此在的现实而全部进入赛博空间，但目前的趋势是人的感官世界可能会面临被赛博空间吞噬，身体日渐只剩下躯壳，而意识已经陷入虚拟空间的状况，电影《黑客帝国》中所描述的身体退化成大脑联结的神经通路，生活在一种无法自知的虚拟现实中或将实现，而无人再愿意去探索真正的现实究竟是什么，到那时，是谁模仿谁？ 技术是身体的延伸还是身体沦为技术的外壳呢？

约斯·德·穆尔在《赛博空间的奥德赛——走向虚拟本体论与人类学》的结尾提到"我们不是要等待'把人类精神下载到机器中'成为可能，而是要使我们的生命形式拥有这种新型的体验空间"。② 赛博空间带给我们身体全新的状态，更带给女性身体前所未有的机遇和挑战，机遇是性别歧视在赛博世界的部分消解，以及科技带来的距离感的消逝和各项权利的实现；挑战是身体被抛弃或极端凸显条件下，女性身体迎来的危机与困惑。关注身体与空间的变化发展，让我们的生命形式更好地拥有这种新型的体验空间，而不迷失

①［荷兰］约斯·德·穆尔：《赛博空间的奥德赛：走向虚拟本体论与人类学》，麦永雄译，桂林：广西师范大学出版社，2007 年，第 275 页。
②［荷兰］约斯·德·穆尔：《赛博空间的奥德赛：走向虚拟本体论与人类学》，麦永雄译，桂林：广西师范大学出版社，2007 年，第 275 页。

在空间中，才是使我们更有能力在数字的“生命奋斗”中存活下来的关键之一。

二、超越身心二元论

当今社会的身体研究无外乎遵循这样几种路径：一种是彻底颠覆传统的身心二元论，如朱迪·巴特勒的操演理论；另一种是对身心二元论保守型的一元改造，认为“精神是身体性的精神”“身体是精神性的身体”；还有一种是跳出二元思维模式，将身体视为包含感官的肉体、心灵和世界的综合体。但不管是哪一种路径，我们都可以看出身体研究的焦点都从原来的推崇理性回到了身体本身。身体研究一方面坚持突出身心合一和身体的情境性，另一方面继续深挖身体的肉身性、物质性及其意义。无论怎样，不可否认的是，身体的复归已是大势所趋。

如今，虚拟赛博技术和生物医学技术创造了一个又一个让人惊叹的身体景观，哈拉维提出的赛博格身体已然实现，并成长为赛博空间中的新型主体，赛博格身体主体观念中所蕴含的不再是主观与客观、男性与女性、感性和理性的对立，而是彼此之间的连接和关系。当然，机器与身体、个体与生物种群之间的界限也逐渐消失了，哈拉维的赛博格观念是在技术进程的逻辑和运作方式中挖掘出旧人类主义所无法涵括的内容，解构人类中心主义，带领我们跳出以想象人类主体的方式去想象身体的思维，沿着后人类的道路走下去。

让我们把思绪再拉回赛博空间中来。控制论者认为意识可以独立于身体而存在，甚至可以下载到计算机上，在赛博空间中，人类身体被语言和信息符号标记、再现，是主体心灵和技术人工物的产物，表现为一种离身性的身体。早期的控制论者和赛博女性主义者极力鼓吹这种摆脱肉身存在的离身性以及由此带来的自由，但正如凯瑟琳·海勒所指出的，赛博空间中的主体具有两个身体——表现的身体和再现的身体。"表现的身体以血肉之躯出现在电脑屏幕的一侧，再现的身体则通过语言和符号学的标记在电子环境中产生。"[①]"信息，如同人类，不可能离开使它作为物质实体存在于这个

---

① ［美］凯瑟琳·海勒：《我们何以成为后人类：文学、信息科学和控制论中的虚拟身体》，刘宇清译，北京：北京大学出版社，2017年，第5—6页。

世界的载体而存在，这种载体是实在化的、特定的。载体可以被摧毁，但不能被复制……当我们急切地探索网络空间所带来的新图景的时候，让我们记住物质世界的脆弱性是不可取代的。"①

其实，我更愿意将离身性和具身性理解为赛博格身体主体在数字技术时代的两种发展方向，两者并非对立，互不相容，其实恰恰相反，两者的连接可以打通身体内部认知和外部交互的通路，也是成就人类认识世界、改造世界的新思路和新途径。因此，超越身心二元的身体研究在赛博空间中也应包括对离身性、具身性二元对立的消解，坚持身体的有限性。同样，技术时代离身性的女性主义身体理论与实践困境也必须通过重回具身性而加以解决。

三、有限度的自由和解放

30多年前，唐娜·哈拉维率先吹响了战斗的号角，抛出了《赛博格宣言》，明确向女性群体发出号召，鼓励她们积极加入赛博空间，挣脱男权统治的枷锁，抛弃社会强行赋予她们的传统符号，在宣言的最后，她发出了振聋发聩的呐喊："我宁愿是赛博格，也不愿是女神。"

30多年以后，很多女性都享受到了赛博空间带来的种种便利，譬如女性有更多的渠道可以发出不同的声音，不同国籍的女性群体可以通过赛博空间联起手来向权威施压，以争取或维护自己和女性群体的利益，而更被大家津津乐道的还是身体的隐匿和身份的多元，使在现实生活中处于"失语"的女性借助网络虚拟身份自由地表达女性经验与情感。赛博女性可以在后现代社会中开拓新空间，建立跨种族、跨性别、跨阶层的虚拟新主体。因而，赛博空间甚至被某些女权主义者认为是"现有男权社会中找到的专属于女性的空间"，而且能够动摇现有文化的"世界观和物质性"。②

本书多处都提及赛博空间的高效便利以及在此基础上给女性带来的信

---

① ［美］凯瑟琳·海勒：《我们何以成为后人类：文学、信息科学和控制论中的虚拟身体》，刘宇清译，北京：北京大学出版社，2017年，第7—8页。

② Hamelink, Cees. *The Ethics of Cyberspace*. London：Sage，2000：72.

息使用和交流的自由,但同时也再三强调对于所谓解放身体的潜能还需审慎。技术永远都是一把双刃剑,有好的一面也有坏的一面,赛博空间的"无中心""无政府"确实打破了很多壁垒,但它最直接的后果是新技术带来的一场全面的"控制革命",[①]以及因此而构建起来的监控型信息社会,即福柯所说的"全景式监狱"。在这样的前提下,任何人,无论其生活是直接还是间接依赖技术,想要获得身体自由无疑是痴人说梦。

　　威廉·吉布森曾把赛博空间描绘成"不约而同的幻觉",鲍德里亚认为它是一个模糊界限的超真实仿真世界,齐泽克批评赛博空间即"那种数字化影响我们自我经验的主导方式是被晚期资本主义的全球化市场经济框架所调节的"幻象,表现出一种虚假的开放性,使身体在看似无限的选择当中,根本无法做出真正的选择。因而,女性身体借助赛博空间获得的自由和解放是一种有限度的自由和解放。从消费社会到赛博空间,女性身体在互联网和智能化技术下不断被解构重组,进一步成为公共化、碎片化、审美化和想象性的身体,其作为性和欲望的符号被无限放大,身体主体在与赛博空间、消费主义的交互被动性中走向表面化和媚俗化,无论女性身体是否主动展示,都很难突破两者制造出的符号藩篱。

四、以身体为界面,重新审视伦理与身体

　　在赛博空间中,赛博格身体主体含混了身体界限,虚拟身体的离身性和身份的流动性使得传统生命伦理学中确定性的身体存在转变为动态变化、不断超越的人机共同体;生物医学中的器官移植、代孕、变性等又进一步加剧了身体的模糊性;随着新消费主义的兴起,身体作为想象性的性别和欲望的符号也带来权力的转换与困惑。在赛博时代,原有的道德法则已无法适应上述针对身体的伦理挑战。必须重新回归身体本身,从身体出发审视道德与伦理,基于身体这一最核心的问题思考赛博空间的伦理建构。通过对虚拟与现实的融合、分离,自由与责任的倾斜、平衡,全球化与地方化的分

---

① Lyon, David. *Surveillance Society: Monitoring Everyday Life*. Buckingham: Open University Press, 2001.

解、统一等一系列分析，在思考赛博空间中的身体问题时，适度性原则显得尤为重要。过度沉溺于赛博空间固然不可取，但也无须对之恐慌、回避；自由言论的发表固然具有吸引力，但必须注意道德失范现象的发生，然而当下的问题是适度之"度"如何建立，以及如何使用。

赛博空间的发展是一个社会技术过程，一方面它离不开技术能力并且受到权力的束缚，另一方面它又与我们的共同理想和社会实践息息相关。与赛博技术同行，被媒介所包裹是我们最真实的身体处境，保持清醒批判的眼光，穿越大众文化的幻象，借助技术尽可能活出女性自己的意愿，未来赛博空间中的女性不需要成为女神，更不能活成机器，而应是与机器联手创造世界、改变世界的赛博格。

参考文献

专著：

［1］［斯洛文尼亚］阿莱斯·艾尔雅维茨.全球化的美学与艺术［M］.刘悦笛、许中云译,成都：四川人民出版社,2010.

［2］［英］阿雷恩·鲍尔德温等.文化研究导论［M］.陶东风等译,北京：高等教育出版社,2004.

［3］［英］安东尼·吉登斯.现代性与自我认同［M］.夏璐译,北京：生活·读书·新知三联书店,1998.

［4］［美］爱德华·W.苏贾.第三空间：去往洛杉矶和其他真实和想象地方的旅程［M］.陆扬等译,上海：上海教育出版社,2005.

［5］［法］埃莱娜·西苏.美杜莎的笑声［M］.黄晓红译,北京：北京大学出版社,1992.

［6］［美］爱莲心.时间、空间与伦理学基础［M］.高永旺、李孟国译,南京：江苏人民出版社,2015.

［7］［俄］巴赫金.陀思妥耶夫斯基诗学问题［M］.白春仁、顾亚铃译,北京：生活·读书·新知三联书店,1988.

［8］［法］鲍德里亚.消费社会［M］.刘成富,全志钢译,南京：南京大学出版社,2001.

［9］［法］鲍德里亚.象征交换与死亡［M］.车槿山译,南京：译林出版社,2012.

［10］［法］鲍德里亚.物体系［M］.林志明译,上海：上海人民出版社,2006.

[11] 包亚明.现代性与空间的生产[M].上海：上海教育出版社,2003.

[12] [法] 贝尔纳·斯蒂格勒.技术与时间：爱比米修斯的过失[M].裴程译,南京：译林出版社,2000.

[13] [古希腊] 柏拉图.柏拉图全集(第3卷)[M].王晓朝译.北京：人民出版社,2003.

[14] [法] 布尔迪厄等.实践与反思：反思社会学导引[M].李康等译,北京：中央编译出版社,1998.

[15] [美] 道格拉斯·凯尔纳、斯蒂文·贝斯特.后现代理论：批判性的质疑[M].张志斌译,北京：中央编译出版社,2011.

[16] [法] 丹·布朗.失落的秘符[M].朱振武、文敏、于是译,北京：人民文学出版社,2013.

[17] [法] 丹尼尔·贝尔.资本主义文化矛盾[M].赵一凡等译,北京：三联书店,1989.

[18] [英] 丹尼·卡瓦拉罗.文化理论关键词[M].张卫东、张生、赵顺宏译,南京：江苏人民出版社,2006.

[19] [美] 戴维·斯沃茨著.文化与权力：布尔迪厄的社会学[M].陶东风译,上海：上海译文出版社,2006.

[20] [美] 德雷福斯、拉比诺.福柯　超越结构主义与诠释学[M].钱俊译,台北：桂冠图书股份有限公司,1999.

[21] [美] 迪尔.后现代都市状况[M].李小科等译,上海：上海教育出版社,2004.

[22] [法] 笛卡尔.第一哲学沉思集[M].庞景仁译,北京：商务印书馆,1986.

[23] 段永朝.互联网：碎片化生存[M].北京：中信出版社,2009.

[24] [英] 恩特维斯特尔.时髦的身体[M].郜元宝译,桂林：广西师范大学出版社,2005.

[25] [美] 凡勃伦.有闲阶级论[M].蔡受白译,北京：商务印书馆,1964.

[26] 冯雷.理解空间：20世纪空间观念的激变[M].北京：中央编译出版社,2017.

[27] [英] 费瑟斯通.消费文化与后现代主义[M].刘精明译,上海：上海译

文出版社,2000.

[28] [美] 弗朗西斯·福山.我们的后人类未来:生物技术革命的后果[M].
黄立志译,桂林:广西师范大学出版社,2016.

[29] [德] 弗里德里希·拉普.技术哲学导论[M].刘武等译,沈阳:辽宁科
学技术出版社,1986.

[30] [日] 福原泰平.拉康-镜像阶段[M].王小峰、李濯凡译,石家庄:河北
教育出版社,2002.

[31] [美] 格瑞特·汤姆逊.洛克[M].袁银传、蔡红艳译.北京:中华书局,
2012.

[32] 郭永松.生命科学技术与社会文化:生命伦理学探究[M].杭州:浙江
大学出版社,2009.

[33] [美] H.T.恩格尔哈特.生命伦理学基础[M].范瑞平译,北京:北京大
学出版社,2006.

[34] [美] 哈维.后现代的状况:对文化变迁之缘起的探究[M].阎嘉译,北
京:商务印书馆,2003.

[35] [德] 汉斯·贝尔廷.脸的历史[M].史竞舟译,北京:北京大学出版社,
2017.

[36] [美] 汉斯·莫拉维克.机器人[M].马小军、时培涛译,上海:上海科学
技术出版社,2001.

[37] [美] 赫伯特·马克库塞.爱欲与文明[M].黄勇、薛民译,上海:上海译
文出版社,2012.

[38] [德] 赫伯特·马尔库塞.审美之维[M].李小兵译,桂林:广西师范大
学出版社,2001.

[39] [德] 黑格尔.哲学科学全书纲要[M].薛华译,上海:上海人民出版社,
2002.

[40] 黄少华、陈文江.重塑自我的游戏:网络空间中的人际交往[M].兰州:
兰州大学出版社,2002.

[41] [英] 吉登斯.现代性与自我认同[M].赵旭东、方文译,北京:三联书
店,1998.

［42］［美］乔纳森·H.特纳.社会学理论的结构［M］.邱泽奇、张茂元等译，北京：华夏出版社，2006.

［43］［法］乔治·维加埃罗.身体的历史［M］.张竝、赵济鸿译，上海：华东师范大学出版社，2019.

［44］金元浦、陶东风.阐释中国的焦虑：转型时代的文化解读［M］.北京：中国广播电视出版社，1999.

［45］［法］居伊·德波.景观社会［M］.王昭凤译，南京：南京大学出版社，2006.

［46］［德］康德.纯粹理性批判（注释本）［M］.李秋零译注.北京：中国人民大学出版社，2011.

［47］［美］凯瑟琳·海勒.我们何以成为后人类：文学、信息科学和控制论中的虚拟身体［M］.刘宇清译，北京：北京大学出版社，2017.

［48］［美］凯文·凯利.失控［M］.张行舟、陈新武、王钦等译，北京：电子工业出版社，2016.

［49］［苏］科恩.自我论［M］.佟景韩、范国恩、许宏治译，北京：生活·读书·新知三联书店，1986.

［50］［英］克里斯·希林.文化、技术与社会中的身体［M］.李康译，北京：北京大学出版社，2011.

［51］［美］L.德赖弗斯、保罗·拉比诺.超越结构主义与解释学［M］.张建超、张静译，北京：光明日报出版社，1992.

［52］［德］莱布尼茨、［英］克拉克.莱布尼茨与克拉克论战书信集［M］.陈修斋译，北京：商务印书馆，1996.

［53］廖炳惠.文学与批评研究的通用词汇编［M］.南京：江苏教育出版社，2006.

［54］［美］理查德·舒斯特曼.实用主义美学［M］.彭锋译，北京：商务印书馆，2002.

［55］［美］理查德·舒斯特曼.生活即审美—审美经验和生活艺术［M］.彭锋译，北京：北京大学出版社，2017.

［56］［美］理查德·斯皮内洛.铁笼，还是乌托邦：网络空间的道德与法律

[M].李伦等译,北京:北京大学出版社,2005.

[57] 李河.得乐园·失乐园 网络与文明的传说[M].北京:中国人民大学出版社,1997.

[58] 李振华.虚拟现实技术基础[M].北京:清华大学出版社,2017.

[59] 刘介民、刘小晨.哈拉维赛博格理论研究[M].广州:暨南大学出版社,2012.

[60] 刘宇昆.奇点遗民[M].北京:中信出版社,2017.

[61] 陆大道.区位论与区域研究方法[M].北京:科学出版社,1988.

[62] [英] 罗杰·斯克拉顿.现代哲学简史[M].陈四海、王增福译.南京:南京大学出版社,2013.

[63] [美] 马克·波斯特.第二媒介时代[M].范静哗译,南京:南京大学出版社,2000.

[64] [德] 马克思、恩格斯.马克思恩格斯文集:第 1 卷[M].北京:人民出版社,2009.

[65] [法] 马塞尔·莫斯、施郎格.论技术、技艺与文明[M].蒙养山人译,北京:世界图书出版公司北京公司,2010.

[66] [加] 马歇尔·麦克卢汉.麦克卢汉书简[M].何道宽、仲冬译,北京:中国人民大学出版社,2005.

[67] [加] 马歇尔·麦克卢汉.理解媒介:论人的延伸[M].何道宽译,北京:商务印书馆,2000.

[68] [加] 马修·弗雷泽、[印] 苏米特拉·杜塔.社交网络改变世界[M].谈冠华、郭小花译,北京:中国人民大学出版社,2013.

[69] [美] 曼纽尔·卡斯特.网络社会的崛起[M].夏铸九等译,北京:社会科学文献出版社,2006.

[70] [美] 芒福德.机器的神话:技术与人类进化:上[M].宋俊岭译,北京:中国建筑工业出版社,2015.

[71] [美] 迈克尔·海姆.从界面到网络空间:虚拟实在的形而上学[M].金吾伦、刘钢译,上海:上海科技教育出版社,2000.

[72] [法] 梅洛·庞蒂.知觉现象学[M].姜志辉译,北京:商务印书馆,

2001.

[73]［法］米歇尔·福柯.规训与惩罚[M].刘北成、杨远婴译,北京：三联书店,2007.

[74]［法］米歇尔·福柯.性史[M].张廷深等译,西宁：青海人民出版社,1999.

[75]［美］内格尔.科学的结构：科学说明的逻辑问题[M].徐向东译,上海：上海译文出版社,2006.

[76]［德］尼采.权力意志[M].孙周兴译,北京：中央编译出版社,2000.

[77]［美］尼尔·波兹曼.娱乐至死[M].章艳译,桂林：广西师范大学出版社,2004.

[78]［美］尼古拉·尼葛洛庞蒂.数字化生存[M].胡泳、范海燕译,海口：海南出版社,1997.

[79]［英］牛顿.自然哲学之数学原理[M],王克迪译,北京：北京大学出版社,2006.

[80]［德］诺贝特·埃利亚斯.个体的社会[M].翟三江、陆兴华译,南京：译林出版社,2003.

[81]彭逸林.真实,人文的宿命[M].重庆：重庆出版社,2005.

[82]［法］皮埃尔·布尔迪厄.男性统治[M].刘晖译,深圳：海天出版社,2002.

[83]［美］R.W.康奈尔.男性气质[M].柳莉等译,北京：社会科学文献出版社,2003.

[84]［法］让·博德里亚尔.完美的罪行[M].王为民译,北京：商务印书馆,2000.

[85]［美］苏珊·鲍尔多.不能承受之重：女性主义、西方文化与身体[M].綦亮、赵育春译,南京：江苏人民出版社,2009.

[86]孙逊、杨建龙.都市空间与文化想象[M].北京：三联书店,2008.

[87]陶东风、和磊.文化研究[M].桂林：广西师范大学出版社,2006.

[88]［美］唐娜·哈拉维.类人猿、赛博格和女人：自然的重塑[M].陈静、吴义诚译,郑州：河南大学出版社,2012.

［89］童强.空间哲学［M］.北京：北京大学出版社,2011.

［90］童星.网络与社会交往［M］.贵阳：贵州人民出版社,2002.

［91］［美］梯利、伍德.西方哲学史（增补修订版）［M］.葛力译,北京：商务印书馆,1995.

［92］汪民安.身体、空间与后现代性［M］.南京：江苏人民出版社,2007.

［93］汪民安、陈永国.后身体：文化、权力和生命政治学［M］.长春：吉林人民出版社,2003.

［94］汪民安.尼采与身体［M］.北京：北京大学出版社,2008.

［95］汪民安等.现代性基本读本［M］.郑州：河南大学出版社,2005.

［96］王前、杨惠民.科技伦理案例解析［M］.北京：高等教育出版社,2009.

［97］王怡红.人与人的相遇［M］.北京：人民出版社,2003.

［98］汪原.边缘空间：当代建筑学与哲学话语［M］.北京：中国建筑工业出版社,2010.

［99］［美］威廉·J.米切尔.伊托邦：数字时代的城市生活［M］.吴启迪、乔非、俞晓译,上海：上海科技教育出版社.2005.

［100］［英］伍尔芙.伍尔芙随笔全集［M］.王斌、王保令译,北京：中国社会科学出版社,2001.

［101］吴国盛.希腊空间概念［M］.北京：中国人民大学出版社,2010.

［102］［法］西蒙娜·德·波伏娃.第二性［M］.陶铁柱译,北京：中国书籍出版社,2004.

［103］［美］西莉亚·卢瑞.消费文化［M］.张萍译,南京：南京大学出版社,2003.

［104］［英］肖恩·霍默.弗雷德里克·詹姆森［M］.孙斌等译,上海：上海人民出版社,2004.

［105］［英］休谟.人性论［M］.关文运译,北京：商务印书馆,1980.

［106］徐献军.具身认知论：现象学在认知科学研究范式转型中的作用［M］.杭州：浙江大学出版社,2009.

［107］［美］雪莉·特克.虚拟化身：网路世代的身份认同［M］.谭天、吴佳真译,台北：远流出版事业股份有限公司,1998.

[108] 薛强.赛博空间里的虚拟生存：当代中国电子游戏研究[M].上海：复旦大学出版社,2018.

[109] [古希腊] 亚里士多德.物理学[M].张竹明译.北京：商务印书馆,1982.

[110] [古希腊] 亚里士多德.亚里士多德全集（第 2 卷）[M].徐开来译.北京：中国人民大学出版社,1991.

[111] 严耕、陆俊.网络悖论[M].长沙：国防科技大学出版社,1998.

[112] [德] 尤根·哈贝马斯.公共领域的结构转型[M].曹卫东等译,上海：学林出版社,1999.

[113] [英] 约翰·阿米蒂奇.与赛博空间共存：21 世纪技术与社会研究[M].曹顺娣译,南京：江苏教育出版社,2016.

[114] [美] 约翰·杜翰姆·彼得斯.对空言说：传播的观念史[M].邓建国译,上海：上海译文出版社,2017.

[115] [荷兰] 约斯·德·穆尔.赛博空间的奥德赛：走向虚拟本体论与人类学[M].麦永雄译,桂林：广西师范大学出版社,2007.

[116] [英] 以塞亚·伯林.自由论[M].胡传胜译,南京：译林出版社,2003.

[117] 余虹.审美文化导论[M].北京：高等教育出版社,2006.

[118] 曾国屏、黄镕坚.赛博空间的哲学探索[M].北京：清华大学出版社,2002.

[119] [美] 詹姆逊.晚期资本主义的文化逻辑[M].陈清桥等译,北京：三联书店,2013.

[120] 张屹.赛博空间与文学存在方式的嬗变[M].北京：中国社会科学出版社,2018.

[121] 张意.文化与符号权力：布尔迪厄的文化社会学导论[M].北京：中国社会科学出版社,2005.

[122] 张一兵.社会批判理论记事[M].北京：中央编译出版社,2006.

[123] 翟本端.教育与社会：迎接资讯时代的教育社会学反省[M].台北：扬智文化事业股份有限公司,2000.

[124] 赵毅衡.符号学：原理与推演[M].南京：南京大学出版社,2016.

[125] 周宪.视觉文化的转向[M].北京：北京大学出版社,2008.

[126] 周丽昀.现代技术与身体伦理研究[M].上海：上海大学出版社,2014.

[127] 朱大可、张闳.21世纪中国文化地图[M].长春：吉林人民出版社, 2003.

[128] ［美］朱迪斯·巴特勒.性别麻烦：女性主义与身份的颠覆[M].宋素凤译,上海：上海三联出版社,2009.

[129] 宗白华.宗白华全集[M].合肥：安徽教育出版社,1994.

期刊论文：

[1] 曹田泉.从对话方式看数字艺术的本性[J].艺术百家,2006(7)：177-179+184.

[2] 陈静.赛博格：人与机器的隐喻[J].马克思主义美学研究,2012,15(2)：274-281+328.

[3] 陈相光.人的虚拟本质与网络生活指导论：兼论虚拟本质与现实本质的关系辨证[J].兰州学刊,2011,(8)：84-88.

[4] 诚夫.男人也能生孩子吗？[J].科技潮,1997(12)：52-53.

[5] 傅治平.自由互动的虚拟现实[J].北京邮电大学学报（社会科学版）,2005(1)：5-11.

[6] 耿芳兵.赛博空间游弋：人如何自由存在[J].学理论,2016(3)：74-76.

[7] 郭子淳.赛博空间与人的存在转向："比特视域"的提出、议题与反思[J].现代传播（中国传媒大学学报）,2019,41(3)：160-164+168.

[8] 胡继华.赛博公民：后现代性的身体隐喻及其意义[J].文艺研究,2009(7)：84-92.

[9] 胡兰英.剖宫产术对母儿的影响及干预措施[J].中国医药导刊,2012,14(7)：1282-1283+1285.

[10] 胡林英.什么是生命伦理学：从历史发展的视角[J].生命科学,2012(11)：1225-1231.

[11] 黄瑞钰、刘雪松.媒介嬗变视域下的日常审美化美学研究[J].湖南广播电视大学学报,2020(1)：25-29.

［12］黄少华.论网络空间的人际交往［J］.社会科学研究,2002(4)：93-97.

［13］黄少华.论网络空间的社会特性［J］.兰州大学学报(社科版),2003(5)：62-69.

［14］黄少华、李魏华、郭叶红.网络空间中的自我呈现［J］.未来与发展.2009(4)：71-73.

［15］黄少华.网络社会学的基本议题［J］.兰州大学学报(人文社会科学版),2005(4)：93-101.

［16］黄艳兰、李敏刚.消费语境下身体美学理论与实践的悖论［J］.宝鸡文理学院学报(社会科学版),2006(6)：80-83.

［17］贾星客、李极光、刘汉杰.作为时代主题的技术哲学［J］.云南师范大学学报(哲学社会科学版),2004(3)：1-5+141.

［18］金元浦.消费美丽：时代的文化症候［J］.粤海风,2005(4)：57-63.

［19］李恒威、王昊晟.赛博格与(后)人类主义：从混合1.0到混合3.0［J］.社会科学战线,2020(1)：21-29.

［20］李辉.网络虚拟交往中的自我认同危机［J］.社会科学,2004(6)：84-88.

［21］李菊霞、王埃宪.法兰克福学派对过度消费的文化反思［J］.兰州学刊,2013(2)：183.

［22］李三虎.技术与身体政治：现象学视角［J］.华南师范大学学报(社会科学版),2013(2)：5-12+159.

［23］李朔梅.全球化语境下如何构建女性审美价值观［J］.安徽文学,2014(8)：61-62.

［24］李西建.消费时代的审美问题：兼对"日常生活的审美化"现象的思考［J］.贵州师范大学学报(社会科学版),2005(3)：13-18.

［25］李曦珍、徐明明.女性在电视广告中的镜像迷恋与符号异化［J］.新闻与传播研究,2009(2)：77.

［26］李湘德、钱振勤."虚拟现实"与现实［J］.自然辩证法研究,1999(9)：13-16.

［27］李智伟.新新媒介视野下的新消费主义与共享文化［J］.四川戏剧,2019(5)：185-188.

［28］刘霓.技术与男性气质：应予瓦解的等式：女性主义技术研究述评［J］.国外社会科学,2002(4)：66－72.

［29］刘胜利.空间观的"哥白尼革命"：康德对传统空间观的继承与批判［J］.科学文化评论,2010(3)：65.

［30］马宁.赛博空间的虚拟性分析［J］.改革与战略.2003(12)：15.

［31］麦永雄.光滑空间与块茎思维：德勒兹的数字媒介诗学［J］.文艺研究,2007(12)：75－84＋183－184.

［32］麦永雄.千高原［J］.国外理论动态,2006(1)；58－59.

［33］茅亚萍.浅析网络的匿名传播［J］.当代传播,2003(6)：59－61.

［34］南帆.躯体修辞学：肖像与性［J］.文艺争鸣,1996(4)：30－39.

［35］潘天波.微媒介与新消费主义：一种身体的想象［J］.现代传播(中国传媒大学学报),2019,41(7)：145－150.

［36］潘萍、何良安.后现代主义,后现代女性主义与后现代女性生存方式［J］.浙江学刊,2010(4)：185－190.

［37］裴萱.赛博空间与当代美学研究新视野［J］.广东社会科学,2017(2)：158－167.

［38］裴萱.中国古典美学的空间情结与方法论意义［J］.人文杂志,2013(5)：64.

［39］皮海兵.网络虚拟实践的本质［J］.吉首大学学报(社会科学版),2011(3)：25－28.

［40］冉聃.赛博空间、离身性与具身性［J］.哲学动态,2013(06)：85－89.

［41］任莉莎.论网络社会的自由与秩序［J］.电子科技大学学报(社科版),2002(4)：68－69.

［42］邵琪.欧美社会文化与广告的互动：从规范伦理到享乐主义［J］.武汉水利电力大学学报(社会科学版),2000(S1)：146－147.

［43］沈铭贤.把握科技与伦理的平衡：和干细胞专家讨论几个问题［J］.科学与社会.2013(1)：46－53.

［44］盛宁.鲍德里亚·后现代·社会解剖学［J］.读书,1996(8)；26－32.

［45］舒红跃.技术哲学的两次还原［J］.哲学动态,2005(3)：50－55.

［46］陶东风.消费文化语境中的身体美学［J］.马克思主义与现实,2010(2)：27-34.

［47］陶东风.消费文化语境中的身体研究热［J］.当代文坛,2007(5)：4-6.

［48］汪怀君.符号消费视域内的女性"身体消费"［J］.北方论丛,2013(5)：134-138.

［49］王虹.生成、流动、平滑空间：皮娜·鲍什舞蹈剧场的"游牧艺术"［J］.西南民族大学学报(人文社会科学版),2012,33(10)：28-32.

［50］王敏.消费文化语境中小说的身体叙事［J］.小说评论,2008(5)：135-139.

［51］王圣云.空间理论解读：基于人文地理学的透视［J］.人文地理,2011(1)15-18+139.

［52］汪天文.社会时空的解析：衡量人类的活动效率与生活质量的尺度［J］.中国人民大学学报.2004(6)：68-73.

［53］王晓华.西方美学身体转向的现象学路径［J］.湖北社会科学,2015(5)：108-115.

［54］吴国林.试论赛博空间的实在性［J］.佛山科学技术学院学报(社会科学版).2001(3)：8-12.

［55］吴华眉.网络社会的赛博格女性主义批判［J］.当代国外马克思主义评论,2016(1)：232-245.

［56］吴琳、程立黎.《时间边缘的女人》中康妮的伦理身份与伦理选择［J］.外语与翻译,2017,24(1)：57-60+98.

［57］吴朝晖.智能增强时代的学习革命：在国际人工智能与教育大会上的发言［J］.世界教育信息,2019(10)：3-6.

［58］肖巍.生命伦理学的几个热门话题：女性主义视角［J］.中国医学伦理学,2001(2)：53-55.

［59］薛蕾、石磊.新媒介与新消费主义的互动逻辑［J］.青年记者,2019(3)：27-28.

［60］闫方洁.技术理性、大众文化与虚假需求：马尔库塞消费社会批判的现代性维度［J］.东方论坛,2012(2)：90-94.

［61］姚上海、罗高峰.结构化理论视角下的自我认同研究［J］.学术论坛,

2011(3)：46-49.

[62] 叶浩生.身体与学习：具身认知及其对传统教育观的挑战[J].教育研究,2015,36(4)：104-114.

[63] 俞海山.中国消费主义解析[J].社会,2003(2)：25-27.

[64] 余乃忠、陈志良.从统一到同一：后现代虚拟的"异化"与回归[J].中国人民大学学报,2009(4)：68-73.

[65] 袁祖社."多元共生"理念统合下的"互利共赢"与"价值共享"与实践目标诉求[J].天津社会科学,2004(5)：28-32.

[66] 曾长秋、李斌.性别与传播：网络媒体中"被看"的女性形象[J].文化与传媒,2015(3)：188-191.

[67] 曾照军.女性身体消费的镜像[J].鸡西大学学报,2011,11(2)：53-54.

[68] 张灿.技术化身体的伦理反思[J].中州学刊,2018(8)：91-97.

[69] 张如良.对"意象现实"的哲学反思[J].自然辩证法研究,2008(5)：22-25.

[70] 张之沧."赛博空间"释义[J].洛阳师范学院学报,2004(3)：21-25.

[71] 张之沧."后人类"进化[J].江海学刊,2004(6)：5-10+222.

[72] 张之沧.从世界1到世界4[J].自然辩证法研究,2001(12)：66-70.

[73] 张之沧."第四世界"论[J].学术月刊,2006(2)：5-12.

[74] 赵红梅.客观主义：古希腊美学的方法论原则[J].湖北大学学报(哲学社会科学版),1999(1)：33-36.

[75] 郑淑媛.试论网络空间伦理与现实伦理的关系[J].渤海大学学报(哲学社会科学版),2005(2)：36-39.

[76] 仲璟怡、刘虹.医学伦理学的新视角：身体伦理学[J].医学与哲学,2019,40(22)：12-14.

[77] 周丽昀.身体伦理学：生命伦理学的后现代视域[J].学术月刊,2009,41(6)：45-51.

学位论文：

[1] 曹秀娟.身体伦理学对生命伦理学的批判与重构[D].上海：上海大学(硕士),2011.

〔2〕郭建.现代医学技术的异化及其哲学反思〔D〕.合肥：中国科学技术大学(博士),2017.

〔3〕黄大军.西方空间理论的美学研究〔D〕.哈尔滨：黑龙江大学(博士),2015.

〔4〕江璇.人体增强技术的伦理研究〔D〕.南京：东南大学(博士),2015.

〔5〕金春枝.赛博女性主义研究〔D〕.长沙：湖南师范大学(博士),2018.

〔6〕李涛.人类辅助生殖技术的伦理问题及对策研究〔D〕.锦州：渤海大学(硕士),2019.

〔7〕刘乃歌.费瑟斯通后现代主义消费文化理论研究〔D〕.济南：山东大学(博士),2016.

〔8〕卢宁.赛博空间里的审美范式研究〔D〕.长春：东北师范大学(硕士),2009.

〔9〕鲁琳.后现代视域下的女性生命伦理研究〔D〕.南京：东南大学(硕士),2006.

〔10〕吕鑛.论视觉审美中的物性化体验〔D〕.南京：南京大学(博士),2013.

〔11〕马腾腾.消费语境下的身体符号研究〔D〕.济南：山东大学(硕士),2016.

〔12〕欧翔英.西方当代女权主义乌托邦小说研究〔D〕.成都：四川大学(博士),2007.

〔13〕屈勇.去角色互动：赛博空间中陌生人互动的研究〔D〕.南京：南京大学(博士),2011.

〔14〕王垚.哈拉维的赛博格女性主义思想研究〔D〕.兰州：兰州大学(硕士),2014.

〔15〕谢纳.空间生产与文化表征〔D〕.沈阳：辽宁大学(博士),2008.

〔16〕张果.网络空间论〔D〕.武汉：华中科技大学(博士),2013.

〔17〕张海燕.现代生物技术对生命伦理的挑战〔D〕.苏州：苏州大学(硕士),2010.

外文文献：

〔1〕Turing A M. Computing Machinery and Intelligence〔J〕. Creative

Computing, 1950, 59(236): 44 - 53.

[2] Ananya Barua. Gendering the Digital Body, Women and Computers [J]. Springer-Verlag, 2012(27): 465 - 477.

[3] Badeliyalard John. The Mirror of Production[M]. St Louish: Telos Press, 1975.

[4] Benediket Michael. Cyberspace: First Steps[M]. London: Routledge, 2000.

[5] Batty Michael. The geography of cyberspace. Environment and Planning B: Planning and Design[J]. Environment and Planning B: Urban Analytics and City Science, 1993, 20(6): 615 - 616.

[6] Beauchamp Tom Land, De Grazia David. Principle and Princilism, in George Khushf (ed.). Handbook of Bioethics[A]. New York: Kluwer Academic Publishers, 2004.

[7] Blooming, Indianapolis. Sex/Machine: Reading in Culture, Gender, and Technology[M]. Bloomington: Indiana University Press, 1998.

[8] Bill Nichols. Electronic Culture: technology and Visual representation [M]. New York: Aperture, 1996.

[9] Chris Houliez, Edward Gamble. Dwelling in Second Life? A phenomenological evaluation of online virtual worlds[J]. Virtual Reality, 2013(17): 263 - 278.

[10] Christopher Lasch. The Culture of Narcissism[M]. New York: Wamer Books, 1979.

[11] Deleuze, Guattari. A Thousand Plateaus: Capitalism and Schizophrenia [M]. London: University of Minnesota Press, 2000.

[12] Donna Haraway. Simians, Cyborgs and Women: The Reinvention of Nature[M]. New York: Routledge, 1991.

[13] Donna J. Haraway. A Cyborg Manifesto: Science, Technology, and Socialist-Feminism in the Late Twentieth Century, in Neil Badmington (ed.), Posthumanism: Readers in Cultural Criticism[A]. New York:

Palgrave，2000.

[14] Donna J. Haraway. The Cyborg Handbook[M]. London：Penguin，1995.

[15] Firestone，Shulamith. The Dialectic of Sex：The Case for Feminist Revolution[M]. New York：Bantam Books, Inc. 1971.

[16] Fletcher，B. Cyberfiction：a Fictional Journey into Cyberspace（or How I Became a Cyberfeminist）[A]. Susan Hawthorne and Renate Klein edited. Cyberfeminism：Connectivity，Critique and Creativity[C]. Melbourne：Spinifex Press，1999.

[17] Hamelink，Cees J. The Ethics of Cyberspace[M]. London：Sage，2000.

[18] Haug，W. F. Critique of Commodity Aesthetics[M]. Oxford：Polity Press，1986.

[19] Hawthorne，S. Cyborgs，Virtual Bodies and Organic Bodies：Theoretical Feminist Responses[A]. Susan Hawthorne and Renate Klein edited. CyberFerninism：Connectivity，Critique and Creativity[C]. Spinifex Press，1999.

[20] Irma Van der Ploeg. Only Angels Can Do without Skin：On Reproductive Technology's Hybrids and the Politics of Body Boundaries[J]. Body and Society，2004(10)：153 – 181.

[21] Ian Hacking. Canguilhem Amid The Cyborgs[J]. Economy and Society，2006(7)：202 – 216.

[22] J. McDowell. Mind and World[M]. Cambridge，Mass.：Harvard University Press，1996.

[23] James M Beniger. Who shall controle cyberspace? Communication and Cyberspace：Social Interaction Environment[M]. New York：Hampton，1996.

[24] Jean Baudrillard. Simulacra and Simulation[M]. Ann Arbor：University of Michigan Press，1994.

[25] Jenifer Gonzalez. "Envisioning Cyborg Bodies: Notes From Current Research." The Gendered Cyborg: A Reader [M]. London: Routledge, in association with the Open University Press, 2000.

[26] John Locke. An Essay Concerning Human Understanding [M]. London: BiblioBazaar, 2006.

[27] Jessie Daniels. Rethinking Cyberfeminism: Race, Gender and Embodiment[J]. Women's study quarterly, 2009(37): 101－118.

[28] Jessie Daniels. Cyberracism [M]. Washington DC: Rowman & Littlefield Publishers, 2009.

[29] Judy Wajcman. Techno-Feminism[M]. Cambridge: Polity Press, 2004.

[30] Lyon, David. Surveillance Society: Monitoring Everyday Life[M]. Buckingham: Open University Press, 2001.

[31] Marge Piercy. Woman on the Edge of Time[M]. New York: Alfred A. Knopf, 1976.

[32] Martin Dodge. Mapping Cyberspace [M]. New York: Routledge Press, 2000.

[33] Merleau-Ponty. Phenomenology of Perception (Routledge Classics) [M]. New York: Routledge Press, 2002.

[34] Mervy. Bendle. Teleportation, Cyborgs and the Post Human Ideology[J]. Social Semiotics, 2002, 12(1): 45－62.

[35] N. Bostrom. A History of Transhumanist Thought[J]. Journal of Education and Technology, 2003(1): 5.

[36] Nina Wakeford. Networks of Desire: Gender, Sexuality and Computing Culture[M]. London: Routledge, 2000.

[37] Plant S. Zeros and Ones: Digital Women and the New Technoculture [M]. London: Doubleday, 1997.

[38] Pisake Lumbiganon, Malinee Laopaiboon, A Metin Gulmezoglu. Method of Delivery and Pregnancy Outcomes in Asia: the WHO Global Survey on Maternal and Perinatal Health 2007－08[J]. The

Lancet，2010(3)490－499：.

[39] Rocio Carrasco. Redefining the Gendered Body in Cyberspace：The Virtual Reality in Films［J］. Nordic Journal of Feminist and Research，2014(1)：33－47.

[40] Rosemarie Tong. Feminist approaches to bioethics：theoretical reflections and practical applications［M］. Boulder：Westview Press，1997.

[41] Shildrick M，Mykitiuk R. Ethics of the body：Postconventional challenge［M］. Cambridge，Ma：MIT Press，2005.

[42] Spengler. Man and Technics［M］. New York：University Press of the Pacific 1932.

[43] Stacy Gills. Neither Cyborg Nor Goddess：The possibilities of Cyber-feminism［A］. Stacy Gills，Gillian Howie and Rebecca Munford edited. Third Wave Feminism：A Critical Exploration (the expanded second)［C］Pal-grave，2007.

[44] Stefan Herbrechter. Posthumanism：A Critical Analysis［M］. London：Bloomsbury，2013.

[45] Tamara Garcia. Ronald Sandler. Enhancing Justice？［J］. Nanoetics，2008(2)：76.

[46] Urry，J. Cultural Change and Contemporary Holiday-Making. ［M］. London：Theory Culture&Socity，1988.

[47] Wajcman J. TechnoFeminism［M］. Cambridge：Polity Press，2004.

[48] Williams R. H. Dream Words：Mass Consumption in Late Nineteeth Century France［M］. Berkeley：California University Press，1982.

索 引